教师必须掌握的教育惩戒艺术

郑立平　张乐华　著

中国轻工业出版社

图书在版编目(CIP)数据

教师必须掌握的教育惩戒艺术/郑立平,张乐华著.—北京：中国轻工业出版社,2011.2（2022.5重印）

ISBN 978-7-5019-7926-4

Ⅰ.①教… Ⅱ.①郑…②张… Ⅲ.①中小学－教师－教育方法 Ⅳ.①G451.1

中国版本图书馆CIP数据核字（2010）第221436号

总 策 划：石 铁
策划编辑：吴 红　　　　责任终审：杜文勇
责任编辑：吴 红　　　　责任监印：刘志颖

出版发行：中国轻工业出版社（北京东长安街6号，邮编：100740）
印　　刷：三河市鑫金马印装有限公司
经　　销：各地新华书店
版　　次：2022年5月第1版第11次印刷
开　　本：710×1000　1/16　印张：16.00
字　　数：171千字
印　　数：26001—29000
书　　号：ISBN 978-7-5019-7926-4　定价：28.00元
读者热线：010-65181109，65262933
发行电话：010-85119832　传真：010-85113293
网　　址：http://www.chlip.com.cn　http://www.wqedu.com
电子信箱：1012305542@qq.com
如发现图书残缺请拨打读者热线联系调换
101330J5X101ZBW

推荐序一：我为你喝彩

张万祥

现如今，赏识教育的理念可谓深入人心，即使普通的家长也已逐渐认识到这一点；很多人以为找到了灵丹妙药，认为"赏识"能包治百病。但是，现实却很快给他们泼了冷水：这些孩子怎么了？怎么越表扬，孩子越不听话了呢？怎么在赞美声中，孩子的自私、自大心理越来越严重呢？……在困惑和思考中，大家又想到了被打入冷宫的"惩戒"。可是"惩戒"早已变成老虎，大家只是议论、争吵，只是无奈地叹息、愤懑地发牢骚，却没有人敢去触碰。

那么，在新的教育形势下，教育惩戒到底还要不要？其实，教育惩戒不应该是一种两难的选择。我国法律对教育惩戒至今没有明确的规定，即便是多个法律条文中规定了"不准体罚"，但是对体罚的规定却很不明确。从另一个角度讲，这恰恰给了教师一种自由揣度教育惩戒的空间，应该赋予其更丰富的教育艺术。于是，如何对学生实施教育惩戒成了诸多学者感兴趣的问题，自2005年以来，已有几百篇相关文章发表在报刊、杂志上。自2006年以来，作者就一直在教育教学一线探索尝试教育惩戒，创建了"绿色教育惩戒制度"，并已经收到了可喜的效果。所谓"绿色教育惩戒"就是对学生实施一种无暴力、消极作用小、富有教育性和弹性、能被学生认可的教育惩戒方式。令人欣喜的是，作者的初步研究成果就获得了地市级"政府教育教学成果奖"，还被当地一些学校推广使用。这愈发激起了作者深入探究"教育惩戒"问题的热情,他们广泛地搜集各方面的资料,包括教育惩戒的历史发展、各国目前的教育惩戒情况、历史上著名教育家的教育惩戒做法、当今比较出色的教育惩戒方式等,同时结合自身的实践经验,对教育惩戒这个问题进行多方位的、比较系统的阐释,历经三年写成这本书。

在本书第一章,作者对教育惩戒问题的历史和现状做了全面的梳理,并对存在争议的一些问题进行了客观、综合的分析,力求让读者对教育惩戒有一个整体的了解。在第二章,作者选择了当今比较成功的几个典型的教育惩戒范式,系统地介绍了这些典型范式的操作方法,以让广大一线教师有所学习和借鉴。第三章主要介绍了当前广大一线教师容易产生的教育惩戒误区。第四章是教育惩戒的具体操作艺术和技巧,以问题激发思维,以案例作为载体,主要介绍在教育惩戒实践过程中一些值得借鉴和学习的做法、值得关注和研究的教育艺术。

这本书有几大亮点值得关注。

第一,这本书既有对古今中外教育惩戒的回顾,又有对我国教育惩戒现状的认识;既有正面的意见,又有不同的声音;既有理性的思考,又有大量鲜活的感性案例;既有带教育者走出教育惩戒误区的指导,又有教育惩戒的具体操作艺术和技巧……它对教育惩戒这个焦点、热点问题,集中进行了论证,可以说是关于教育惩戒的百科全书。如此全面而深刻地诠释教育惩戒的专著,这本书可能是第一部。从这个意义上说,它是值得每位教育者学习并收藏以备不时之需的书。

第二,作者对教育惩戒进行了长期的潜心研究,而且进行了可喜的实践,取得了宝贵的经验。作者的写作是严谨的、科学的,这种结合工作实际开展教育科研的做法也是值得借鉴的。

第三,对教育惩戒,最重要的是怎样操作,这本书提出了14种"教育惩戒的具体操作艺术和技巧",读者拿来就可以运用到工作中去,就可以排忧解难,学以致用,就会对遇到的惩戒问题不再那么束手无策,而是更有尺度、更有信心。

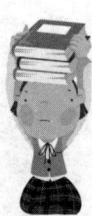

第四，对教育惩戒方方面面的分析入木三分，给读者以启迪。例如，在分析常有哪些不健康心态让教师惩戒过度时，作者分析出这样八个原因——①职业倦怠心理：长期承受职业带来的压力，渐渐失去工作热情，对待学生常持有负向看法，动不动冷嘲热讽，情绪波动大，工作效率也明显下降。②控制学生心理：缺乏以人为本的管理理念，总想让学生完全受自己控制，听自己的话，对学生要求十分苛刻，不允许学生犯错。③做事急躁心理：急功近利，缺乏教育者应有的耐心，见不得学生存在错误，总想让学生立即改正错误，一旦不如愿时，便对学生大发雷霆。④权威心理：总是喜欢恪守师道尊严的古训，绝不允许学生挑战教师的权威地位，一旦有学生与自己顶撞，威胁到自己权威时，便对学生采取极其严厉的惩戒。⑤拿学生出气心理：与同事有了矛盾、对家长有了意见、不满学校领导管理、与家人发生冲突等，无处发泄，极易将这些不良情绪带到课堂，带到学生管理中来，学生只要犯了错误，便将所有怒气发向学生。⑥报复心理：学生背后说了自己的坏话，家长打电话对班级有些管理问题提出了不同看法，自己难以接受，恰逢学生又违反了纪律，正好进行打击报复。⑦泛化的不良学生观念：某些情况下，在班级管理中受到挫败或者被某些调皮学生弄得很无奈，于是慢慢觉得所有学生都不听话，都需要严惩才能解决问题，这种错误的极端观念让自己对学生缺乏尊重，惩戒措施也不人道。⑧侥幸心理：个别教师也知道体罚学生不对，但心存侥幸，认为自己不会因此出问题，认为许多老师体罚过学生，只要打一巴掌再给个甜枣吃，学生就不会告发自己。于是，为了追求所谓的个人教学成绩，动不动就对学生采取不合理的惩戒方式。这是一种法律意识淡薄的表现，最终会毁在自己的侥幸心理上。

当然，这本书的亮点不仅仅只有这四个，更多的亮点需要读者去发现、去感悟。

这本书的作者，也有许多亮点值得我们关注。

作者郑立平是当今崭露头角的青年班主任工作研究新星，他刚40岁，

就已经是：特级教师，山东省十大创新班主任、齐鲁名师、山东省班主任培训工作专家、山东省教师远程研修课程专家、全国基础教育科研先进个人、教育部骨干班主任远程培训辅导教师、山东省班主任研究会常委，《班主任》、《班主任之友》、《山东教育》和《教师月刊》等杂志的封面人物，全国（民间）班主任成长研究会的创始人。其10多项科研课题获国家级、省市级奖励。已出版《激情问梦》、《把班级还给学生》等个人著作4部，参编《班主任工作实务》等著作7部。应邀在省内外做关于班主任工作或教师专业成长的专题报告160多场。其事迹在《中国教育报》、《现代教育导报》和《现代教育报》等10多家报刊有专门介绍。

他以"爱心＋智慧"打造起自己的班级管理品牌，以"反思＋创新"体味着工作的魅力精彩，以"激情＋坚持"创造着教育的快乐幸福，被很多年轻班主任称为"神父"。特别是2009年10月，他成立了民间班主任工作研究团体——"心语沙龙"，以网络媒体为依托，通过研讨交流、专题讲座、团队共读、沙龙对话、视频讲座等丰富多彩的形式，开展教师和班主任培训活动。现已汇聚了29省（自治区、直辖市）100多个地市的三四百名优秀教师，已经辐射影响到全国，并获得和吸引了《中国教育报》、《中国教师报》、《现代教育报》和《班主任》等近20家主流教育媒体的支持与关注，许多省市的学校或培训机构把"心语沙龙"团队的活动内容作为教师和班主任培训的资源。

作者张乐华，发展与教育心理学硕士，国家二级心理咨询师，生涯发展规划师，山东省心理健康教育骨干教师，已在国家级刊物上发表学术论文10余篇，2010年曾获"山东省心理健康教育先进个人"称号。他也是一位非常优秀的青年教师，与郑老师一起关注学生的健康成长，在教育惩戒探索研究中，有许多非常独到的见解。

这本书的作者是值得信赖的，这本书的内容是值得借鉴的。请您打开这本书吧，它一定会成为您的良师益友！

（张万祥：中国教育学会理事，享受国务院政府特殊津贴专家）

推荐序二：实践比争论更有意义

郑学志

老实坦白，我不喜欢读专家教授的文章，尤其不喜欢读他们对一线教育工作指指点点的文章。为什么呢？觉得遥远，觉得不真实，总觉得和我们一线老师之间还有一段实践的距离。他们站着说话，腰不疼。

但我很喜欢读立平的文章。立平是从我们一线教师成长起来的专家，他写的是实打实从具体的一线教育实践中做出来的文章。这样的文章，实在、具体、真实，虽然一些说法和做法，专家教授们可能不是很喜欢，但是我们一线老师喜欢，因为可以直接拿来用、拿来借鉴。其实真实不真实，假的和真的，一看就知道。真正去实践了的办法，说起来虽然不光鲜，也不好看，但绝对实用。哪怕人家说起来，语言再怎么苍白，但里边任何一个细节都可以经得起推敲。而假的呢？往往在关键时刻、关键部位，就让我们不知道怎么操作啊！我们听大学教授、专家讲课，总感觉和一线老师有距离，原因就是他们的经验和案例，是从别人的叙述中得来的。而读立平老师的文章，大家觉得亲切，觉得有深度，就是因为这些文章全部来自教育一线，是因为本身做得精彩，才写得精彩！

关于教育惩戒问题，一直争议很多。我觉得需要从国家政策层面、从社会舆论层面、从教育实践层面来慎重思考这个问题。中国教育以前受别人"指点"太多，尤其是一些不站讲台的专家、学者和所谓的教育热心人士，一个个眼睛离开中国的教育现实、离开中国的文化背景、离开深入研究它国教育惩戒的真正实际（据我所知，很多国家不仅允许体罚，还有体罚的具体标准和尺度），睁眼说瞎话，指责我们的教育不能有惩戒，还动不动就把老师们正常的教育批评说成"体罚"。结果，我们很多老师畏缩了、害怕了、迷茫了，一些本来头脑很清醒的老师，也不敢使用教育惩戒的武器了。为啥？怕别人"指责"，怕那些不懂教育的领导批评、处分啊！一个"怕"字，让我们把教师应该有的教育批评权和惩戒权拱手相让了，以至于现在，教育部不得不在文件里规定咱班主任"对学生有批评教育权"。可悲吗？有点。

　　胡乱惩罚学生是错误，完全不要惩罚的教育是"缺钙"的教育，也是不完整的教育。教书这个职业，天生就有批评权的。教师批评学生，本来不需要用文件来规定。大家可能还能够从鲁迅、魏巍、刘墉等一些文学大家的文章里，模模糊糊地知道过去教书的样子——开学了，老师一张桌子，一把戒尺……——《从百草园到三味书屋》里说的就是这个样子。我觉得戒尺的提法很好，好在哪？好在"戒"就是诫勉，就是警告，就是惩戒，但是，这些诫勉、警告和惩戒又不是凭空乱来的，得有一定的尺度和标准，所以叫"戒尺"。哪个学生不听话，适当地"惩罚"一下，是能够"戒掉"不良行为的。况且，真正善于利用惩戒武器的老师，也不是随便就乱打人的。你看，鲁迅的启蒙恩师虽然有戒尺，还有罚跪，但是"不常用"；魏巍美丽的蔡芸芝先生的教鞭也只是轻轻地落下，挨打的和被打的都笑了起来；刘墉的孙子犯错了，也是自己拿出"家法"，请爷爷"高高举起，轻轻落下"……这些惩戒，与其说是惩戒，还不如说是教育的艺术。真正的教育，是离不开有艺术的惩戒的。

　　但是，现在别说打学生，甚至连批评学生，让学生交代一下犯错误时的内心想法，也被一些激进的"专家学者"说成是"心罚"（可能是根据"体罚"而造出来的词语）。我一直想不明白，一个人犯了

错误究竟要不要承担责任？用什么来"体现"这个"责任承担"？难道除了"教育惩戒"之外，还有别的途径更能够体现出这种"责任承担"？当然，也许有些老师会说，孩子犯错了不一定要惩戒，他们造成的损失可以用"恢复原状"来处理。我也赞成，这也是一种"有效地承担责任"的好办法。但是我想反问一句：难道"恢复原状"不是一种教育的惩戒吗？

　　我是一个教育惩戒的赞成者，也是立平和乐华老师教育惩戒的忠实支持者。我很赞成农村里一句很粗俗的歇后语："躺着撒尿——侧（测）出来的"。这句话有道理啊，凡事不实践、不操作，哪里来的经验和道理呢？一个"测"字，就含有不断揣摩、不断实验、不断思考、不断总结的意思，就含有"纸上得来终觉浅，绝知此事要躬行"的意思，就含有实事求是、一切让事实说话、实践是检验真理的唯一标准的意思。"测"字，应该是我们一线教师慎重对待教育理念、慎重对待教育思潮、慎重对待教育事业的最基本的工作思想观念、态度和方法论。

　　在这一点上，立平和乐华老师可谓走在了我们很多老师的前头。他们没有把时间浪费在无聊的"要不要惩戒"的争论上，而是把精力集中在具体操作层面的研究上；他们不仅为老师们辨析了什么是体罚、什么是教育的惩戒，还为老师们如何进行教育惩戒进行了原则高度的探讨和技术层面的实践；他们不仅在自己的教育实践中进行了惩戒试验，还总结出了"绿色教育惩戒"和弹性惩戒的一些经验……立平和乐华老师的这些实践，比争论更有现实意义，对澄清老师们的错误认识、廓清老师们的教育思路、丰富老师们的教育艺术有着深远的指导意义，不愧为前卫的教育工作者。从这个意义上说，《教师必须掌握的教育惩戒艺术》一书是具有开创意义的，也是具有强烈的时代意义的，更具有实践操作意义。现在我们老师们缺少的，就是这种既从观念上让大家明理，又能够从操作层面上给大家指导的书籍。仅仅是靠一纸文件说不准，或者靠媒体上的两篇反对或赞

成的文章，是解决不了教育的具体问题的。

今年夏天，一个十三年前毕业的学生回来看望我，第一句话就是："郑老师，感谢您对我的栽培，当年要不是您那一脚'踢'醒了我，我现在真的还不知道自己是啥样子的。"他的话，又让我回忆起了当年那一次"惊心动魄"的惩罚。他是一个当时很不听话的男生，还是在学校当中具有很大影响力的、带有"黑社会性质"的学生团伙的头目，一般老师轻易不敢惹他。可那天在我的课上，他上课睡觉、不听课，我实在看不下去了，多次对其进行神色、眼色、小动作暗示均无效之后，我在范读课文途径他身边时，"嘭"地一脚，踹在了他课桌的腿上。俗话说，打狗看主人，这一脚虽然不是踢在他身上，但也明显地表达了我对他的强烈不满。可能从来还没有谁这么不给他面子，他"噌"地一下站起来。在他还来不及变脸和发作之前，我迅即靠近他的耳朵小声地说："我是看得起你，觉得你还有希望，才这么提醒你的。如果不是觉得你还是一个有出息的人，我根本就懒得管你。"他马上就又坐下去了。从那天开始，他居然开始读书了，后来还通过复读考上了一所本科院校。今年夏天，他就是专程回来感谢我的。他反复对我说的一些话就是："郑老师，那时候我真的对自己绝望了，放弃了，是您告诉我，您对我还抱有希望，您看得起我。感谢您当年那一脚'踢'醒了我。"现在他是国内一家知名企业的地区代表，还是总公司的财物总监。

现在想起来，那一脚不仅是批评，还是惩戒，而且是越想越觉得有道理的教育惩戒。首先，我没有直接打人，踢桌子而不打人，没有谁敢说我是体罚。其次，这对学生起到了真正的震撼作用，他站起来要发怒了，说明此举戳到了他的痛处。第三，我在批评的同时把道理讲清楚，我是关心他才这么做。第四，唤醒了他内心的需求。你可以批评我实用主义，也可以批评我庸俗、功利，但是，我只能这么说，我们是一线班主任，是草根，我们需要的就是很多这样的能够一针见血的"有效"办法。很多时候,在我们的具体工作中，

有用比有理更有说服力。

我在《读者》文摘上曾经读到这样一个故事：爸爸因为自己加夜班而让孩子上学迟到了，为让自己的面子好看些，他对老师撒了谎，说是孩子睡过了头——结果，他"触犯"了家法，愤怒的孩子要求爸爸按照家法的规定接受惩罚。在法律面前人人平等，在家法面前家长和孩子也是平等的。于是，作者写道："在那个有着金色阳光的上午，他，孩子的家长，一个著名媒体的主笔，就在孩子老师的监督下，体面地接受惩罚……"

为什么想到这个故事，就是因为本书与这个故事的精神有着千丝万缕的联系——我们不仅要允许教育惩戒存在，更要讲究教育惩戒的艺术和技巧。我们期待教育惩戒不再成为老师们想用而又不敢用的武器，还期待它成为一种体面的教育方法，让犯错误的孩子"体面地"接受惩罚，更愿意看到越来越多的老师，能够理直气壮地、像立平和乐华所说的那样"游刃有余地"使用教育惩戒开展工作。我想，这将比空洞地争论"行不行"更有实际意义。

只有真正的教育者，才敢于走进这个令人望而却步的敏感领域。可是，不走进来，又如何还原本该完整的教育？感谢立平和乐华为我们广大教师奉献了一本具有理论和实践引领价值的好书！

（郑学志：著名青年学者、湖南省优秀班主任）

目 录

推荐序一：我为你喝彩（张万祥）······················ I
推荐序二：实践比争论更有意义（郑学志）·············· V

第一章　教育惩戒的历史和现状······················ 1
　　一、剖析教育惩戒的内涵
　　　　——理清它与体罚、赏识教育的关系·············· 2
　　二、古今中外话惩戒——翻开教育惩戒的历史·········· 9
　　三、他山之石，可以攻玉
　　　　——借鉴异国教育惩戒之精彩·················· 17
　　四、在过度与缺失两端摇摆
　　　　——认清我国教育惩戒的现状·················· 25
　　五、该反对还是该提倡
　　　　——倾听关于惩戒的两种不同声音·············· 31
　　六、无规矩不成方圆
　　　　——教育惩戒应遵循的五大原则················ 41

第二章　教育惩戒的典型成功案例···················· 57
　　一、渗透民主与科学的精神
　　　　——魏书生的教育惩戒方式···················· 58
　　二、彰显个性与人文的魅力
　　　　——郑立平的弹性惩戒制度···················· 77

三、运用《温馨班规》巧妙实施
　　——郑州某实验小学的惩戒模式……………………87

第三章　教育惩戒的常见误区……………………97

一、教师惩戒权不可"转嫁"
　　——教育惩戒是教师的责任……………………98

二、为提高学生成绩而惩
　　——家长叫好，却不是正当的理由……………………104

三、纵容违纪≠尊重自由
　　——放任学生意味着教师的失职……………………109

四、不要漠视学生的权利
　　——随意的惩戒可能造成侵权……………………113

五、情绪宣泄式的惩戒不可要
　　——惩戒应出于教育目的……………………119

六、切忌对学生搞"连坐"
　　——教育惩戒不能伤害无辜……………………123

七、别拿学生当成人对待
　　——惩戒应基于学生的身心发展特点……………………130

第四章　教育惩戒的具体操作艺术和技巧……………………139

一、班规要定于惩戒之前
　　——让惩戒有"法"可依……………………140

二、校纪班规面前人人平等
　　——处罚切莫有失公允……………………146

三、惩戒应伴师爱而行
　　——让学生感受到另一种形式的爱……………………155

四、惩戒应以尊重为前提
　　——学生犯错并非失去人格……………………161

五、依错误的主导因素而惩
　　——把惩戒转化成积极行为……………… 168

六、带张笑脸去惩戒学生
　　——教师的良好心态很关键……………… 174

七、找到学生犯错的动机
　　——给孩子一份特殊的爱…………………… 180

八、惩戒方式要因错因人而异
　　——常用惩戒方式一览……………………… 187

九、实施惩戒要掌握分寸
　　——不能体罚和变相体罚学生……………… 194

十、惩戒宜及时进行
　　——不能让学生存有侥幸心理……………… 200

十一、做好惩戒之后的帮扶转化
　　——避免惩戒产生副作用…………………… 206

十二、赢得家长的理解与支持
　　——家校合力让惩戒更有效………………… 213

十三、惩戒学生莫忘反思自己
　　——生之错，师有过………………………… 220

十四、教师犯错也要接受惩戒
　　——身教胜于言教…………………………… 226

主要参考文献………………………………………… 233

后　记………………………………………………… 237

第一章

教育惩戒的历史和现状

对于忙碌在教育教学一线的广大教师而言，大家更熟悉"批评"、"惩罚"等，而对"教育惩戒"这样一个有些书面化的概念，似乎比较陌生。然而，无论是国家对体罚、变相体罚的禁止还是屡屡发生的师源性伤害问题都在告诉我们："教育惩戒"已经到了非搞清不可的时候；如果我们再理不清教育惩戒的内涵以及它与体罚、赏识教育等的关系，它就会对我们教育管理实践的创新与发展产生很大的阻碍。

"教育惩戒"，几乎伴随着教育的产生而产生，可以说是一门古老而又年轻的学问。说它古老是因为它从古代就有了，说它年轻是因为几千年以来竟没有形成专门的研究著作而导致现在仍被人们广泛热议。所以，要充分了解这一古老的新事物，我们不得不考察它过去的历史，不得不审视它当前的状况，不得不借鉴国外的先进经验。这些工作并不是要使你成为教育惩戒方面的专家，而是让你对于教育惩戒不再是一个糊涂人，在处理一些学生教育管理问题时能有一套自己的原则和方法，能更好地遵循科学和规律。

一、剖析教育惩戒的内涵
——理清它与体罚、赏识教育的关系

作者心语：目前，教育惩戒之所以成为困扰广大中小学教师的一个焦点问题，很重要的原因在于许多教师没有搞清什么是教育惩戒。因为不了解其内涵，所以在实践中就无法跟体罚、变相体罚进行有效的区分，而当前国家法律明令禁止体罚和变相体罚，又加上现实中赏识教育的呼声一浪高过一浪，这就使得很多教师面对教育惩戒无所适从。这种茫然的心态，让教师们在教育违纪学生时备感尴尬。因此，教育惩戒成了一个颇具争议而又亟需搞明白的问题。

人类社会需要依靠道德、伦理、法律等来维系其正常秩序，借以促其和谐运转，教育作为一种社会现象自然也不例外。每所学校、每个班级为了实现自身的有序运转，都要制定相应的校纪、班规。制定这些规则的初衷是为了对学校、班级进行更好的管理，并不是期望有更多的学生触碰这些规则，然后对其实施惩戒。既然有约束思想、言行、道德等的规则，那么必然会有学生违反规则，于是在教育管理过程，对相关学生实施必要的教育惩戒就成了不可避免的事情。

教育惩戒本是一个教师在日常的管理与教育中不可回避的职业行为，而我们当前听到最多的却不是惩戒，而是体罚、变相体罚、赏识等。这是为何？一方面，近年来，我国的一些法律，如《中华人民共和国义务教育法》（以后简称《义务教育法》）、《中华人民共和国教师法》（以后简称《教师法》）、《中华人民共和国未成年人保护法》（以后简称《未成年人保护法》）以及《中小学教师职业道德规范》等，明确要求不准体罚和变相体罚学生，体罚已经成了教师教育管理中不得触碰的高压线，谁碰谁会遭"电击"。另一方面，受国际人本主义思潮的影响，赏识教育的呼声一浪高过一浪，特别是当各种与教育有关的法律明确禁止教师体罚学生之后，"赏识"似乎成了教师们管理和引导学生别无选择的方式。相关教育、教学法规中并没有明确界定惩戒和体罚的区别，也没有明确界定教师的惩戒权。于是，在很多老师心中，教育惩戒也跟体罚一样变成了教育的一个雷区。但是，教育实践告诉我们，教育离不开惩戒，惩戒是教育不可回避的问题，它不可以用赏识教育来代替。让人惊喜的是，近年来教育界对教育惩戒的讨论十分热烈，教育惩戒的一些问题也逐渐变得清晰。那么，到底什么是教育惩戒呢？它与体罚、赏识又是何种关系呢？

1. 教育惩戒是什么

教育惩戒的定义目前还不甚统一。"惩戒"中"惩"的含义就是处罚的意思，戒就是警戒，合起来的意思就是通过当前对个体的错误行为实施处罚而达到警戒其未来的目的。所以，惩戒中惩是手段，戒才是目的，两者相辅相成，不可分割。把惩戒运用到教育中，就是教育惩戒，即对那些违规的学生进行惩，从而让其达到戒，正所谓"小惩而求大戒"。"教育惩戒"以教育为前提，以惩罚为手段，以不损伤学生的身体为原则，以尽量减少或不再出现要"戒"的行为为结果，通常包括学校惩戒和教师惩戒两个层面。可见，教育惩戒就是针对学生错误行为的一种教育，在本书中提到的惩戒都是指教育惩戒。

从惩戒本身的含义来看，我们不难推出惩戒的一些具体内涵：

①惩戒不只是存在于教育领域，还可以存在于其他领域（如家庭领域）。我国古代的大家族中都有家法，家族成员违反了，族长就要对其实施惩戒；行政领域的公务员管理也存在惩戒性规章制度，借以对公务员违反行政执业规范的行为进行惩戒。所以，惩戒是一

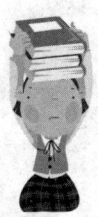

种应用广泛的管理手段,当它被运用到教育领域后,就开始为教育服务,并具有了教育特色,不能违背教育的基本精神。

②既然惩戒是一种应用广泛的管理手段,那么推及教育惩戒,我们认为,教育惩戒是教育和管理学生的一种重要手段,不应该是教师教育管理的雷池,我们没有必要谈教育惩戒就色变或对之噤若寒蝉。它也是服务于教育的工具,现实证明它是教育所必需的。只要它服从于教育目的,不失教育性,即每位教师使用时不过度、不损害学生的身心健康发展,就可以使用。只有那些背离教育目的的惩戒才是不恰当的。

③从惩戒的含义来看,体罚也是惩戒的方式之一。在有些国家,体罚是教育惩戒方式之一,因为它也可以实现通过惩而戒的目的。但是,需要特别指出的是,体罚虽然不是当前我国合法的教育惩戒方式,但曾经是我国古代教育中普遍使用的重要的管理学生的方式。

为了深入认识教育惩戒,我们还可以从不同的角度来审视惩戒。比如,从教育惩戒的实施主体来划分,我们可以把教育惩戒分成教师群体执行的惩戒(即学校惩戒)和由教师个体实施的惩戒两类。前者常以学校或校长的名义做出,代表教师群体对犯错学生实施的惩戒,如给某些学生记过,甚至开除学籍等重大处分,都是由学校的管理机构代表教师群体做出。教师个体的教育惩戒,如对某个学生进行批评或责令其写检讨书等,它是任课教师和班主任均可以做出的惩戒行为。在本书中探讨的重点是教师个体在教育教学中针对学生的错误如何做出惩戒的一些问题,部分涉及教师群体的惩戒。无论教师个体还是教师群体,实施教育惩戒所遵循的一些原则或基本操作技巧是大体相同的。

还有一种从实施主体角度来划分的方法,与上面不同,它把教育惩戒分为自我惩戒和他人惩戒两类。对于学生而言,教师、父母的惩戒均算是他人惩戒;另外,学生自己还可以针对自己的错误做

出自我惩戒。目前国内关于自我惩戒的研究很少，因为涉及学生自我规范、约束的问题，但这不失为今后的一个重要研究方向，因为自律远比他律更积极，效果也更好。目前，很多优秀班主任在探索班级自主管理中，就试图引导学生自我反思、自我惩戒。比如，实施自我惩戒前，可以让学生在老师的监督下事先做出自罚承诺，这种自罚承诺必须适合学生，无损于学生的身心健康；当学生违反了自己的承诺时，要兑现事先的自罚承诺，进行自我处罚，借以培养学生的自我约束能力。但是，由于学生年龄不等，身心发展不一，自我惩戒很难成为低年级学生管理中的一种教育惩戒方式。

从学校教育惩戒实施的行为方式来划分，教育惩戒可以分为精神惩戒和行为惩戒。前者主要是对学生在精神上给予惩罚，如批评、通报、记过等；后者是对学生在行为上进行限制，如实施隔离、适当罚站、剥夺其某种特权等。从实施时间来划分，惩戒可以分为及时惩戒和延时惩戒。从实施程度来划分，可以分为适度惩戒和过度惩戒。从惩戒实施的方式来划分，可以分为直接惩戒和间接惩戒。以上教育惩戒的不同提法，是从不同角度来对教育惩戒进行考察的结果。

2．教育惩戒与体罚的关系

教育惩戒之所以受到了很多的质疑，主要是人们对教育惩戒存在错误的认识，没有把它与体罚、变相体罚区分开来；体罚、变相体罚又为我国法律所不允许，教育惩戒自然也就遭到了很多人的反对。所以，不对惩戒和体罚做出区分，这对教育惩戒的实践是很不利的。那么，到底什么是体罚呢？《教育大词典》中认为，体罚是一种以损伤人体为手段的处罚方法；变相体罚则是指留堂、饿饭、罚劳动、重复写字等极容易损害学生身心健康的处罚行为。《中小学教师职业道德修养》中认为，体罚是对学生身体的惩罚；变相体罚则是不直接对学生人身诉诸拳脚和工具，而以各种借口并以其他形式间接地对学生进行体罚。有人将对学生的讽刺、挖苦等视为变相

体罚。由此看来，在我国并没有对体罚或变相体罚做出统一的定义，大家对其认识也存在一定差异。但是，我们还是从以上诸多定义和认识中归纳出合理的教育惩戒与体罚、变相体罚的联系和区别。

具体可以从以下几个方面来考虑：

①从目的上看，合理教育惩戒的目的是让学生真正认识错误，悔过自新，从而"不愿"犯错；体罚则侧重于让学生受到皮肉之苦，对犯错产生畏惧心理，从而"不敢"犯错。

②从程度上看，教育惩戒是一种无损于学生身心、具有教育性的教育管理方式，是教师的职业权利之一；体罚在我国则是一种损害学生身心健康的违法行为，是教师要坚决杜绝的行为。

③从手段上看，二者似乎都会让学生的身心产生一定的痛苦以达到最终的目的，但两种痛苦的内涵是不同的。教育惩戒中的"痛苦"是让学生认识到自己的错误后而产生的痛苦，是发自内心的；学生被体罚时的"痛苦"更多的是外界造成的，是一种外力的结果。

④从实施效果上看，教育惩戒最终能使学生心服口服地改掉错误，且不影响师生感情；体罚则可能会使学生改正自己的错误，但学生完全是被动的，往往还会对教师产生抵触情绪，甚至导致更加严重的违规行为。

尽管以上对教育惩戒和体罚、变相体罚做了区分，但是在教育惩戒的实践操作上还是显得不够具体，在现实中仍有很多争议。比如，罚站、罚作业与罚劳动这些方式到底算不算体罚或变相体罚？到底罚站多长时间或者罚作业与罚劳动的量有多少才是体罚或变相体罚，还是根本就不能采取罚站之类的方式，哪怕一两分钟也算体罚？这也是现阶段关于体罚问题争论最多、最激烈的地方。目前，罚站、罚作业与罚劳动还是中小学教育中经常可以见到的惩戒方式，这三种方式相对比较温和，一般情况下不会对学生造成严重的伤害。如果把这些行为统统界定为体罚，那么中小学教师目前违法的行为还是相当普遍的。但是，如果这不算体罚，那又算什么呢？现行法律

对体罚没有明确的规定，这在一定程度上给了教师自由揣度的空间，到底这个度在哪里，只好由教师自己灵活掌控了。

从我国法律对体罚、变相体罚的禁止来看，衡量教师的惩戒行为到底算不算体罚，我们可以从几个角度去分析：一是对学生的身心健康是否确实造成了伤害，损害了学生的正当权益；二是是否确实违背了教育性的原则，实施的教育惩戒是否是为了有效地教育学生；三是是否缺乏合理的惩罚依据，导致惩戒有失公允。

从几个方面加以比较，我们认为教育惩戒和体罚、变相体罚还是有很多区别的，我们需要仔细揣摩它们的边界，在教育实践中加以区分，从而合理实施教育惩戒。所以，惩戒学生时，罚站、罚作业、罚劳动等行为，不可以武断地认为是体罚。不过，有一点我们必须要声明，虽然说教师的教育惩戒行为可以从以上几个角度去衡量，但这些方面也只是在当前体罚没有明确法律规定情况下的参考而已。所以，我们还是期待国家尽快出台相关法律，能对教育惩戒有个相对明确的具体规定，以便更好地规范中小学教师的教育管理行为。

3．教育惩戒与赏识教育的关系

关于教育惩戒，当前还需要进一步理清的，就是教育惩戒与赏识教育的关系。有一种观点认为，两者是完全对立的，提倡赏识教育就绝不能允许教育惩戒的存在。持这样观点的人认为，惩戒的背后是教育对学生生命价值的轻视；惩戒让教育异化成了一种事先谋划好的、以有效的方式控制学生身心的技术，成为了一种驯服学生的机制。我们认为，这样看待教育惩戒的观点有些言过其实了，教师固然不能把惩戒作为班级管理的法宝，多多益善；但也不能一味采取赏识教育而抛弃了教育惩戒这种非常重要的方法和手段。大量的实践证明，教育惩戒和赏识教育并不是有我就无他的矛盾，两者应该互相补充，互相完善，并存发展。在教育过程中，我们可以把在学生身上发生的行为分为两种：一种是值得提倡的，需要学生继

续坚持去做的，这样的行为需要我们给予赏识和鼓励；另一种行为则是不利于学生个体身心发展或损害他人利益的，这样的行为通常也不符合学校和班级的规定，所以有必要对其进行矫正。教育惩戒让学生意识到自己的错误，同时也让其树立一种规则意识，以便将来很好地遵守社会规范。离开惩戒的赏识教育对学生的违纪行为会变得软弱无力，不利于教师课堂秩序的稳定，无法保障其他同学的合法权益不受损害。目前，世界上还没有一个国家完全否定教育惩戒，这也充分说明了教育惩戒存在的现实意义。反过来，我们更不能抛弃赏识教育，只有惩戒没有赏识的教育必然会遭到学生强烈的排斥，单靠一系列制度、规则来约束、管理学生，会使师生关系变得冰冷、僵化，很难体现教师对学生的尊重和关爱。

从另一个角度去看，赏识教育与教育惩戒其实是一个问题的两个方面。我们用赏识来增加学生某一良性行为发生的频率，而用惩戒来减少某一不良行为发生的可能性和倾向性。当我们哪怕是仅仅口头表扬了三个孩子中的一个孩子时，我们的行为在心理上其实已经对其余两个孩子造成了实际上的"惩戒"，对一个孩子的表扬暗示着另外两个孩子在某件事上做得不够好，这从某种角度上讲就等于同时批评了另外两个孩子，特别是对于目前已被父母及其他家人宠惯了的独生子女而言，没被表扬，就意味着受到了批评，很多孩子就会感受到被挫败的心理体验。同样，对某个学生的惩戒也意味着其他未被惩戒的学生做得还可以。所以，赏识和惩戒是辩证统一的，共同存在于教育行为中。

从以上分析可以看出，教育惩戒和赏识都是当前教育改革中必须关注的热点和焦点问题，它们不可分割，共同构成了"立体"的教育。赏识，看似积极的教育方法，如果一味采取，也并不见得必然起到积极的作用，甚至过度的赏识可能导致骄傲、溺爱等心理问题。对于一个孩子的发展来说，这与不合理的教育惩戒所造成的危害并无本质的不同。

二、古今中外话惩戒——翻开教育惩戒的历史

作者·心语：尽管目前人们对教育惩戒存在诸多争议，但说起来它并不是什么新鲜事物，它几乎伴随人类教育的产生而产生。为了对教育惩戒这一现象有个深刻的了解，有必要梳理一下教育惩戒发展的历史，在追寻它的历史轨迹中进一步明晰其本质和内涵，以便我们在现实中更清醒地使用它，更科学地把握它。

说起教育惩戒可谓源远流长，它几乎伴随着教育的产生就产生了。在教育史上，有不少国内外教育家、思想家都对之有过论述，发表过一些精彩的见解和主张。这些教育惩戒的思想在一定程度上反映了当时教育的理论导向和社会的现实诉求。纵观整个教育惩戒的发展历史，大体上可以把它划分为三个阶段：

1. 以体罚为主，缺乏对学生尊重的教育惩戒时期

翻开古代教育惩戒的历史，我们发现：古代教育惩戒的方式多数是以体罚为主，缺乏对学生个体的尊重，教育惩戒主要是为了实现统治者的教育意志，因而忽视了个人发展的需求。

比如在古希腊，当时教育的主要任务是为国家培养接班人，提倡服从教育。在这一时期，体罚是很重要的教育方式之一。特别是在斯巴达，教育在很大程度上是为了培养能征善战的军人，因此对学生的惩戒也相当严厉，学生违反了纪律会被饿饭、鞭挞等，严重的甚至被重罚乃至处死。古埃及的教育惩戒也相当严厉，曾有记载教师教训学生的语言："我要捆起你的腿，如果你再去街上游荡，你还会遭到河马皮鞭的抽打。""用心念书，不要把白天玩掉，否则你的身体就要吃苦。"从这些教师的训话中，我们可以窥探到古埃及学

校的纪律何等严厉，从而也充分证明，在当时，体罚是被当做正当而且合理的教育手段的。

在我国，《易经》中也提及了教育惩戒，其"蒙"卦初六中说，"发蒙，利用刑人，用说桎梏，以往吝。"这里所体现的就是"小惩大戒"的思想，这无疑肯定了教育惩戒的积极意义。我国古代教育名篇《学记》中也记载："夏楚二物，收其威也。""夏"、"楚"就是古代用以惩戒学生的树条。在后来，我国封建社会教育中常使用的戒尺就是"夏、楚"的替代物。可见，在我国古代教育中，对学生实施体罚是教育的正常现象，同时也说明古人很重视惩戒的教育作用。与多数国家允许体罚所不同，古代印度可以算得上是当时的一个特例，它在教育法典中明确规定不能使用体罚："良好的教学必须不给儿童带来任何不愉快的感觉，尊重品德的教师必须使用甜美而仁慈的语言。"

当历史的车轮行驶到了中世纪时期，经院主义思想在西方占据了主导地位，教育的神学色彩十分浓厚，主张实行禁欲主义、信仰主义、蒙昧主义等，在这一时期教育更加强调体罚、灌输等手段的使用，棍棒成了学校、教师实施教育的必备之物，好像要提升学生的灵魂必须通过肉体的折磨来实现，此时的教育惩戒近乎走入了依赖体罚的极端形态。

总之，在缺乏民主、人文精神的古代，体罚成了当时教育惩戒的一个显著特点。

2．反对滥用体罚，主张合理实施教育惩戒的时期

西方进入文艺复兴时期以后，人文主义思想家们提倡个性发展和思想自由，主张以科学反对神学，以人性反对神性，追求平等，崇尚理性，尊重儿童，反对体罚。比如，法国的蒙田就推崇无惩戒、无眼泪的教育，他对体罚深恶痛绝。他说："许多学校不过是地狱而已，儿童随时受到责打的威胁，他们的心灵被损伤。在上课的时候，听到的是儿童因受责而发出的呼叫，以及教师雷鸣般的吼声。为了

使幼稚而胆小的儿童爱他的书本,教师们露出一副愤怒的面孔,手里拿着棍棒,这该是一种多么'奇妙'的教育情景啊!这是一种多么可恶而有害的教育方法啊!"又如,宗教领袖马丁·路德·金也对过分依赖惩戒的方法表示不满,他说:"有些教师只知道怎样鞭打和折磨学生,这样的学校不是别的,而是地牢和监狱,这些教师自己则是暴君和狱吏。"

捷克大教育家夸美纽斯在其《大教学论》一书中提到,"严格的纪律是必需的",但他不希望"学校充满呼号与鞭挞的声音";他同时也说:"我们可以从一个无可争辩的命题开始,就是犯了过错的人应该受到惩罚。他们之所以应受惩罚,不是由于他们犯了过错,而是要使他们日后不再犯错。"可见,夸美纽斯特别注重教育惩戒的目的,即重在让学生"戒"上。

17世纪以后逐渐出现了两种观点:一种是主张温和的惩戒,在确有必要时也不回避体罚;另一种则主张完全尊重学生的人格尊严,避免任何不人道的外在强制性的惩戒手段。

前一种观点以赫尔巴特、康德、洛克等人为代表,认为教育管理是必要的,但体罚一定要适可而止,不能过分,倾向于保留体罚。赫尔巴特认为,教育与管理本身是密切结合的,如果只教不管会让教育徒劳无益,管理是教育的一根粗绳,教师必须"坚强而温和地"抓住它,才可以使存在于儿童身上的那些"不驯服的烈性"、"盲目冲动的种子"以及"率真的欲望"得到束缚,特别是在教育开始阶段,确实不可能做到以教育代管理,这时对学生采取"惩罚性威胁"是完全必要的。康德认为,作为一个社会人必须要服从社会的规定,如果儿童出现不服从的行为,就要受到惩戒,惩戒的目的就是要消除儿童的野性。从惩戒儿童的方式上讲,可分为身体和道德的惩戒,但体罚时必须要小心对待,绝不可以因体罚而扭曲儿童的心灵,使其成为奴隶性格。英国启蒙思想家约翰·洛克在《教育漫话》一书中,对教育惩戒也做了精辟的论述:一方面,洛克反对给儿童过重的惩

罚；另一方面，洛克认为不能放弃惩罚。他认为，善与恶、奖励与惩罚是理性动物的唯一行为动机，是一切人类因之去工作、由之受指引的激励物和约束物，所以也应该用之于儿童。

后一种观点则以法国资产阶级启蒙运动的重要思想家卢梭和俄国的乌申斯基等人为代表，主张绝对尊重儿童，保护其天性自由发展。卢梭在其名著《爱弥儿》中提出，对儿童的过失，应靠"自然后果法"去惩罚。"对儿童的惩罚永远是他们的过失的自然结果，一定不要为惩罚孩子而惩罚孩子，应该使他们觉得这些惩罚正是他们不良行为的自然结果。"卢梭极力反对人为惩罚，但他并没有说完全不要惩罚，而且自然惩罚要在教师的密切监控之下，这种惩戒应使儿童知道你之所以惩戒他完全是为了他的进步。俄国的乌申斯基不仅对体罚甚至对教育惩戒也采取否定态度，认为教育惩戒不是用来预防和根本消除学生不良行为的最好方法，而只是一种以毒攻毒的药剂。这种方法在学校和家庭虽然有时是不可避免的，但运用这种方法带有很大的危险性，运用惩戒时必须小心，越少用越好。

20世纪前苏联著名的教育家马卡连柯则指出："合理的惩罚制度不仅是合法的，而且是必要的。不惩戒的方法只是对破坏分子有益，如果学校没有惩戒就必然会使一部分学生失去保障。我个人相信惩罚并无多么大的好处，但我坚信这样的事实：凡是需要惩罚的地方，教师就没有权利不惩罚，在必须惩罚的情况下，惩罚不仅是一种权利，而且是一种义务。这种合理的惩罚制度有助于形成学生的坚强性格，能培养学生的责任感和尊严感，能磨炼学生的意志，能培养学生抵抗引诱和战胜引诱的能力。"马卡连柯不仅将惩罚与学生的尊严联系起来研究惩戒，而且在实践中也成功地实现了惩罚与尊重的统一。同时，他还明确指出，教育惩戒也是教师的一种"义务"。由于马卡连柯论述精辟，观点先进，被后人尊为教育惩戒的大师。

近代美国教育思想家杜威是以主张尊重儿童而著称的现代教育思想的代表人物，但他仍然认为，"儿童是一个人，他必须或者像一

个整体统一的人那样过他的生活,或者忍受失败和引起摩擦。""儿童必须接受有关领导能力的教育,也必须接受有关服从的教育。"

可见,在这一时期,许多教育家提出了自己的观点,但都比较一致地认为:教育需要惩戒,但是不可滥用,要适度,要尊重儿童的权利。中世纪,人们对教育惩戒的认识获得了巨大发展,已经回归了理性。

3. 教育惩戒日益被国家法律所规范的时期

19世纪中叶,儿童权利运动逐渐兴起,这促进了体罚在各国的废除。近代最早以法律形式禁止体罚的是波兰,其次是卢森堡、荷兰、奥地利和法国。进入20世纪,随着保护儿童权利运动的更快发展,谴责并要求废除体罚、改进学校教育惩戒方式的呼声越来越高,保护儿童权利运动在国际范围内受到普遍关注。

在我国,清末1904年的《奏定初等小学堂章程》中规定:"夏楚(体罚。——作者注)只可示威,不可轻施,尤以不用为善。"《奏定高等小学堂章程》中规定:"学童至十三岁以上,夏楚万不可用;有过只可罚以直立、禁假、禁出游,罚去体面诸事亦足示儆。"这是中国第一次在教育法令中对体罚做出的明确规定。孙中山先生领导的民国政府于1912年颁布的《小学法令》中明令反对体罚:"小学校长、教员,认为教育上不得已时,可加惩戒于儿童,但不得用体罚。"1949新中国成立以后,我国政府多次明令禁止体罚学生。当代教育家徐特立认为,思想教育方式应该是启发学生醒悟,而不单从外面灌输,更不应该依赖惩戒。对于那些破坏纪律的学生不是惩戒而是说服,说服的方法不是由教师方面注入而是双方讨论研究,不是压倒学生的坚强意志,而是让学生增进对问题的进一步了解,以正确知识来说服学生无知的盲动,同时坚决反对体罚。体罚是严重的封建残余,应该对教师及所有教育工作者进行民主补课,促使其改进教育方法,从根本上废除体罚。1952年4月,教育部发布废止对学生进行体罚

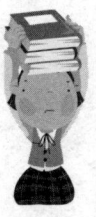

或变相体罚的政令。后来教育部出台的教育法律法规中也明确规定禁止实施体罚。

1947年,日本在《学校教育法》第11条中明文规定:"校长和教员,根据教育上的需要,可按主管部门的有关规定对学生进行惩戒,但是不许体罚。"日本还首次在法律中明确规定了教师的惩戒权。

第二次世界大战以后,人权思想进一步发展,联合国大会于1959年通过的《儿童权利宣言》,是联合国历史上第一个关于儿童权利的国际性公约,标志着儿童权利观念在世界范围内初步确立。在此期间,越来越多的国家通过法律宣告废除体罚,禁止用不人道和侮辱性的方式来教育儿童。1979年,通过有关禁止体罚的立法,瑞典成为世界上第一个全面禁止对儿童实施体罚的国家。在对违法者追究刑事责任的同时,瑞典政府还提供大量资金支持一个相关的教育运动,并为减少家庭暴力和冲突提供各种各样的帮助。随后,丹麦、挪威、芬兰、奥地利、塞浦路斯、意大利、克罗地亚和拉脱维亚等八个欧洲国家也通过立法废除了体罚。

20世纪,绝大多数国家在法律上禁止体罚学生,教育惩戒和体罚开始泾渭分明起来,体罚已不再是合理的教育惩戒。1989年联合国通过的《联合国儿童权利公约》规定:"任何儿童不受酷刑或其他形式的残忍、不人道或有辱人格的待遇或处罚。"

在美国,该不该体罚在法令上莫衷一是。联邦最高法院曾于1977年对著名的"英格瑞罕诉莱特案"中判决认定,学校实施体罚并不违背宪法中的正当程序保证。然而,在1986年佛罗里达州一名教师因学生误拼单词而动怒体罚,得克萨斯州休斯顿市一名体育教练因队员未带短裤而动手,结果双双吃官司。1991年,美国华盛顿市市长曾有意恢复体罚;1996年,美国加州众议会一委员会通过一项法案允许加州的学校恢复体罚。在美国的特殊教育中,对残障学生的纪律惩罚是近年来美国特殊教育立法中另一个重要课题。美国的国会议员们认为,儿童行为与他们残障无关,对残疾儿童的惩戒

不应该有不同的标准。特殊教育的法律专家认为,对残疾儿童的政策应该符合联邦宪法的要求,以及根据州法律制定的程序性保护措施。美国现有的法律规定,如果残疾儿童的不当行为与残疾无关,则给其与正常的儿童一样的纪律惩罚,如果残疾儿童的不当行为与残疾有关,在对残疾儿童做出惩罚前,要遵循实质性的和程序性的正当法律程序,注重对他们的程序性保护。2004年6月,印第安纳州波利斯市教育委员会以6:1的投票结果废止了一条允许当地79所公立学校的教师体罚学生的政策。目前,在美国的50个州中,允许公立学校实施体罚的有21个州,立法禁止体罚的有21个州,其他州则无明文规定。

1986年,我国的《义务教育法》首次明确提出"禁止体罚学生",1991年的《未成年人保护法》、1992年的《义务教育法实施细则》又将其扩充为"学校和教师不得对学生实施体罚、变相体罚或其他侮辱人格尊严的行为"。1993年的《教师法》明确规定,对于体罚学生经教育仍不改的教师要给予行政处分或解聘,情节严重的要依法追究刑事责任。《中国儿童发展纲要(2001—2010年)》对惩戒的原则和方式提出了要求:学校纪律、教育方法应适应学生的身心特点,针对不同学生不同的体形、年龄、性别采取不同方式,注重性格因素;惩戒女生更应谨慎,以言语为主,对个别学生的惩戒以不公开为原则,要因人而异,因时而异,既要达到惩戒的目的,又要不损害学生的身心健康。我国香港地区在20世纪90年代初期开始禁止体罚。香港地区的《教育规例》第58条规定:"教员不得向学生施行体罚。"另外,《幼儿服务规例》第15条及第45条分别规定:"任何人不得对儿童施行体罚。""任何人不得对互助幼儿中心内的儿童施行体罚。"

而在另一方面,许多曾经禁止体罚的国家,却重新提出对学生进行体罚的倡议。最耐人寻味的是泰国关于教育惩戒的举措。2000年11月,泰国教育部宣布禁止在学校施行传统体罚——鞭笞。教育

部长桑萨克认为，证据显示体罚并无用处，当时就有部分教师和家长对此决定感到失望。但是，到了2002年年初，泰国教育部新任部长素威·坤吉滴却认为，体罚取消后学生更加桀骜不逊。为使学生"规规矩矩"，他建议恢复鞭笞。韩国于2002年6月公布了《学校生活规定预示案》，授予教师一定范围内的体罚权利，但对实施程序做了详细规定，其中对实施体罚所用的工具的长度、粗细做了具体规定。在各国规定中，体罚部位多集中于手和臀两个地方。例如，美国规定体罚必须打在肉多的部位，如臀部；韩国规定男生只能打臀部，女生只能打大腿部。体罚程度目前也只能从次数上加以限制，如对小学生不超过5下，对初高中生不超过10下。

我国台湾省在2005年的《学校订定教师辅导与管教学生办法注意事项》规定："教师辅导与管教学生，不得有体罚学生之行为，且不应对学生的身心造成伤害。"在《公立高级中等以下学校教师成绩考核办法》中规定："教师体罚或以言语羞辱学生者记过。"2007年1月26日，日本教育政策小组建议，为打击校园里恃强凌弱的歪风，学校应考虑恢复禁止已达60年的体罚，惩戒一再犯规的"小恶霸"并保护教师。近来，英国政府出台一项新规，教师被授权在课堂上使用体罚措施并得到法律保护。

从教育惩戒的历史和现状看，教育惩戒从没有约束的绝对权力走到今天和体罚相对立的相对权力，体现了社会对儿童的人文关怀、人格尊重和人权的保护；但大多数国家在明令禁止体罚的同时，对教育惩戒做出明文规定并有所保留，这反映了教育惩戒是教育活动客观规律的要求，是不能完全摒弃的。目前，各国已达成共识：在现代教育中，教育惩戒有其存在的必要性和合理性；体罚是仍存争议的一种教育惩戒方式。

三、他山之石，可以攻玉
——借鉴异国教育惩戒之精彩

作者·心语：有人认为，欧美教育就是宽松，中国教育管理过于严格，其实这是有些偏颇的。深入了解各国的教育惩戒，我们会发现，各国教育惩戒异彩纷呈，会带给我们很多启示。当溺爱、赏识之风蔓延到学校的时候，我们需要保持冷静的头脑，要借鉴其他国家优秀的教育惩戒做法，我们绝不能让中国教育"缺钙"，不应杜绝惩戒。

各个国家教育的历史背景不同，文化存在差异，对于教育惩戒也有着不同的规定，但是教育惩戒作为一种教育手段，它受到共同的教育规律制约。因此，其他国家的教育惩戒方式对我们具有非常重要的借鉴意义。首先，让我们来看一看世界各国的教育惩戒情况。

1. 美国

美国号称世界上最民主的国家，但在学校教育中依然保留着学校惩戒权。美国一些州明确规定了教师惩戒权的范围及限定，如：言语责备，可以是直接的口头批评，也可以是间接的言语暗示；剥夺某种特权，对学生参加课外活动的一些权利予以限制，正常的教学活动不属于剥夺的范围；留校，对违规学生，放学后将其扣留在学校一段时间，一般不超过半个小时，留校期间可以安排他们参加一些惩罚性活动，或者强迫他们参加心理咨询；短期停学，通常是10天；开除，这是一种对严重违规者的处理方法，校方在开除学生时必须保证其实质公正和程序公正，任何违反正当程序的开除都是无效的。有了这些明确的规定，学生违反规章制度后，学校或教师根据情节轻重可实施以下处罚：一般的纪律惩处、体罚、罚学生多

少天不让上学、开除、勒令转校等。其中，一般的纪律惩戒包括：①给家长打电话；②罚站；③不让参加课外活动；④罚早到校或晚离校；⑤被勒令离开教室10分钟或是30分钟；⑥罚星期六来学校读书。

近年来，由于美国社会生活方式的变化，各州处分学生的标准也与以前不同了，基本原则是按照学生行为的性质而不是地点决定对学生的处分，处分学生必须以保护学生安全、维护教育秩序及达到教育目的为理由，与此无关的处分一般是不允许的。同时，对处分学生的法定手续要求比以前严格了，联邦最高法院认为，非紧急情况的停学或开除必须经过法定程序，只有教育委员会才有权开除学生。

美国有20多个州的法律明确规定学校可以对学生实施体罚，体罚通常针对学生的以下行为：①殴打教师；②往学校带下流作品和图片；③骂人；④争吵和打架；⑤在学校大厅里扭打；⑥对教师的侮辱行为，包括校内外。同时，对体罚规定了许多明确的细则：①学年开始时，家长和学校签订一份声明，表明是否同意对学生实施体罚；②必须在其他教育方法都无效的情况下才可以实施体罚；③不许当着其他学生的面体罚某个学生；④体罚时必须有证人在场，以确保体罚依法进行；⑤刚刚与要受罚的学生发生过冲突的教师不得实施体罚；⑥体罚必须考虑学生所犯错误的性质、程度以及学生的性别、年龄、身体健康状况等；⑦有些地方规定体罚时必须打孩子身上肉比较多的部位，如屁股，不能造成身体的明显伤害。

像美国这样主张尊重人权的国家，一些州还采取体罚的教育惩戒方式，这是值得我们深思的。

2．英国

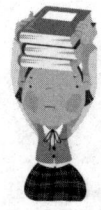

在英国，1989年以前，教师可以对学生施以必要的管教，社会默许体罚的存在。一些地方教育当局规定了学校及教师体罚学生的八点要求：①用鞭子或皮带必须依照认可的标准；②必须备有惩罚记

录簿，列明体罚原因及处理过程，经过校长签署核准或许可意见，并要接受查验；③实习教师、代课教师、临时聘用教师等均不得施行体罚，至少具有3年以上教师资格者才能实行体罚；④对年龄在8岁以下的儿童禁止体罚；⑤绝对禁止在班上或众人面前施行体罚；⑥施行打手心的体罚，打每只手不得超过3下；⑦女学生只限于打手心，而且只能由女教师来执行，如果鞭打男生臀部，不得超过6下；⑧对于有生理或心理缺陷的学生，必须事先获得医护人员的许可才能实行体罚。

英国在1989年通过法律禁止在公立学校体罚学生；两年后扩大到私立学校；1998年又扩大到校外，家长也不得体罚学生。但2001年11月，有40多所学校的教师和一些家长联合向高等法院提出请求，要求恢复体罚，他们认为：禁止体罚使学校纪律水平下降，体罚是基督教义的一部分，是符合《圣经》要求的，对儿童教育而言，"这是上帝赋予的一项纪律"。

从2006年4月开始，英国教师有了惩戒不规矩学生的新增法定权力。新增教师惩戒权是英国《2006教育与督学法》的一部分，是近10年来英国教师惩戒权首次出现的重大变化，它使英国教师在对付不规矩学生时有了更大的回旋余地。从当年4月初新法生效后，教师将获得在学校使用身体武力阻止学生打架的权力，以及不经家长许可对学生实施放学后或周末留校的处罚，也可以对学生用于不良用途的手机实施收缴。新法新增教师惩戒权包括：从学生身上没收诸如手机、音乐播放器等不合适物品的法定权力；对在上学或放学路上（如在公共汽车上或火车上）表现不好的学生进行惩戒的法定权力；扩大对学生进行课后留校处置的权力范围和灵活性，课后留校处置时间包括放学后和周六；学校有制定如何处理各种欺凌的规章制度的法定义务。《2006降低暴力犯罪法》允许校长对学生进行群体搜寻。校长还有权在学校大门上使用金属探测器或探测棒对学生实施随机、非干扰性的武器搜寻。这些权力已在2007年5月生效。

在英国，家长对学生的违纪行为也要承担相应的责任。英国法律规定，逃学儿童的家长会被罚款50英镑。其中，在英格兰，经常有家长因孩子频繁逃学而受到警告。从2000年11月开始，英国地方法院对没有履行家长职责而又拒绝到法庭应诉的人，可以处以2500英镑的罚款或者判处最长3个月的监禁。

由上可见，在英国，法律对学生违纪的处罚是相当严厉的，特别是家长还可能会因孩子的违纪行为而受罚。

3．韩国

1998年韩国曾经明令规定禁止体罚，但在禁止之后仍然有教师体罚学生。公众认为，在不合法的前提下体罚学生，带来的必然只是学生对教师个人的怨恨，但通过政府规定允许体罚在某种程度上则是对教师和学生的保护。因此，2002年6月26日，韩国教育人力资源部公布《学校生活规定预示案》，重新规定教师可以对违纪学生做出体罚，而且同时规定了实施体罚的程序：①实施体罚之前要向学生讲清理由；②实施体罚前对学生的身体、精神状态进行检查，必要时可延期进行体罚；③学生可提出以校内义务劳动来代替体罚；④体罚必须在有校监和生活指导教师在场的情况下进行。除此以外，《学校生活规定预示案》还规定，教师绝对不能用手直接对学生进行体罚，实施体罚时要避开其他学生，实施体罚的程度以不在学生身上留下伤痕为准。韩国大法院的判例显示，教师的体罚作为教师惩戒权的行使是容许的。

我们不难看出，在韩国，体罚是教育惩戒的一种方式，但是法律对之要求十分严格，使用起来必须遵守法定的程序才行。

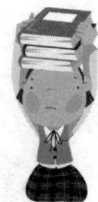

4．日本

在日本，体罚是法令所禁止的。对被罚者的身体造成伤害的惩戒——殴打、踢打被视为体罚行为，而给被罚者的肉体带来痛苦的惩戒，也被视为体罚行为，如端坐、站立等长时间被要求保持同一姿势的惩戒，均被视为体罚。另外，日本政府还公布有关体罚的注意事项，列举了六项禁止体罚实例：①不让学生如厕，超过用餐时间后仍留学生在教室里，因为会造成肉体痛苦，所以属于体罚范围，违反了《学校教育法》；②不让迟到的学生进入教室，即使是短时间的，在义务教育阶段也是不允许的；③上课时学生偷懒或闹事，不可把学生赶出教室，在教室里让学生罚站，只要不超过规定时限，基于惩戒权的观念可被容许；④学生偷窃或者破坏他人的物品等，为了给予警告，在不致造成体罚的范围内，放学后可将学生留校，但必须通知家长；⑤学生偷窃，放学后可以留下当事人和证人调查，但不得强迫学生写自白书和供词；⑥因迟到或怠惰等事，允许增加扫除的值日次数，但不得差别待遇和过分逼迫。

有迹象表明，近年来，这些规定在日本可能会有所变化。据日本文部省统计，2004年由小学生制造的校内暴力事件多达1890起，比上次调查增加了18.1%。更令人不安的是，文部省还发现，不仅小学生之间的暴力事件有所增加，小学生对教师实施暴力的事件也多达336起，比上次调查增加了32%。另据搜狐教育网2007年1月31日的报道，由于近年来学生暴力事件增多，为了让教师能够恰当地应对越来越严重的学生妨碍教师正常教学的问题，日本有关部门讨论并修改了"体罚"的基准。建议报告中说，日本正重新考虑容许学校施行体罚，以管教不遵守纪律的学生，保障教师的安全。在学生欺凌弱小、校园暴力、课堂纪律失控以及学生对教师进行人身攻击面前，很多日本教师束手无策。这份建议报告呼吁对欺凌弱小的学生实施停课，并建议对"体罚"的概念重新进行审视，使教师获得维持秩序的更大空间。日本政府教育改革会议向前首相安倍晋三提出了这份建议报告，安倍晋三对建议报告的内容大表支持。日本政府强调，这并不是准许教师鞭打学生或施行其他严厉的体罚方式。负责起草这份建议报告的内阁官员说："体罚不包括拳打脚踢，

只是让顽劣学生罚站，或轻轻拍打他们的头部。"安倍晋三说："我会给这些建议打100分。"

日本的教育惩戒现状表明，对于学生的一些比较严重的违纪行为，教师需要获得更大的维持秩序的空间。

5. 德国

德国对学生重大违纪行为的惩戒相当严厉。2007年2月7日，曾有德国媒体报道称，德国萨克森州胡雷茨市的地方法院判决一名15岁的女中学生入狱两周，罪名是她经常逃课，大部分上学时间都在校外游荡。根据德国教育法的要求，在这种情况下，她的父母需要缴纳罚款，而且她本人还要在社区服务一段时间。由于她和父母都拒不履行规定，于是法官做出了更严厉的惩罚。萨克森州教育部门的发言人表示，这个女孩必须在几个月内到监狱服刑。

对于体罚，在德国基本上是禁止的。现在德国的《刑法通说》认为，教师对学生的体罚满足了伤害罪的构成要件。尽管教师的惩戒权也被承认，但是，教师不能体罚学生，只具有一种紧急防卫权，即在必要的情况下，才能把动手性的斥责加以合理化。

6. 澳大利亚

在澳大利亚，一些公立学校设有警戒室，学生违反了校规校纪，就被请到警戒室，由专门的教师依照不同情况采取不同方式进行惩戒，如赔礼道歉或写检查，最严重的是开除，如果再不起作用，就会被送到特殊学校。在澳大利亚，罚劳动是被允许的。例如，有一家私立学校实行教育惩戒，该校对学生要求非常严格，早晨按规定时间起床，一定要把被子叠好，然后进行检查。一个孩子如果3次没有叠好被子，周六就要到农场去劳动。

7. 新加坡

新加坡教育部制定了《处理学生纪律问题的指导原则》（以下简称《原则》）。《原则》指出，新加坡所有中小学可以处罚学生，并对学校提出了具体要求：①设立纪律委员会；②以电脑记录各校违纪问题并做系统化分析；③允许授权教师（当事教师除外）鞭打违纪学生；④警方协助校方对付滋事分子及少年罪犯；⑤社会发展部调派辅导员协助对滋事分子的教育与辅导；⑥全国中小学在3年内推行辅导计划，培养学生成为尽责、守法和有爱心的公民。《原则》同时规定，训育主任及正副校长和负责辅导的教师组成学校纪律委员会，也可纳入一至两名教师，他们将负起以下六大职责：一是将纪律政策细化，并给学校制定一套学生管理制度；二是维持学校纪律；三是检察处理纪律问题的措施与步骤；四是检察严重的纪律个案，包括停学、开除学籍或体罚的个案；五是跟家长沟通，让他们知道学校对学生的纪律要求，并寻求他们的合作以维持学校的纪律；六是跟校外组织，如警方、内政部、社会发展部、社会服务组织以及自助团体建立联系网络。《原则》指出，校长开除学生不必向教育部请准。《原则》还指出，鞭笞学生只有校长或校长委托训育主任才可以执行。学校的鞭打只起警示教训的作用，主要针对那些违法乱纪、屡教不改、影响恶劣的学生。《原则》同时规定，鞭打只限于男生；身体状况不好的学生不能鞭打；女生的自尊心要格外小心地维护，因此，女生不在鞭打之列。校方用的鞭子是一根手指粗细的树枝，学生的臀部和手掌是可以鞭打的地方，每次最多只能打3下。为防止失手打伤学生，在执行鞭打之前，教师还要在被鞭打学生的后腰垫上一本厚书，经过反复察看确认安全后才能动手。

在《原则》指导下，各学校结合自己的实际，制定了相关的实施办法，大部分学校的做法是：①学生在每天早上的升旗礼时必须唱国歌，并宣读誓言；②学生必须遵从师长和班长的指示；③学生

上学、上课都必须准时；④学生必须穿规定的校服上学，不可擅自修改校服而且应当保持校服整洁；⑤学生不可留胡子、文身或化妆，也不可佩戴任何首饰上学；⑥学生只有在食堂里才能吃东西；⑦学生应该协助保持学校环境的清洁，而使用学校的设施时也应该加以小心；⑧学生在走廊上应该保持安静；⑨学生不可带酒、香烟、口香糖或任何有不当内容的资料到学校来；⑩学校严禁偷窃、打架、勒索等行为。

　　从新加坡的学生纪律管理规定可以看出：一是，新加坡的家长和公众对学校惩戒孩子是认可的。新加坡教育部部长尚达曼先生也说，维持学校的纪律问题是社会、家长和学校多方的责任，不能全由学校一方来承担。二是，新加坡人的法律意识很强，做任何事都要问法律允不允许。在学校对违纪学生的教育和处理也有其严格的程序，从鞭笞学生的规定就可见一斑。三是，新加坡在学校惩戒制度中保留了鞭笞学生的条款，可以说得到了教育部官员、校长、教师、学生和家长的赞成，反对意见很少。赞成者认为新加坡的学校教育之所以能取得良好的成果，其中有鞭笞之功，还认为鞭笞是目前对屡教不改的学生最有效的教育手段。

　　从上述各个国家的教育惩戒情况，我们不难看出：一是，各国教育惩戒的情况有所不同，有些国家对教育惩戒的规定已经法律化，而且规定相当具体，这非常有利于教师在教育中进行操作实施，但是也有一些国家对教育惩戒没有做出明确的法律规定；二是，一些教育相对发达的国家在法律上允许对学生进行合乎法律规范的体罚，甚至一些国家曾经禁止体罚而后法律又重新规定如何体罚，这不得不引起我们的思考。这就表明，在法律规范下的适度体罚或许不应该是被绝对禁止的事情，问题主要在于如何规范、控制好惩戒的度。

四、在过度与缺失两端摇摆
——认清我国教育惩戒的现状

作者·心语：一把戒尺曾挥舞了几千年，尽情地表达着师道尊严。而今，随着我国有关教育法律、法规对体罚和变相体罚的明令禁止，很多中小学教师对教育惩戒变得茫然无措：教师有没有惩戒学生的权力？学生犯了错误，如何惩戒？什么样的惩戒算是体罚？……由于法律对这些问题的界定并不明确，所以我国中小学的教育惩戒实践出现了在过度与缺失两端摇摆的现象。

回顾我国教育的历史，教育惩戒并不缺乏，我国的中小学教育似乎不应该存在惩戒缺失的现象，然而，这种现象的确又发生在我们目前的教育领域，这又是何种原因所致呢？

我国早在联合国《儿童权利宣言》发布之前的民国时期就曾明令反对体罚，新中国建立之后政府又多次明令禁止。后来，我国相继出台的几部与教育相关的法律也对体罚问题做出了明令禁止。由于体罚问题已经上升到法律层面，体罚和变相体罚一时间成了很多中小学教师不得触碰的高压线。很多教师分不清教育惩戒和体罚以及变相体罚的区别在哪里，对能不能惩戒学生存在很大迷惑，这种局面无疑也影响了教育惩戒的合理实施。

2007年，管娣曾就教育惩戒问题对教师做了问卷调查。对问题"您能准确区分惩戒与体罚、变相体罚吗"的回答结果是：6%的教师回答"能"；33%的教师回答"不能"；61%的教师回答"不清楚"。对问题"您能区分惩戒失当与惩戒性侵权吗"的回答结果是：8%的教师回答"能"；92%的教师回答不能。这充分说明我国法律对体罚和变相体罚未做出明确界定给很多教师带来了迷惑。在实践中，教

师们也只好根据自己的理解想当然地去做了，其中有很多教师由于分不清什么是体罚和变相体罚，又不知道自己有无教育惩戒权，所以干脆不去实施教育惩戒，这是导致目前我国中小学教育惩戒缺失的重要原因之一。

教育惩戒缺失的另一个重要原因是，随着人们法制意识的增强，家长和学生的维权意识日益提高，再加上媒体的介入，学校为了息事宁人，常常采取一些牺牲教师利益的做法来迁就家长。

2010年8月12日，新浪网报道了湖南省郴州市某中学教师因师生冲突挥刀自伤的事件，引人深思，让人警醒。

事件大体经过如下：

某校政教主任在暑假典礼时发现学生周某未穿校服，教育时受到学生顶撞，便将其拖拽至办公室，然后找学生周某的班主任对其进行教育。之后，班主任联系了学生家长，考虑到孩子有先天性心脏病，家长急忙赶到学校，到校后看到孩子的衣领被拉扯而且听孩子说老师骂他，学生的父亲气愤不已，不顾学校正在举行的暑假典礼，当着诸多教师和上千学生的面把该政教主任拖拽到办公室进行理论，两人争执未果。下午，学生周某因心脏病住院治疗。

为平息事件，校长亲自到医院探望，并对政教主任给出了四条处理意见：向学生及家长道歉；承担学生周某的全部医疗费用；一年之内不能评先评优、晋职晋级；全校通报批评。此后，家长对处理意见不满，继续提交申诉材料。后在当地教育主管部门的协调下，该老师在调解会上对伤害了学生周某表示歉意。但家长认为该老师没向自己道歉不行，于是第一次调解失败。该老师则认为，他与家长应互相道歉。后教育主管部门再次调解，但在第二次调解会上家长接受了该老师的道歉，但未就自己的行为向该老师道歉，协调方也没采取任何要求家长道歉的行动，于是该老师冲动之下挥刀自伤。

类似事情的频频发生，让很多教师非常担心。贸然行使教育惩

戒权，会被学生家长告上法庭，还要让自己承担行政处分和社会舆论的压力。所以，有些教师便采取明哲保身的处世哲学，对学生的一些违规违纪行为睁一只眼闭一只眼。

那么，教育惩戒的缺失会产生哪些影响呢？

案例1

某市初级中学一男生，因迷恋上网，上课昏昏欲睡，作业经常不交，学习成绩直线下降，老师对其进行了多次教育，可该生屡教屡犯，令老师非常头痛，但又无可奈何。当班上同学劝说该生要听老师的话时，该生对同学说："老师只不过说说而已，不疼不痒。她也不能拿老子怎么样。如果想开除我，我可以告她侵犯我受教育的权利。"

案例2

在北京市西城区某中学有一个叫李某的初一学生，开学后不久就抢劫同年级的小同学。由于父母离异，父亲刑期未满，李某无人管教，学校也奈何他不得。该生犯事后被送往派出所，由于年龄原因也是前脚进后脚就出来了，屡进屡出，孩子对此觉得无所谓，后来发展到公开顶撞老师和校长甚至叫骂。与他同年级学生的家长们为了自己孩子的安全，不得不上下学"亲自护驾"，深受其害的学生的家长们甚至聚集在校门外要找李某算账。好不容易盼到了初二年级，李某年满14周岁后才被学校送进了该区的工读学校。

案例3

2007年11月2日，新疆乌鲁木齐市第五十中学小学部一个八岁的小学生被学校勒令退学一事在社会上引起了许多争议。校方称，该生经常不进教室上课，用铅笔扎同学，用掰断的带尖刺的尺子划同学的脸和脖子，用剪刀剪烂同学的校服。不到一个月的时间，这

样的事件就发生16起。该校校长无奈地说,"作为一个老教育工作者,我很清楚义务教育阶段的孩子是不能被开除或劝退的,但这个班还有59个孩子,作为校长,我还得对他们和他们的家长负责。"

　　从以上三个案例中,我们看到学校教育惩戒的无力。这种惩戒的无力或缺失导致了不良后果:第一,犯错的学生得不到相应惩戒,会让他们难以树立规则意识,我们培养学生有道德、有纪律的教育目的也就无从实现,这些没有规则意识的孩子将来会对社会产生潜在的危害。第二,惩戒缺失让某些违规学生无所畏惧,动不动就冲击学校的正常管理与教学,也让教师失去了教育的权威感,难以保障自己正常的上课和活动组织,教师在心理上受挫,久而久之会增强其职业倦怠感。第三,如果犯错学生得不到相应的处理,有可能会导致其他学生的权利遭到进一步的侵害,案例3就反映了这种情况。勒令退学让学校背负着巨大的社会舆论压力,毕竟孩子有接受义务教育的权利。对屡次违规的学生不给予严厉的惩戒,就会让更多学生的利益受到侵害。

　　所以,我们呼吁教育惩戒能够早日立法,以解除教师目前面临的教育和管理中的诸多尴尬,进而消除教育惩戒缺失的现象。

　　与教育惩戒的无力或缺失相对,在现实中还存在着教育惩戒过度的现象。惩戒过度有一定的历史原因,毕竟戒尺在中国已经挥舞了几千年。但是,我们认为,惩戒过度的主要原因还是在于当前法律界定的不明确,虽然有关教育法律、法规不准教师实行体罚和变相体罚,但是对体罚和变相体罚却没有明确界定,以至于在现实中很难具体操作,这就导致习惯体罚学生的教师并未罢手。

　　以下便是发生在我们身边的几个案例:

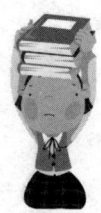

案例1　挨50个耳光小学生被打失聪

吉林省四平市朝阳小学一名刘姓女教师在给学生上课时,发现两名小学生违反班级纪律，刘老师厉声叫起两名小学生，叫两人互打 10 个耳光。因两名小学生打完后忍不住发笑，刘老师竟教唆另一名小学生各打违纪的两名小学生 40 个耳光，其中一名小学生被打聋一只耳朵。

案例 2　因上课说话 41 名小学生遭割手惩罚

2004 年 3 月 18 日，河北省曲周县某小学的语文老师刘某为了惩罚学生上课说话，竟然用小刀在全班 41 名学生的手心上划下重重的伤痕。

案例 3　10 岁女孩变疯

2003 年 5 月，吉林省九台市一名只有 10 岁的女学生，因上课前没按要求站队被老师打了一巴掌。几天后，这个原来文静的女孩竟出现了不正常的精神状态，先后被几家医院诊断为存在精神方面的疾病。七个月过去了，女孩的状态依然没有好转。

案例 4　因作业没写好 9 岁女孩被揪掉头发

2004 年 1 月 4 日，因为在自然课上没有好好写作业，刚满 9 岁的女孩李陈竟被老师揪掉一撮头发。

尽管法律禁止体罚和变相体罚，但是在全国范围内，教师体罚学生并给其带来身心伤害的事件却时有发生。

2008 年霍敏捷所做的一项关于体罚的调查显示，在被调查的 168 名中小学男生中被体罚过的占到 80.4%，被调查的 90 名女生中被体罚的占到 50.9%；农村孩子被体罚的比例高于城市孩子。由此看来，体罚在中小学教育中普遍存在，尽管许多体罚尚未造成严重后果。调查还了解到，小学教师体罚学生最主要的原因依次为：不守纪律（64%），作业不好（21.5%），课上回答不出问题（15.9%），

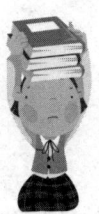

迟到（13.3%），其他（如吵架等，11.3%）。初中教师体罚学生最主要的原因依次为：作业不好（29.6%），迟到（23%），课上回答不出问题（17.6%），其他（13.2%），不守纪律（12.8%）。在小学，教师体罚学生常用的方式依次为：罚站（55.9%），责打（25.1%），罚作业与罚劳动（24.5%），其他（如罚跪、蛙跳、跑步等，7.1%）。在初中，教师体罚学生常用的方式依次为：罚站（50.9%），罚作业与罚劳动（24.5%），责打（18.2%），其他（6.3%）。

从调查结果上看，无论中学还是小学，教师体罚的方式主要是罚站、罚作业与罚劳动、责打三种，因为这三种方式都比较温和，一般情况下不会对学生造成严重的伤害。学生被体罚的原因主要有两方面：一是学业不良，二是违反纪律。需要说明的是，由于体罚在法律上的界定并不明确，所以以上有关体罚现象的调查说明的只是大家心目中所认为的体罚情况。很明显，如果把这些行为统统界定为体罚，那么中小学教师违法的行为就相当普遍，值得关注；但是，如果以上行为不算体罚，那又算什么呢？这仍是大家争议的焦点。

有资料统计，我国教师惩戒学生的方式有近20余种，归结起来主要有三类：

第一类是以直接伤害学生的身体为主，如打耳光、打手心、扯耳朵、用教鞭抽、罚站、罚蹲马步、罚跑、罚跪、揪头发、晒太阳等，有时即便是一种体罚形式，也有多种罚法。

第二类是以侮辱学生人格为主的惩罚，如讽刺、挖苦、嘲笑、谩骂、中伤、威胁等。

第三类是变相体罚，如罚作业、罚抄书、罚劳动、留校等。

可见，这些惩戒方式中多数会有损于学生身心的发展，应属于不宜采取的教育惩戒方式。然而，这些方式在某些地方的一些教师身上或多或少地存在着。不良的教育惩戒方式很容易引发纠纷，这是值得我们教师警惕的。

我国现行法律禁止对学生实施体罚，但没有对体罚的含义做出

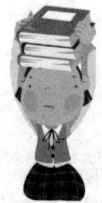

明确的规定，这在一定程度上给了教师自由揣度的空间，但到底这个度在哪里？这需要教师们灵活掌控。我们认为，算不算体罚或变相体罚要注意几点：要坚持保护学生身心发展的原则，不能对他们的身体和心理构成伤害，体罚或变相体罚之所以被禁止就是因为它对学生的身心构成了伤害；惩戒运用于教育就要服务于教育，它的实施必须服从教育学生的目的，如果是为了教师泄私愤，是绝不允许的；教育惩戒不是随随便便的，该惩还是不该惩必须有一定的依据，而且对待学生一定要公平公正，否则难达其效。我们教师在实施教育惩戒时，可参照以上几点进行考虑，但是这些也只是在当前法律规定没有明确体罚具体含义的情况下的重要参考而已。教育惩戒是需要一定的度的，缺失和过度都对教育不利，会使教师和学生的合法利益无法得到保障。我们期待着在各方的努力下，尽快解决教育实践中惩戒的缺失和过度问题。

五、该反对还是该提倡
——倾听关于惩戒的两种不同声音

作者·心语：在现实中，对于教育惩戒，我们总会听到两种不同的声音：一种是，教育离不开惩戒，没有惩戒的教育是不完整的教育；另一种是，中国从来就不缺乏教育惩戒，不必呼吁什么惩戒了，应该提倡赏识教育。两种观点都有它的道理，我们不必笼统反对或支持一方，倒是应该本着兼听则明的原则，吸收两种观点中的合理因素，借以为我们具体的教育实践服务。

其实，课改之初对一些问题的貌似激进的观点，现在看来都有些极端化了。惩戒不可少，只是方式应科学。这本来是一个并不需要争论的话题，可在狂热中大家的头脑有些不冷静了。

惩戒这种古老的教育方式，在中国有着深远的历史渊源。我们汉字的"教"字在甲骨文里，其右边的"文"实际上是一个人手执棍棒的形象，手持棍棒无疑意味着教育需要惩戒。私塾先生的戒尺也似乎在实践上佐证了这一点，造就了"棍棒之下出英才"、"严师出高徒"的教育名言。可是，现如今我国与教育相关的《义务教育法》和《教师法》等几部法律，都已经禁止体罚和变相体罚学生。古代的戒尺和棍棒也已经成为历史的痕迹，那么，我们的教育惩戒到底需不需要？让我们听一听关于教育惩戒的两种不同的声音。

1. 应该提倡教育惩戒

教育惩戒提倡者认为，教育离不开惩戒，没有惩戒的教育是不完整的教育。综合起来，他们主要提出了以下几种观点：

赞成观点之一：教育惩戒存在的合理性有其哲学依据。

赏识教育是对的，因为它通过鼓励、表扬让孩子的优点和长处进一步发扬，但是它更多是针对孩子身上的优点和潜能，而问题在于学生处在发展阶段，其身上也会存在一些缺点或不良行为，一个班级里不会所有学生都懂事听话，总有学生会违反校纪、班规，那么对学生的这些问题或不良行为该如何处理呢？这不得不需要我们教师实施教育惩戒来矫正他们的不良行为。赏识与惩戒都是教师可以采取的教育方式，一个针对学生的优点，一个针对学生的缺点，都是实现教育目的手段，二者可以说是相互依存、辩证统一的。既然学生身上优点和缺点共存，一个班里守纪学生和违纪学生共存，一个学生在不同时间的守纪和违纪行为共存，那么，我们对孩子的教育也应当是赏识教育和教育惩戒共施。该观点认为，教育惩戒作为一种重要的教育方式，其在促进人的发展方面与赏识教育同样具有积极意义。

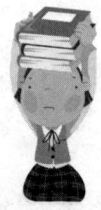

赞成观点之二：教育惩戒是让学生逐步社会化，由"他律"走向"自律"的必要步骤。

翻开教育的历史，教育惩戒一直存在着，而且在教育中发挥着积极的作用。尽管在不同时期，惩戒的内涵有所不同，但惩戒始终为教育所用。随着人类文明的进步，我国把体罚和变相体罚等不良的教育手段从各种各样的"惩戒"方式中分离了出来，这使得教育惩戒的内涵更加文明、更加人性化。这是政府对教育惩戒的适当规范，也说明政府默认教师可以惩戒，而只是不能使用体罚和变相体罚的手段。现阶段教育的目的要求把孩子培养成为有理想、有道德、有文化、有纪律、有创造能力和独立个性的全面发展的人，其中的道德和纪律要求就是学生社会化所必需的，也就是要求学生在内心里树立起规则意识，而这在一定程度上需要通过适当的教育惩戒来实现。惩戒的依据就是学校纪律，学校没有纪律便如磨房没有水，其地位不可替代。纪律要发挥作用，又必须借助于教育惩戒的强制力量，这样可以让学生的成长实现由"他律"走向"自律"的过程。所以，作为发展中的尚未成熟的学生，首先必须接受外在的由教师代表社会所给予的强制规范的影响，这是一个促使个体社会化的过程。

赞成观点之三：对学生实施合理的教育惩戒，是教师职业角色的需要。

教师作为教育活动的直接执行者，应具有一定的惩戒权力，这是由教师活动的性质及教师职业的特殊地位所决定的。教育惩戒权是教师基于职业而具有的专业性权力之一，它既属于教师的教育权力，又是教师正常工作所享有的教育权利。教师在施教时为维持教育教学活动的正常秩序，保证课堂教学活动正常开展，针对学生违反教育规范行为所采取的适当的规劝和制止行动，属于小惩大戒的教育行为。我们不主张动不动就使用教育惩戒，但是有一点需要说明，在思想政治工作中，即使说服教育再有效，它也不是万能的。劳凯声教授在其主编的《变革社会中的教育权与受教育权：教育法学基

本问题研究》一书中还特别指出，教师具有的惩戒权应属于教师的权力而不是权利。惩戒是权力就意味着一种责任、一种职权，代表了国家或集体的利益，是必须行使的，否则就是失职。而权利往往是与个人利益相联系的，受法律保护。教育惩戒既然是教师职业角色的需要，是国家赋予教师的权力，教师就要敢于实施，该行使时不行使反而违背了国家对教师职业的要求。

赞成观点之四：教育惩戒的存在具有心理学的依据。

行为主义心理学认为，人的一切行为都是建立条件反射的过程，要建立某种良好的行为，消除不良的行为，是需要相应的强化的。前者需要正强化，即肯定、表扬、鼓励等；后者需要负强化，即否定、批评、惩罚等。如果人们因为做错事情而受到惩罚，其内心会产生痛苦的体验，从而减少该行为发生的概率。例如，儿童由于玩火，手被烫伤，下次就不敢再玩火了。"强化原理"比较好地解释了教育活动中惩戒对学生不良行为具有矫正作用的心理机制。根据班杜拉的社会学习理论，惩戒除了能对被惩戒的学生进行行为矫正外，还可以对其他学生起到威慑作用。班杜拉认为，当观察者看到别人的行为受到惩罚时，他就会抑制相应的行为。一个教师在惩戒某个学生时，实际上也向其他学生表明了他的态度，别的学生也会从被惩戒学生的行为中认识到应该怎样和不应该怎样。

认知心理学家皮亚杰指出，不同年龄阶段的儿童具有不同的惩罚观和公正观，相应地，对外部惩罚也会有不同的反应。皮亚杰通过研究发现，儿童的惩罚观、公正观大致会经历一个从"抵罪的惩罚"到"回报的惩罚"的过程。"抵罪的惩罚"是指儿童往往认为应该用强制的手段使违规者服从成人的命令或规定，用痛苦的办法使违规者知道他的过失，如儿童说谎就罚站、罚抄书等。"回报的惩罚"则不是给违规者的行为本身造成直接的痛苦，只是让他感到由于他的错误所造成的痛苦就行了，如违反大家的约定则受到孤立、不肯帮助别人则得不到大家的帮助等。违反规则之所以要受罚，是因为它

违背了平等和互惠的原则，采取回报惩罚的办法就可以使违规儿童认识到自己行为的后果，从而对自己的行为负责。皮亚杰关于惩戒的理论告诉我们，教育惩戒从认知心理学角度来讲也是需要的，只不过惩戒需要根据儿童的惩戒观发展阶段来实施。

综上所述，从不同心理学派的观点来看，教育惩戒都是必要的。

赞成观点之五：在我国，教育惩戒的正当性还在于其具有法律的依据。

我国的好几部教育法律明文禁止体罚，但并未否定教师拥有惩戒权。我国现有的教育立法中虽然没有明确肯定教师具有惩戒权，但是我们可以从以下法规中推断出教师惩戒权的存在是具有合法性的。《中华人民共和国教育法》（以后简称《教育法》）第二十八条规定，学校及其他教育机构有"对受教育者进行学籍管理，实施奖励或者处分"的权利。《教师法》指出，"教师是履行教育教学职责的专业人员，承担教书育人、培养社会主义事业建设者和接班人、提高民族素质的使命"，有义务"制止有害于学生的行为或者其他侵害学生合法权益的行为，批评和抵制有害于学生健康成长的现象"。

特别值得强调的是，针对一些地方和学校出现的教师特别是班主任教师不敢管学生、不敢批评教育学生、放任学生的现象，2009年8月教育部印发了《中小学班主任工作规定》，其中第十六条明确规定："班主任在日常教育教学管理中，有采取适当方式对学生进行批评教育的权利。"这样就保证和维护了班主任教育学生的合法权利，使班主任在教育学生的过程中，不再缩手缩脚，可以适当采取批评等方式教育和管理学生。

因此，该观点认为，法律并未否认教育惩戒，而且有些条文还暗示了教育惩戒存在的必要性。所以，教育惩戒虽无法律条文明文规定，但有其内隐的法律依据。

赞成观点之六：教育惩戒的合理性还在于其在现实中被教师、家长、学生所广泛认同。

2002年12月28日《中国教育报》上的一组"关于惩戒认同度"的调查数据或许能够说明这一问题。参与调查的教师总数为198人，学生总数为204人，家长总数为145人。

调查结果显示：

教师组认为惩戒是一种教育的，占91%；认为惩戒很难把握的，占2%；认为惩戒就是体罚的，占7%。

学生组认为惩戒是一种教育的，占83%；认为惩戒很难把握的，占54%；认为惩戒就是体罚的，占30%。

家长组认为惩戒是一种教育的，占65%；认为惩戒很难把握的，占82%；认为惩戒就是体罚的，占35%。

从以上数据，我们不难看出，人们比较普遍地认为惩戒是一种教育，即认同教育中存在惩戒是合理的。但是，学生和家长普遍认为惩戒不好把握，可能是担心度的问题。同时，我们也可以看到三成以上的学生和家长认为惩戒就是体罚，即不能对两者做出区分。若家长和学生对体罚与惩戒能够区分的话，认同惩戒是一种教育的百分比会更高。由此我们可以看到，社会对教育惩戒还是持广泛认同态度的。

2008年10月，我国发生了两起"弑师案"：2008年10月4日，山西省朔州市二中一名23岁的年轻教师倒在一名16岁学生的刀下；2008年10月21日，浙江省缙云县盘溪中学一名31岁的女教师去做家访时被学生掐死。两起案件引发了社会对教育惩戒的大讨论，教育部基础教育一司副司长王定华对此做出表态："教师的安全和学生的安全同样重要，都是重于泰山。教师正当使用的、恰如其分的惩戒不属于对学生的体罚，不提倡对学生的一切行为都给予包容甚至迁就的做法。"王司长的发言表明了官方的态度，虽然不能体罚学生，但是对学生实施合理的惩戒是必要的。

我国传统教育强调"勤教严管",认为"教不严,师之惰";家庭教育也是如此,认为"棍棒底下出孝子"。虽然棍棒、戒尺的时代已经一去不复返了,它们已经不为这个时代所允许,但是它们所代表的古代教育惩戒方式却需要我们批判地继承和发扬。我国南北朝时期著名教育家颜之推指出,如果从小溺爱儿童,任其为所欲为,不加管束,到儿童已形成骄横、散漫习气时,却又以粗暴的体罚手段治之,最终不仅不能使儿童改邪归正,而且会伤害彼此的感情,使儿童最终堕落为品德败坏者。所以,作为今天的教育者,我们应该担负起学生德育的责任,该管束时要管束,树立起自己的威严,使为则为,使止则止,绝不能听之任之,把人的管理和教育的责任推给将来的社会。

2. 不应提倡教育惩戒

支持教育惩戒的现实呼声很高,特别是工作在教育、教学一线的广大教师,但是现实中也常听到另一种声音:教育惩戒不应提倡!反对教育惩戒的学者们的观点,综合起来主要有以下几种:

反对观点之一:中国教育最不缺的是惩戒,切莫再给予提倡!

从甲骨文的"教"字中透射出的人持棍棒形象到"三字经"中的"教不严,师之惰"的训示,再想起古代私塾先生使用的戒尺,无疑这些都昭示着惩戒已经伴随了中国教育几千年。现如今,"棍棒之下出英才"、"严师出高徒"在有些地方仍然是至理名言。再反观我们的文化,素来强调"尊师重道"、"师道尊严",教师在人们心目中享有崇高的权威。我国古代思想家荀子论及"师道尊严"时,强调学生必须服从教师,否则就是背叛。这无疑都是在强调教师的绝对权威地位,从而忽略了学生的权利;倘若再从法律上确立教师对学生的惩戒权,很可能将造成教师对学生惩戒的无度。毕竟,在中国的传统文化里缺乏像西方那样把个体作为权利主体的人本精神,过多强调的是个体服从群体,要为群体服务。教师在管理上也是人治为主,

缺乏民主、法治精神，目前又无制度对教师的行为进行约束和规范，所以不便倡导教育惩戒。我们看到，在现实中还是有些教师动不动就罚学生抄写作业，动不动就辱骂学生甚至对学生动手，诸如此类，我们已经听得耳朵长茧。所以，目前的教育并不缺惩戒，教育缺的是爱，如果还鼓励教师惩戒学生，无疑是把双方都往火坑里推。

反对观点之二：教育惩戒缺乏详细的操作标准，目前让教师无法操作实施。

目前，我国还没有法定的惩戒标准，惩戒的分寸很难把握。很多人渴望国家制定惩戒学生的标准，但是制定惩戒标准说起来容易，做起来却挺难。事实上，法律很难定出一个恰当而明确的标准，因为这不仅与学生身心的承受力有关，更与教师对学生身心的了解程度以及教师所采用的惩戒方式方法密切相关。假如这个尺度不能把握好的话，惩戒极有可能对学生的身心造成伤害，这不但违背了教育惩戒的初衷，还可能造成严重的后果。目睹我们的现实情形，惩戒上升为体罚或惩戒变为心罚的案例倒是常有发生。每年都会发生多起教师打学生耳光致学生耳膜穿孔的案例。这很显然是惩罚过度。教师打学生耳光属于违法行为，而且对学生造成了身体的不良侵害。所以，在没有可依据的惩戒标准的情况下，很多教师操作起来找不到惩戒的度，很容易酿成不良事故。在目前情形下，惩戒还是不提倡的好。

反对观点之三：实施惩戒是教育缺乏人文性的表现，我们应该提倡赏识教育。

该观点认为，教育惩戒的提出本身就是对教育的背离，如果站在"人性"的角度看，惩戒就是泯灭、扼杀人性的一种违法行为，学生本来处在生长发育期，犯错、违规应在情理之中，如果生来懂事听话何须教师教育，教师若对学生滥施惩戒会严重摧残学生的身心健康，无助于学生德、智、体、美、劳任何一方面的发展；若发展成为体罚学生，则更与社会主义教育的性质、任务和人民教师的

师德要求格格不入，故应坚决摒弃与废除惩戒。惩戒的实施让现行教育在基本价值取向上缺乏人文精神，从而使学生在学校里的基本生存状况令人担忧。持"教育惩戒"观点的人最有力的借口是"惩戒的教育性"，然而正是这一教育性的惩戒却导致了纯粹的惩罚大量滥用，也必然会导致教师惩戒学生无度。惩戒的背后是教育对学生生命价值的自主性的轻视，教育惩戒的大力倡导会让教育异化成为一种事先谋划好的、以有效的方式控制学生心智和身体的技术，让教育成为一种像驯化动物那样的训练机制。这样的教育必然造成一种压抑性的控制环境，也必然导致通过严格的纪律规范、无处不在的监视、随意的惩罚、苛刻的标准全面地对学生进行控制。如果说这样是为了孩子的将来，这种理由也是牵强的，教育不应该忽视现在，因为学生不仅应该拥有将来的幸福，也应该拥有现在的幸福，而且他们现在的经验对其将来的作为具有重大影响。现行教育过多地强调将来而忽视现在，是造成众多教育异化现象的直接原因，问题的根源就在于教育忽视了人的生命价值。

当前要提倡赏识教育，它是新课程改革的一个"亮点"，因为它体现了以人为本的教育思想，是教育进步的一种表现。赏识教育追求的目标是：发展每一个学生的个性特长，尊重每个学生，为了一切学生，为了学生的一切。但是，在实际教学中，一方面应试教学的痼疾并没有为这种以人为本的教育思想提供发展的空间；另一方面，少则四五十、多则上百人的班级容量也不允许哪位班主任有更多的耐心去关心每一位学生的成长，去关注学生行为的每一个方面，甚至没有时间去解决班级中学生发生的矛盾、纠纷、冲突以及其他违纪事件。于是，"手法粗糙"的处理学生问题的方法与社会"以人为本"的教育思想的碰撞不可避免，而结果是：要么是委曲求全、处于弱势地位的学生"很受伤"，要么是碰了"高压线"的教育工作者撞了新的教育思想的南墙而"很受伤"。所以，该是我们为赏识教育提供发展空间的时候了。

反对观点之四：就教师的整体状况而言，多数教师还没有达到灵活驾驭教育惩戒的水平。

现实中经常发生教师惩戒失当的案例，关键的原因在哪里？我们向上追溯，发现问题产生的主要原因还在于目前许多教师的师德水平不够高。我国的《中小学教师职业道德规范》提出的师德具体要求是"依法执教、爱岗敬业、热爱学生、严谨治学、团结协作、尊重家长、廉洁从教、为人师表"。但是，个别教师达不到爱岗敬业的要求，缺乏事业心和责任感，对学生也缺乏应有的爱心；教学水平不高，在课堂上不恰当地使用惩罚来强调自己的权威。更有甚者，不但师德水平不高，而且法制意识淡漠。对于"违法"的理解，只是片面强调良好的教育愿望，而忽视了自身行为的法律责任。另外，从教师心理方面来看，教师目前工作压力过重，出现职业枯竭感，即在工作的重压之下出现身心俱疲的状态，有身心能量被工作耗尽的感觉。这种感觉使人产生了非人性化的心理，即将人视为无生命的物体看待，导致随便惩罚学生的现象发生。

反对观点之五：教育惩戒目前没有法律依据，惩戒是否合法存在争议。

持惩戒不具有合法性观点的教师认为，目前还没有法律提到教师拥有对学生的惩戒权。所以，教师对学生实施惩戒是不合法的。一旦教师对学生的惩戒失当，学生、家长和教师对簿公堂，对教师肯定是不利的。因此，与其让教师行走在雷池边缘，不如尽早离开。《教师法》第七条第三款规定，教师享有"指导学生的学习和发展，评定学生的品行和学业成绩"的权利；第八条第五款规定，教师有义务"制止有害于学生的行为或者其他侵犯学生合法权益的行为，批评和抵制有害于学生健康成长的现象"。《教育法》第二十八条规定，学校及其他教育机构有"对受教育者进行学籍管理，实施奖励或者处分"的权利等。对于以上规定，反对惩戒者认为，在《教师法》中教师有评定权和制止权，但这并不等于可以惩戒，其中制止也仅

限于让学生的侵害行为止住,并没有提出学生对已实施的错误行为承担责任。在《教育法》中提到处分的权力,但是处分的主体是学校或其他教育机构,教师个体没有处分的权力。既然法律对教师的惩戒权没有规定,那么,教师实施教育惩戒就缺乏法律保障和解释;另外,从学生角度来讲,由于法律对惩戒没有规定,若教师对学生实施惩戒,目前尚缺乏对学生的必要法律救济,这种缺乏法律救济渠道的教育惩戒是极易引发不良后果的。所以,没有法律依据的教育惩戒应慎行!

以上呈现的是人们对是否应实施教育惩戒的诸多看法,各方"公说公有理,婆说婆有理",争议激烈。我们认为:教育惩戒是教育所必需的,体罚和变相体罚已为我国法律所禁止,要排除在合理的教育惩戒之外,我们应该采取合理的教育惩戒措施。其实,各方观点争议的本质在于实施教育惩戒是否有利于教育、是否有利于师生发展。只要我们在教育实践中善于把握好惩戒的度,发挥它的积极作用,努力避免造成的不良后果,是否应实施教育惩戒就不再是什么问题。

六、无规矩不成方圆——教育惩戒应遵循的五大原则

作者·心语:对一个人的成长而言,必要的教育惩戒是不可缺少的。没有惩戒就难以使青少年逐步拥有是非观和自律意识。无原则地一味宠爱、赞美,犹如鸦片,实际上是慢性毒药,并不利于学生健康成长。

但是,教育惩戒是一把双刃剑,用不好不但会伤害到学生,而且有可能把我们卷入教育纠纷之中。那么,如何才能让教育惩戒真正成为我们实现教育目的的利器呢?俗话说,无规矩不成方圆,这需要我们在教育惩戒中注意一些实施的基本原则,这些原则包括艺术性原则、科学性原则、依法性原则、教育性原则和伦理性原则等。

有这些原则为我们的教育保驾护航，我们对学生的教育惩戒会更加规范，师生的权益也会得到更好的保障。

虽然教育惩戒已经存在了几千年，历史上许多著名的教育家、思想家对此也做过论述并提出过各种主张，但是人们对于如何具体实施对学生的惩戒却没有做系统而全面的讨论，这很可能与教育惩戒本身的复杂性和其具有时代性的特点有关。至于如何实施教育惩戒，我们不能像法律规范那样提供详细而具体的操作步骤，但是我们可以从古今中外教育大师们成功的教育案例中归纳出教育惩戒实施的一些基本原则。借助这些基本的原则，我们的教育惩戒会更加规范、更加合理。

1. 惩戒的艺术性原则

很多教师以为惩戒是很简单的事情，其简单就在于学校有校纪，班级有班规，只要学生违反了什么规定，看一下校纪、班规，照章办事就行了。要是这样认为，那就错了。因为教育惩戒毕竟是一种教育，既然是教育，它就是一门艺术。教育惩戒的艺术性具体体现在如下几个方面：

（1）教师惩戒学生时用的语言要具有艺术性。

一些让学生听起来难以接受的话不会达到我们追求的教育效果。好的语言可以让学生听起来愿意接受，甚至情动泪流，深受教育；反之，刺耳的话也可以让学生心生厌倦，效果甚微，甚至还有可能使学生产生对老师的怨恨。在现实中，有些教师对犯错的学生动不动就发牢骚、说气话，这些情绪化语言很难让学生接受，也难以达到预期的教育效果。所以，学会使用语言，注意说话的艺术，在教育惩戒中用语言打动学生的心，让他们心服口服地接受我们的教育，这是我们教师的一门必修课。

(2) 教师要准确地把握对学生惩戒的度。

法官在法律上给犯人定罪要依据犯罪情节和相关的法律条文，教师在实施惩戒时也要根据学生所犯的错误采取恰当的惩戒措施，恰当的惩戒措施不但对学生的利益侵害最小，让学生从心理上可以接受，而且还能收到最好的教育效果。特别是对于学生的一些小错误，我们不能火冒三丈，动辄抡起拳头或者随意实施惩戒。惩之有度是教育惩戒艺术性的重要体现，一旦惩戒失去了度，教师将难以把握自己。我们要遵循"过罚对等"的原则，使"目的"与"手段"之间处于适度的比例。这需要我们在惩戒之前反复权衡、掂量，找到最有效的办法。这种对教育惩戒的度的把握实际上就是一门高超的艺术。

(3) 教师要选择恰当的教育场合。

教育惩戒的对象是活生生的人，每个学生都有自尊心，都渴望得到别人的尊重，都不愿在别人面前丢面子，尤其那些经常违纪、对教师成见深的学生，如果教师惩戒学生不分场合，很可能自己会被他们弄得下不来台。不分场合地惩戒学生可能会产生两种不好的结果：一种是学生的自尊心受到严重的损伤，渐渐变得自卑，有的会成为别的学生嘲笑的对象，即便教师的惩戒对其他学生能收到杀鸡骇猴的效果，也是不足取的；另一种是教师遇到那种屡次违纪而又桀骜不驯的学生，这样的孩子常常会借机来挑衅教师，借以博得其他学生的注意。所以，不分场合的随意惩戒是很不讲策略的做法。善于选择教育惩戒的场合也体现了教育惩戒的艺术性。

(4) 教师采取惩戒措施时要注意时机。

教育惩戒是讲究时机的，不到恰当的时机，惩戒达不到预期效果。不太注意教育的时机不能不说是目前我们教师在教育惩戒中存在的一种通病，许多教师太过浮躁，缺乏对学生的耐心引导。惩戒措施实施的时机应尽量选择在学生充分认识到自己的错误，对惩戒心服口服的时候。曾有个初中孩子来到学校心理宣泄室进行情绪宣

泄，他跟心理老师说："我对班主任讨厌极了，我由于上厕所回教室迟到了，他竟然让我写800字的说明书！本来我的作文就差，哪能写这么多，这明摆着是在整我！"之所以出现这样的问题，就是因为班主任在实施惩戒时，没有跟学生很好地沟通，也没说明这样惩戒学生的意义。所以，学生不但不理解班主任的用心，反而对班主任一肚子怨气，试想，这种教育惩戒的效果怎会理想？

（5）教师要善于跟学生家长沟通，有效地借助家庭教育的力量。

沟通与不沟通的效果是截然不同的。有了好的沟通，家长不但能够理解教师为什么惩戒自己的孩子，而且在认同了教师的教育惩戒方法之后，还会帮助教师来管理自己的孩子，这样就形成了家校教育合力！当惩戒孩子时，教师认为确有必要与家长沟通的一定要做好沟通，且要讲究沟通的艺术！在沟通时教师需要注意几点：一是告诉家长学生犯了什么样的错误，分析孩子犯错的原因、想法等；二是告诉家长老师要对孩子实施怎样的惩戒，惩戒的目的是什么，具体怎样实施；三是虚心请教家长对于惩戒是否有更合理的建议；四是恳请家长在惩戒中配合学校以取得最佳效果。我们认为，如果教师能够做到这几点，家长一般不会对教师惩戒自己的孩子心存怨言的。

（6）因材施教是教育惩戒艺术性的最高要求。

教育难就难在对不同的学生不能采取完全一致的教育方法，教育惩戒也不例外。为了尽量做到因材施教，在惩戒之前，我们要仔细思量几个问题：这是一个怎样的学生？家庭对他的教育状况如何？该如何教育像这样性格特点的孩子？如果实施这种惩戒，效果将如何？我们尽量要做到三思而后行，切不可莽撞行事。在教育惩戒某些孩子时，的确需要我们费些脑筋、动些心思。倘若不注意不同孩子的不同特点，一刀切地实施教育惩戒，常常会产生一些消极的后果。

(7) 教师要适当创新教育惩戒方式。

创新是我们时代的特征，同样更适用于我们的教育惩戒。创新意味着不同学生犯同样的错误，教师可能会采取不同的惩戒方式；即使同一个学生犯同样的错误，在不同的场合下教师的惩戒方式也可能会有所不同。那些老的、过时的惩戒方式更需要革新。教育专家魏书生在班级管理中就采取了很多与众不同的教育惩戒方式，但他从未体罚过学生，这让班级管理井井有条；河南省郑州市二七区实验小学的"温馨班规"也不失为一种对教育惩戒的创新；我们采用的"绿色教育惩戒制度"也取得了良好的教育效果。心理学研究表明：对于同一个人总是施加同样的刺激，他会变得渐渐麻木，其教育效果也将大打折扣。这也提醒我们，教师应该注意对教育惩戒方式不断进行创新。

2．惩戒的科学性原则

教育惩戒有其自身的要求，这些要求就是教育惩戒规律性的体现，我们在实施惩戒时要遵循这些规律。如果教师无视这些教育惩戒的规律，不但教育惩戒的目的很难达到，还有可能造成严重的不良后果。那么，教育惩戒的科学性要求我们遵循哪些规律呢？

（1）教育惩戒要遵循儿童身心发展的客观规律。

教育惩戒首先要遵循儿童道德发展的规律。儿童本身不是天生就具有自我约束能力的，其道德发展需要经历一个从他律到自律的过程。在这个过程中，儿童从被父母、老师以及外界的约束中，慢慢学会自我约束，其中有些时候儿童是受到了来自外界的惩罚，才慢慢对自己有了自我约束。如果违背了这种规律，比如有些家长对孩子要求过低，甚至不加约束，或者认为"树大自然直"，当孩子出现了违规行为时也视而不见，久而久之，孩子便缺乏规则意识，显得很没有教养。这样的孩子踏入社会后往往与社会格格不入，要么孩子受到伤害，要么孩子形成反社会人格危害社会。所以，对学生

采取必要的惩戒措施，这是符合儿童道德发展规律的。违背这一规律致使惩戒缺失，会造成不良的后果，这是需要我们注意的。

(2) 教育惩戒要考虑不同年龄学生的特点。

教育惩戒作为一种教育方式可以运用到不同年龄阶段的学生身上，但是在不同年龄阶段的孩子身上运用时确实要有区别，如果不注意这一点，那么就会违背教育惩戒的年龄规律特点，造成不当的惩戒后果。曾有一项有趣的教育心理学研究发现，老师对幼儿采取言语批评的惩戒方式有时并不奏效。研究者发现，在幼儿老师讲事情时有很多孩子下位子，于是老师对下位子的孩子进行了批评，但是下位子的孩子并没有因此而减少。后来，老师更换了一种策略，不批评下位子的孩子而是对坐得端正的孩子提出表扬，结果孩子们下位子的情况明显减少了。原来，该年龄段的孩子对于老师的批评不太敏感，他们反而觉得是老师在关注自己。这就明确地告诉我们，教育惩戒要充分考虑到不同年龄孩子的不同心理特点。

(3) 教育惩戒要注意及时性原则。

学生犯了错误，如果按规定要实行某种惩戒，在条件允许的情况下，教师要尽量及时实施。从心理学角度讲，惩戒实际上是一种负强化，这种强化要尽量遵循及时性原则，否则会让学生抱有一种逃避惩戒的侥幸心理。如果教师没有及时采取惩戒，后来由于自己的疏忽又忘了对学生实施惩戒，那么学生犯第二次错误的可能性很大。在心理学上有一个很著名的"破窗理论"，讲的是街上一所房子的一扇窗户的玻璃破了，没有人去修补，时隔不久，其他窗户的玻璃也会莫名其妙地被人打破。同样，如果一面墙上出现一些涂鸦而没有被清洗掉，很快，墙上就会布满乱七八糟、不堪入目的东西；在一个很干净的地方，人们不好意思丢垃圾，但是一旦地上有垃圾出现，人们就会毫不犹豫地往地上扔垃圾，丝毫不会觉得羞愧。对于班级管理而言，被学生违反的规则就像是"一扇玻璃破了的窗户"，如果我们不及时对学生实施惩戒，其他学生也会来违反这一规则，

甚至这个学生还会继续破坏"另一扇窗户",即违反另一些规则。所以,惩戒的不及时性不但会麻痹犯错学生的心理,同时也会给其他学生以不好的心理暗示。

(4) 教育惩戒要注意其合理性。

合情合理的惩戒才会有效,如果惩戒不合情理,学生从心理上不愿接受惩戒,那么惩戒不但达不到预期的效果,而且会使学生对老师产生误解甚至憎恨。惩戒的合理性要求教师在惩戒学生之前做耐心细致的调查,不能过于急躁。另外,惩戒的合理性还要求惩戒必须有依据,不能毫无根据地随意实施惩戒。这就要求班主任在组建班级后马上制定自己班级的班规,有了班规才可以根据班规实施惩戒。事先没有规定,或者学校有规定但教师未告诉学生,教师最好不要在这种情况下实施惩戒,因为这种惩戒很难让学生从心里接受。

(5) 要注意避免滥用惩戒。

有的教师注重建立班级的规章制度,这本无可厚非,但是仔细研究一下那些规章制度,我们发现,班规都是一些不允许学生做的事情,如不允许吃零食、宿舍里不允许乱说话、做操不允许迟到、不允许不完成作业……然后,则是如果违反了,要罚值日、罚写几遍作业、罚站等。而且,有的教师可谓费尽心机,把所有学生可能违反的纪律问题都一一进行罗列,然后在后面详细列出惩罚措施,这样的班规俨然就是一部"刑律大典"。这种依靠惩戒的滥施来压制学生的做法会给学生造成严重的心理、行为问题。我们看到,有些学校墙壁上的开关被学生破坏了很多,有的学校墙壁上写着学生愤怒的语言,这都是学生的心理被压抑的表现,如果学生的心理压抑得不到及时疏解和宣泄,还有可能引发更为严重的师生冲突。

3. 惩戒的依法性原则

社会发展已经步入了依法治国的时代,人们的法制观念也越来越

强，所以每位教师不能凭着对教育惩戒想当然的认识，随意延续几千年来教师可以对学生随便实施体罚的传统。我国是世界上对体罚明令禁止的国家之一，而且在多部法律中都有所体现。从事教育事业是光荣的，行使职业权力也是应该的，但是我们千万不能因此跌入违法的雷池，要切实做到依法实施教育惩戒。这具体体现在如下几个方面：

(1) 要明确谁可以实施教育惩戒。

对于犯错的学生，谁可以实施教育惩戒？这似乎不应该成为一个问题，大家都会想到教育惩戒者应该是教师。其实，对此我们还应有进一步的认识。一般而言，学生违反规范的情节轻微，其惩戒主体是主管教师，班主任负责教育惩戒的时候居多；学生违反规范的情节较严重，处分也相对比较严重，这时的惩戒权在学校，学校或校长代表教师群体来实施惩戒；学生超越了校园规范的违法行为，学校已经无权处理，应由司法机关来处理。教育惩戒行为不是任何人随便可以实施的，其他未经法律授权的个人和组织不得成为惩戒主体，不拥有教育惩戒权。据此，我们可以得出结论：班干部没有惩戒其他同学的权力，学校没有代表司法机关处理学生违法行为的权力，教师个人也没有对学生做出严重处分的权力。了解了这些，我们就不会转嫁教育惩戒权或越权行使教育惩戒了。

(2) 要了解惩戒学生什么的问题。

教育惩戒的对象是什么？教育惩戒的对象应是学生的特定越轨行为，而不能是学生个人或其身体、心灵。教育者永远不能忘记，作为教育手段之一的惩戒方式，其根本目的在于促进学生行为的规范，其针对的只能是越轨行为本身。在惩戒中，要坚持"对事不对人"的基本原则。在判定学生的行为是否越轨时，要注意以下几点：学生的行为确实违反了学校或班级的规定；这种违规行为确实对班级或学校纪律产生了破坏，客观上造成了一些危害，不惩戒就无法维护正常的教育教学秩序，就不能保证学生个体的教育利益及健康发

展;学生违规行为的危害确实是由于学生自身有过错与过失造成的;对于这些越轨行为,学生本来有能力控制其发生与发展,但学生未进行控制等。如果学生的违规行为满足了上述四点,教师就可以实施教育惩戒。一般来说,学生的行为较少影响他人时,如不专心听课、作业未完成等,这仅是学生个人的价值行为,教师应该通过合理的方式方法加以引导,不能对其实施过于严厉的教育惩戒。如果是严重影响教育活动正常秩序的行为,如携带危险物品入校、扰乱课堂、打架等,教师或学校则必须给予严厉的教育惩戒。

(3) 实施严厉的教育惩戒应按照一定的程序。

我们要注意,教育惩戒的程序是从法律实施中借用过来的,特别是实施严厉的教育惩戒应该像法律那样规范化,按照一定的程序执行。因为这样可以有效地保护学生或教师的正当利益,防止他们受到不良侵害。教育惩戒程序的适当,要求程序本身合理、合法,实施步骤上要公平、公正。为确保教育惩戒程序的适当,学校或教师需要做到以下几点:①要对学生的违规行为做充分的调查,学校或教师要充分了解学生的违规情况,保证调查实事求是,并做好记录。②在做出一些严厉的教育惩戒之前,要让学生和学生家长了解,允许其提出申辩意见,然后学校或教师再形成具体的处分决定。这样可以充分保障学生的权利,防止学校或教师的惩戒失当。③适当公布教育惩戒信息,让大家了解处理结果,特别是对涉及大多数学生利益的违规行为的教育惩戒,但是这种公告应当注意对学生隐私权的保护,不能在公告中披露有损学生隐私或人格的内容。④学校要建立教育惩戒档案,它是对学校处分决定的记录,包括将处分结果记录在学生学籍档案中和学校有关部门的档案材料中。当然,上述讨论主要是针对一些比较严厉的教育惩戒而言的,不代表教师的所有教育惩戒都要按照上述步骤实施。但是,根据具体情况,尽量规范教育惩戒是非常必要的。

(4) 防止教育惩戒触犯学生的法定权利。

我国的《未成年人保护法》指出了学生作为未成年人所具有的一些权利，比如学生具有受教育权、人身权等权利，这些权利又包含了一些细小的权利。惩戒学生本身是教师基于自己的职业所拥有的一种权力，同时也是教师应尽的义务。但是，由于目前国内还没有教育惩戒的相关规定，所以教师在操作时缺乏具体指导，随意性很大，再加上教师惩戒权的行使往往是以行政管理方式出现的，惩戒双方的权益不对等，带有一定的强制性。在这种情况下，教师在惩戒过程中享有较大的自由裁量权，这更加深了学生在惩戒中的弱势地位和无力状态。这就需要对教育惩戒权中的学生权利保护给予特别关注，要求教师在行使惩戒权时做到合法、合理、公正，最大限度地防止学生的权利受损或被侵害，并在事后提供可行的救济措施及渠道，切实维护学生的合法权益。但是，这并不是说教育惩戒遇学生权利而色变。比如，管理权与学生人身权之间发生冲突时，不能认为凡涉及学生人身权的处罚方式就是体罚，因为只要该处罚确实有助于学校教育目的的实现，并不超过必要的限度，就可确认其合法性。再比如，惩戒与学生隐私权之间发生冲突时，学校虽然无搜查权力，但当学校或学生面临严重安全威胁时，只要符合事先声明、合理怀疑、时机紧迫等条件，就可以采取"损害"学生隐私权的行为。

4. 惩戒的教育性原则

建立班级规约，实行惩戒制度，目的不仅在于树立纪律、校规的权威性，更重要的是引导学生健康成长，对学生进行合理的教育，让学生实现更大的发展，即教育惩戒必须服务于教育的目的和出发点。要让惩戒彰显其教育性，在实施中需要注意以下几个方面：

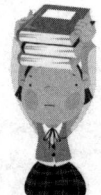

(1) 教育惩戒确实是为了戒除不良行为。

惩戒的出发点不是为了使学生因惩罚而感受痛苦和耻辱，教育惩戒其实是一种不得已的手段，我们要检验教育惩戒的效果，主要应看其对学生越轨行为的矫正情况。采取过失自负式的惩戒，它是让犯错误的学生为自己的错误行为承担责任的一种处罚方式，如毁坏公物或别人的东西必须赔偿，值日不认真的学生要重新值日，学生上课时间内睡觉要做短时间的罚站，当天的作业没完成不允许参加课外活动等。这种惩戒的目的就是让学生为自己的一言一行负责，做错了事要及时弥补，尽早戒除不良行为，让学生懂得什么是责任，从而培养学生的责任感。所以，教育惩戒要强化"戒"的目的，淡化教育惩戒带给学生的痛苦。若能够不给学生带来痛苦，又能达到"戒"的目的，那是最好不过了。

（2）**教育惩戒要尽量让学生获得个人发展。**

有些教育惩戒虽然能够戒除学生的不良行为，但是它们不一定能让学生获得积极的发展。如果教育惩戒既能够戒除学生的某些不良行为，还能让学生在某些方面获得发展或提升，那就更会彰显惩戒的教育性。当代教育专家魏书生就为我们树立了很好的典范。例如，学生犯错误后，他一般不是直接批评、训斥、体罚或变相体罚，而是根据学生的个性，让学生写犯错误的说明书、写心理病历、唱一首歌、做一件好事、画一幅画等。这样的方式不仅锻炼了学生的语文写作能力、分析问题的能力，还陶冶了学生的个人情操，培养和发展了学生的积极方面。这一良好的效果缘于惩戒没有刻意追究学生的错误，而是采取了积极引导的策略。发展性的教育惩戒方式避免了单纯惩戒带来的消极影响，调动学生积极发展自己，鼓励其做出更多亲社会的行为。

（3）**要做好惩戒后的帮扶转化。**

教育惩戒的目的是为了教育学生，让学生改正自己的错误，即让学生按照我们的教育目标期望的方向发展，绝不是为了让学生的违规行为受到报应。教育惩戒措施多有些惩罚性，实施中常常带给学生一些消极的心理影响。因此，在实施教育惩戒之后，我们应该

做好帮扶转化工作。要跟学生继续谈心,让学生了解惩戒的教育目的,鼓励学生做出积极的行为,坚决防止让学生因为受到惩戒而被伤害或由此变得破罐子破摔了。也就是说,帮扶转化的作用在于尽量发挥教育惩戒的积极作用,避免或消除惩戒的副作用,让教育惩戒真正成为我们手中的教育利器。

(4)坚决杜绝一些反教育性的惩戒措施。

所谓"反教育性"惩戒,是指学校组织或教师个人采用不正当手段企图消除受教育者某种行为的劣性管理方法。这些惩戒方式随意性大,使用方便,且能短时间控制和削弱学生的某些消极或不良的表面行为,因而不少教师将其作为教育和管理学生的一种经常性手段。其主要形式有三种:①体罚和变相体罚。这类惩戒可以说是中小学中最一般、最常见的形式,如罚跑步、揪头发、打耳光等,这种管教方式会让学生变得自卑,也极易引起学生的反抗。②心罚。通常指教师用不当的语言或行为方式对学生施行的心灵惩罚。其具体表现形式为:讽刺挖苦、嘲笑责骂、冷落、孤立隔离、歧视侮辱、公开学生的隐私、让学生当众出丑等。从表面上看,这种惩戒方式既不伤学生的身体,又不增加经济负担,但它是最可怕的,因为一般的身体伤害容易被遗忘,而心灵受到的伤害却很难愈合,甚至根本不能愈合。若学生经常受到这种惩戒,性格内向的学生容易产生自悲心理和退缩行为,性格外向的学生易产生攻击他人、敌视他人的行为。它的伤害力要远远超过肉体上的伤害。③罚款,即经济制裁,对违反规定的学生实施罚款。如此,手头宽裕的学生往往交钱了事,甚至屡罚屡犯;手头紧张的学生则往往采取欺骗家长、亲戚的手段,甚至进行偷窃以上交罚金。所以,这种惩戒只能是事与愿违,没有什么教育效果,教师的形象也会在学生的心目中大打折扣。

反教育性惩戒的实施,会严重影响到学生生理、心理的发展,而且会导致他们产生强烈的社会否定感,从而妨碍他们的社会性发展;它会影响教师的工作情绪,损害其身心健康,也会影响教师的

社会地位和人格魅力，引起师生冲突进而造成师生关系紧张，更有甚者，如果家长卷入到教育惩戒纠纷中来，会让事情越闹越大，媒体再进行报道，最后感觉难以收场的就是学校和教师。所以，我们对这种惩戒方式坚决反对。反教育性惩戒很多也是我国现行有关法律和教师职业道德所不允许的，极易造成教师的违法行为。

5. 惩戒的伦理性原则

中小学教育中的教育者和受教育者都是教育活动的主体，二者处于平等的地位。教育惩戒是发生在师生之间的一种教育行为，所以教育惩戒应该遵循师生的伦理性原则，这是对教育者惩戒行为的基本道德要求，违背师生伦理关系的惩戒也是不合时宜的。那么，如何做到教育惩戒符合伦理性原则呢？

（1）要尊重学生的人格。

尊重学生是指教师要把学生"当人看"，当做活生生的、具有独特存在价值的个体来看待。人格和尊严是人之为人的最重要和最宝贵的东西，渴望得到别人的尊重，是人的一种普遍需要。尊重学生最起码和最基本的就是要尊重他们的人格，友好平等地对待学生，不粗暴地压制学生，本着对学生的人格报以尊重、关切与爱护的态度施行，不应有丝毫侮辱学生的成分。当学生出现某种不良行为时，对学生进行说服教育，要使学生明确教师谈话的目的是让学生认识到自己所犯的错误会产生不良后果。惩戒时，教师可以提出几种惩罚方式让学生自己选择，使学生首先感到自己有道德选择的自由；其次产生做错事必受惩罚的理解心理。这样，学生就会以积极的心态正确对待惩戒，从而避免由教师简单的教训所造成的身心损害及逆反心理，最终达到提高学生道德水平的目的。尊重学生还集中地表现为对学生个性的尊重。学生的个性是每一个学生个体存在价值的集中体现，尊重个性体现为在学生提供一个开放性的教育环境，打破划一的目标、划一的内容和划一的方法，尊重学生多元化的发

展需求。

（2）要信任学生。

信任是一种特殊形式的尊重，它不仅是一种教育的要求，也是对教师的一种道德要求，任何惩戒手段的使用都必须以对学生的信任为前提。只有在信任的基础上，惩戒才有可能发挥出应有的教育力量。教师把学生当成什么样的人来对待，就是要把学生培养成什么样的人。学生的诚信品质是不可能在一个充满怀疑、猜测甚至敌意的环境中养成的。不尊重事实、不听解释、不问原由地一味惩罚，就是对学生不负责任的表现，更是对教师神圣职责的亵渎。教师对学生的极不信任，也会影响学生人格的正常发展，导致学生将来也不信任别人。我们应该相信学生，相信学生具有潜能和可塑性，在这样一种学生观的基础上进行适当的教育惩戒，不会让学生产生对教师的敌意。

（3）要懂得关爱和宽容学生。

作为教师，我们应该深深明白：我们面对的是正处在身心发展阶段的学生，学生的错误也是身心发展过程中很自然的现象。我们没有必要对学生的错误深恶痛绝，没有必要因为学生的一些小错误而对其产生厌烦感。我们应该宽容和接纳学生的错误，要时时对学生的成长充满关怀。需要指出的是，关怀绝不是单方面的、强权的、自以为是的，真正的教育关怀不完全取决于关怀者一方，还取决于对被关怀者产生什么样的影响。如果出于善性的目的，而惩戒却起了不好的作用，那么这也不是什么真正的关怀。只有当教育惩戒充满了教师的爱和宽容的元素，所采取的措施对学生的发展起到了积极的作用，教师的惩戒才会显得更有力量。

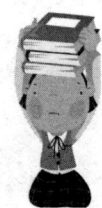

（4）要体现公平、合理原则。

教育惩戒的伦理性原则还要求教师的教育惩戒做到公平、合理。公平，就是教师惩戒权的行使应当公正。对学生一视同仁，不能厚此薄彼，不能受定势因素和个人好恶的影响，更不能受教师自身情绪的影响，教师应该公正合理地行使惩戒权，绝不可以因为某个学生学习好或教师与某个学生的家长关系好就区别对待。学生对教师的偏爱是极其敏感的，一旦觉察到教师的不公正，就会受到心灵的伤害。合理，即教师惩戒权行使的时机、场合和方式都应该慎重选择，做到恰当合理，以达到最佳教育效果为目的。需及时予以惩戒的，教师就义不容辞地行使惩戒权；需在特定场合给予学生教育惩戒的，教师也应该毫不犹豫地进行惩戒；在选择惩戒方式时，需结合学生的性格和性别特点等加以选择。公平、公正地对待每一个学生也是我们师德的基本要求，每个孩子都应该是我们教师眼中的宝，他们存在差别，但是各有其长处和优点。我们需要警醒的是，没准在我们轻视的眼神中、在我们的教鞭下就有未来的爱迪生、爱因斯坦，每个孩子都会成为国家的栋梁，我们没有理由不公平、公正地对待他们。

教育惩戒的艺术性原则、科学性原则、依法性原则、教育性原则、伦理性原则体现了实施教育惩戒的基本要求，在国家没有明确法律规范的情况下，这五大原则对我们的教育惩戒能起到很好的指导、规范和评价作用。

第二章

教育惩戒的典型成功案例

国家相关教育法律对体罚和变相体罚都做出了禁止的规定，但遗憾的是却没有明确什么是体罚和变相体罚。于是，体罚和变相体罚仍发生在一些学校、一些教师身上，我们常听到或看到媒体关于某某老师体罚学生以身试法的报道。也有很多教师在抱怨：现在的学生没法管了，也不敢管了，弄不好家长就找到学校跟老师算账，现在教师管理学生的权力根本没有了保障，在管理学生方面教师已经处于弱势了。说起这些，我们的教育惩戒目前似乎处于十分尴尬的境地，"我的学生，我到底该怎么管你？"这似乎成了困扰教师的一个难题。

然而，在纷繁复杂中常会出现柳暗花明。我们惊喜地看到，一些教育惩戒的探索者已经另辟蹊径。无论是魏书生老师教育惩戒中渗透的民主和科学精神，还是弹性惩戒制度所彰显的弹性魅力，以及郑州市二七区实验小学的"温馨班规"惩戒模式，都让我们耳目一新，在困顿与彷徨中有了清爽的感觉，细细研读他们的做法，宛如在炎炎夏日饮一杯清澈的甘泉，于是我们惊呼：原来教育惩戒可以这么做！

一、渗透民主与科学的精神
——魏书生的教育惩戒方式

作者·心语：魏书生老师是当代著名教育专家，又是班级管理的专家。细读魏老师的《如何当好班主任》一书，让我们领略到的不仅是魏老师20多年来做班主任的经验，更有那浸透着民主与科学精神的精妙教育惩戒艺术。他的教育惩戒方式新颖而实用，深深地体现着这位当代教育专家的学生观：每个孩子身上都有优点，都有积极、向善的方面。他的教育惩戒中饱含了对学生的信任、尊重和关爱。

曾经领略过魏书生老师娓娓道来的讲课艺术，其驾驭课堂的情形好似闲庭信步，潇洒而从容，处处体现着他对教育的那片深情。今又细读魏老师的《如何当好班主任》一书，观魏老师班级管理中的教育惩戒，更是丝毫未见其满腹怒气、心急火燎的神态。面对学生的错误，他依然那么淡定、从容。那么，这位当代教育名家是如何处理学生的错误，又是如何保障自己的班级和谐有序地运转的呢？

魏书生老师常采用的教育惩戒方式有六种：

①犯错误，写说明书。魏老师要求犯错误的学生在说明书中基本使用心理描写的表达方法，描绘出心理活动的3张照片，每张照片上都有两种思想在争论。第一张照片，犯错误之前，两种思想怎么争论；第二张照片，边犯错误，边进行思想的交战；第三张照片，犯错误之后，两种思想做何感想。

②犯错误，写心理病历。因为有的错误有较深的思想根源，病情较重反复较多，这就需要采取多种治疗方法互相配合，写心理病历就是一种非常有效的方法。心理病历包括五部分内容：疾病名称、发病时间、发病原因、治疗方法、几个疗程。

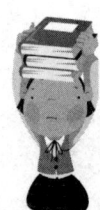

③犯错误，唱歌。在魏老师的惩戒字典里，"唱歌"也是一个很重要的词。乍听起来，这倒不像什么惩戒措施，但是在班级管理中，它对于解决一些小问题却很有效。如课间休息后学生上课迟到的小事，学生没有深刻的思想或动机上的错误，就可以罚学生唱一首歌。

④犯错误，做好事。学生犯了错误，便做一件好事，这也有利于纠正错误。在魏老师的班规班法中有的条文就规定：如果当天检查作业，昨天的作业没完成，就要擦一个窗户的两层玻璃……做好事既起到了增强学生自尊心、自信心的作用，也起到了分散学生犯错误的精力，将其引向真善美的疏导作用，起到使学生发现一个新的更强大的自我的作用。

⑤选举"闲话能手"。在每周末，由专门的负责人组织选举。选举时，每人准备好一张微型选票（一般两平方厘米），在10秒钟内把人名写好。得10票以上的同学要接受惩戒，要写说明书（每票写100字）。这个方法用时少，发现问题及时，改正错误期限短，使学生充满信心，向先进学习，目标明确，一般在下周就可以改变自己说闲话的毛病。

⑥"说话"接力本。这个本子是专门针对在自习课上说话的学生而设的。这个本子由一个同学承包，如果发现谁在自习课上说话了，就把这个本子交给他，让他寻找自习课上说话的人，发现了就交给下一个同学，就这样往下传递。如果没发现就要写1000字的说明书，连续3天都没发现的话，要连续写3天的说明书，第4天时还没发现的话，就把说话接力本交给承包人。这种方法结合实际，用一段时间停一段时间，再配合干部监督、学生互助、集体抽检等方法，综合应用于维持自习课的纪律，让自习课的纪律变得很好。

综观《如何当好班主任》一书中使用的这些教育惩戒方式，我们不难领悟出魏书生老师正确的学生观和他教育惩戒的基本思想，即教育惩戒要具有预防性、发展性、民主性、补偿性等特点。

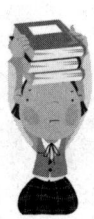

1. 树立正确的学生观

在魏书生老师眼里，每个学生的人性中都有向真、向善、向美的一面，都有积极、好学的一面，魏老师把这视为铁的法则。因此，他进行教育和管理的任务就是要让每个学生的人性和个性都得到充分发展。为了调动起学生内在积极的方面，他的班级实行自主管理，每个人都有负责的事项，充分体现了学生之间的平等，并且让学生负起了自己对班级的责任。

咱们一个当班主任的，一个班不就一两个好打架、三四个学习差、五六个不听话的学生吗？咱怎么就说没有办法啊？我说，千千万万，要走进学生广阔的心灵世界，去发现那些真的、善的、美的、积极的、向上的、昂扬的脑神经，帮助它兴奋起来。我说，这个世界归根结底靠什么在维持着？是靠人性中真善美的力量在维持着，如果人性中真善美的东西都泯灭了，那点儿警察、监狱根本不够用的！所以，千万坚信这一条。

……

有的说，那实在太次的学生，你怎么发现他的好处？差劲、后进，你也得找着他的基础，让他喜欢这个基础。我说，学生考8分，咱也得表扬他呀。不然的话，你要这么说，啊，百分制语文考8分，你有什么意思啊？你看人家80多分一片一片的，你趁早回家得了。他本来就不敢正视那张卷子，一说他，他不更自卑吗？所以到我这个班呢，我不这么看。

我说，"我听说你考试考得不太好。"

"老师，别说了。"

"我听说你没到这个班来之前，上课都不听课？"

"老师，我想听但听不明白，我就不听了。"

"我听说你回家也不写作业？"

"老师，我过去抄作业，抄完了，那个老师不给我判，我就不给

他抄了。"

"我听说你回家连书都不看？"

"老师，您替我想想啊，我课听不明白，作业不会写，书我能看懂吗？"

"这不结了吗？你看咱啊，一不听课，二不写作业，三不看书，考试咱还能得8分，这不说明咱有点儿天赋吗？"

呀，没人这么说过他呀，他突然眼睛一亮，是！我怎么还能考8分呢？没想到这8分还跟着我，太忠实于我了。于是，他就觉得这张卷子啊，敢看，敢正视了，他觉得8分挺亲切。然后，觉得亲切了咱再研究。

我说，"这张卷子，除了会的8分，还有哪个不服气啊？有没有不服气的题？"

"老师，您要这么说，对第一题我就不服气。"

"对第一题有什么不服气的？"

"老师，第一题这不是汉字加拼音吗？老师，没到您这班的时候，我不会学。到了您这班，您把这本书的生字都归纳成一张表，才118个生字。老是学这个东西，我觉得我能学会。我下一个星期啊，老师一上语文课，45分钟，我什么事儿都不干了，您讲什么我也不听了，反正我也听不懂；别人干什么我也不比了，反正我也比不上；一上语文课我就写这118个生字，我翻来覆去地写、翻来覆去地写，我写它一个星期，看自己能不能会。"

哎，他的心一旦定下来，怎么啦？反倒发现一个强大的自我。

一个星期以后，他跟我叫号，"魏老师，你考我这本书，任何一个生字的音形义我都会了。"

我说，"你种这一个星期的自留地儿，秋后能打多少粮食啊？"

"老师，8分加2分，10分了。"

"接下来还有不服气的吗？"

"对文学常识不服气。"

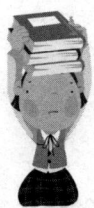

"为什么?"

"老师,您不跟我画表了吗?这本书才23个作家呀,啊,23个作家呀,23个作家一个人5个知识点才115个知识点,我还用这种办法。老师,一上语文课,您讲什么我也不听,别人干什么我也不比,我就定下心来写这23个人,翻来覆去地写。"

你说,他不越写越熟吗?老师们,很多学生毛病出在哪儿?大事儿做不来,小事儿不肯做,元帅当不成,不肯当士兵,于是乎,灵魂流浪,精神漂泊,思想浮躁,居无定所,这是非常难受的一种状态呀!天天重复着这么一种日子,所以咱哪,就引导学生把心定下来。哎,他心定了,一上语文课,什么事儿都不干,就研究这23个作家,一个星期以后,考任何一个作家的生活年代、生活地点、作品名称、文章体裁、节选自何处、名句是什么,人家全会了。

我说,"你种这一个星期的自留地儿,秋后能打多少粮食啊?"

"老师,10分加6分,16分了。"

我说,"还有不服气的吗?"

"作文。"

"为什么?"

"老师,您没看吗?作文我交的白卷,我不稀罕给他写。"

"给谁写?"

"评卷老师呗。"

"那你可大错特错了,你以为评卷老师愿意看你写的那个老破文?期末考试那张卷子,老师们都得避开自己的学生,不批自己教的学生的试卷,评的还是密封卷。既然不是自己的学生,学生得分多点少点就是无所谓的一件事儿,所以,大热的天儿,老师们一边评一边出汗,都盼着能快点评完放假啊。评着评着,发现一张白卷,老师就挺高兴,算一个工作量呀。"

"闹了半天,老师,不是给评卷老师写啊。"

"那是给谁写?"

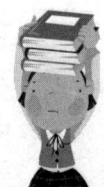

"给我自己写。"

"对啦。你有什么不服气的啊?"

"老师啊,我没到您这班来的时候,不会写作文,到这班来了,不长时间,我学会了,写500字的作文,根本不费劲。老师,我这篇作文,如果写500字,分四段,卷面整洁点,字迹工整点,老师啊,35分的作文能不能给我10分呢?"

他还挺谦虚。

我说,"你呀,离题如果别太远了的话,得20分的可能性也是存在的。"

于是,他就觉得,咱老师给他定的目标符合他的实际啊。

我说,"张×,咱经过一个学期的努力,争取由8分涨到26分。"

"老师,您瞧不起我,我肯定超过26分。"

结果,到期末考试,他不是26分,考了36分啦。后来40多,50多,及格了。

所以,咱怎么改变学生?就用人家学生心灵深处真的、善的、美的、好的一面。

(摘自魏书生的演讲内容)

正是魏书生老师怀揣着积极的学生观,当面对后进的学生、面对学生的错误时,他总是充满耐心,积极地引导学生发现自己的潜能优势,而不是横眉冷对这些学生和他们的错误,这种方法真的就把学生那根积极的心弦拨动了,换来的是学生不断进步!

2. 注重对学生违规行为的预防

作为一名班主任,没人希望有很多学生去破坏班级规约,没人喜欢大肆地实施教育惩戒。魏书生老师在班级管理中就尽量做到少用惩戒,真正实现了教育惩戒"防大于惩"的少用原则。这具体体现在以下三个方面:

(1)实施教育惩戒要充分尊重每一个学生。

魏书生老师极力倡导人与人之间互相尊重,在教育学生之间要互相尊重时,他曾有个形象的比喻:"人心与人心之间,像高山与高山之间一样。你对着对方心灵的大山呼喊'我尊重你——',那么,对方心灵高山的回音便是'我尊重你——';你喊'我理解你——',对方的回音便是'我理解你——';你若喊'我恨你——',人家的回音能是'我爱你'吗?"他常对学生说的一句话就是:"你尊重别人,便是尊重自己,便能得到别人的尊重;你帮助别人,一定能得到别人的帮助。"为了让学生能够在行为中落实,他千方百计,尽可能地在学生生活的广阔空间与时间环境中让其身体力行。

魏书生老师倡导学生互相尊重,他自己更是率先垂范,充当尊重别人的标兵。他从不讽刺挖苦学生,尽力地听取学生的合理意见,尊重学生的选择。他从不采取体罚等有损于学生人格的惩戒方式。他让犯了一般错误的学生写说明书;对于思想根源深、积习难改的错误,让学生自己写心理病历;有时学生犯了错误,可以通过为班级做好事来弥补自己的过错,也可以为大家唱一首歌。这些惩戒性措施不但无害于学生,而且充分体现了魏书生老师对学生人格的尊重。

(2)要民主地制定班级制度。

魏书生老师充分发扬班级民主精神,让每个孩子感觉自己就是班级的主人。对于班级的事务,他经常与学生商量,学生也经常为班级管理出谋划策。既然班级的制度都是自己参与制定的,那么很多学生就不好意思违反了,而且会积极地参与到班级制度的维护中去。下面的例子讲的是魏书生老师班上的学生怎样制定针对吃瓜子的惩戒措施。

新年快到了,学生们忙着排练节目,买节日用品,大家喜洋洋,乐陶陶。

生活委员说:"老师,这几天地面不干净了,不仅有纸,还有瓜子壳。"

"怎么办？大家讨论一下吧！"

脏东西主要来源于吃零食，零食该吃不该吃，全班同学都发表自己的意见。

首先肯定零食的范畴：非吃饭（包括间食）时间内吃的一切食物，统称零食（病号需要除外），特别需指出的是瓜子、冰棍、糖葫芦，这些带壳带棍的食物在校内吃饭时间也不准吃，在校外则另当别论。

吃零食有没有利？当然有，但总体而言，弊大于利。表决结果，大家通过了在校内特别是在教室内不许吃零食的决定。

按班规班法，有了一项较重要的规定，便要确定一位同学具体负责。

谁负责提醒大家不要吃零食呢？刚一问，班内便有数十人竞争，高高举着手，抢着做这项工作。大家都抢，究竟谁干？争执了一会，不知谁冒出一句："平时谁最爱吃零食就选谁！"

"好！"同学们齐声拥护这个建议。三年级7班选的是卢建。

卢建站起来问大家："如果发现别人吃零食，怎么办？"

"发现一次罚写1000字的说明书。"

"对吃瓜子的还应该罚得重一点！"

"重到什么程度？"

"谁扔到地上一粒瓜子壳，就罚写1000字的说明书。"

"瓜子带到学校来也不行，卢建有权力搜索吃零食同学的衣袋，在衣服口袋里若发现一粒瓜子，就写100字说明书。"

"如果有100粒呢？还要写1万字不成吗？"

"就该写1万字，谁让他装那么多瓜子在身上呢？"

"法规定得严些是为了不让人触犯。你如果定吃一粒写100字、衣袋里有一粒写10个字，那别人不害怕，也就制止不住吃零食。"

我说："停止争论，现在表决。同意吃零食一次写100字说明书的同学请举手。"

只有两名同学赞成。

"同意往地上扔一粒瓜子壳就写1000字的请举手。"

班内举起了70只手,以压倒性的多数通过了严罚吃零食者的规定。

第二天,卢建同学上任了。为了获得说别人的权力,他先从自己做起,用毅力控制自己爱吃零食的习惯。

(摘自魏书生《班主任工作漫谈》)

从这个例子,我们可以看到,班级的惩戒制度是在民主的基础上制定的,由于制度是班级学生自己讨论并且通过的,所以学生也十分愿意遵守,这对于学生犯错起到了很好的预防作用。

(3) 人人都是班级的管理者。

在魏老师班上,人人都有负责的事务,所以每个人都是班级的管理者。既然自己是管理者,同学们之间互相提醒,互相提出建议,有了这样一个班级氛围,违反班级纪律的学生自然就少了。下面讲的是魏老师班上的学生赵文宇如何管理上操要戴手套的问题。

"老师,咱们班谁如果忘了戴手套的话,我就随时准备借给他,咱班就不会因为上操没戴手套而被扣分了。"

我说,"你这么管不好。"

"老师,怎么就不好呢?"

"你如果这么管的话,把大伙儿都惯懒啦,以后谁也不从家里带啦,都朝你借,你能借得过来吗?"

"老师,不能都朝我借。"

"怎么啦?"

"老师,我这里不白借。"

"怎么不白借呢?"

"老师,借戴一次,得写250字的借条。"

"他要嫌这太贵,不朝你借,怎么办?"

"老师,也不可能。"

"为什么?"

"他只要上操没戴手套，还不向我借，一伸手，我就看见了，他得写500字的说明书交给我。500、250，哪个多哪个少？"

你看，赵文宇是一个学习很一般的学生，管这么一件事，却管得这么到位，所以，你说，咱这老师还管什么呀！

（摘自魏书生的演讲内容）

在魏老师班里，人人都是管理者，这样不但解放了老师，同时也让每个同学都担负起了责任，树立起了规则意识，有效地预防了班级违纪事件的发生。

3. 在教育惩戒中促进学生的发展

在班级管理中，魏书生老师所采取的教育惩戒措施还处处彰显着促进学生发展的目的。魏书生老师采用的写心理活动说明书、写心理病历等惩戒方法，既让学生充分认识到了自己的错误，又锻炼提高了学生的写作水平，可谓一箭双雕。一个叫冯松的同学在自己的心理活动说明书里这样写道：

今天自习课我做物理习题时，遇到一道难题，怎么也想不出解法，便想：向同桌请教吧！这时好思想提醒我："不行，这个班自习课不让说话，不让出声问问题。"坏毛病说："不要紧，老师不在，班干部又没注意，小点声不就行了吗！"好思想干着急也管不住坏毛病。

坏毛病果然指挥我张开嘴巴，悄悄向同桌打听这道题怎么做。同桌开始不愿理我，好思想趁机说："停止吧！别问了！"坏毛病不甘心，缠着同桌，弄得人家不好意思，只好用笔给我写怎样解，我又看不懂，就又问。这时，好思想说："算了吧，别问了，下课再说吧，再不停止，老师来了，班长该注意咱了。"可坏毛病正在兴头上，哪里停得住，说："不要紧，再问一问，问题就快弄清了。"

正在这时，我的行为被班长发现了，他走过来，向我伸出5个手指头，好思想一看就明白了，这是让我写500字的说明书，便说："看

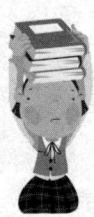

看,上课说话,干扰同学自习,你问的那位同学的学习计划被打乱了,自己还受到了惩罚。"坏毛病说:"有什么办法,这次挨罚就挨罚吧,下次不再问就是了。"

(摘自魏书生《班主任工作漫谈》)

后来,冯松同学考上了大学,来看魏书生老师时,他说:"老师,幸亏我总写说明书,不仅改正了自习课爱说话的毛病,还提高了作文水平。"冯松同学的事例表明:写心理活动说明书确实对学生很有帮助,不但能治学生的各种毛病,还能提高学生的作文水平。

对于学生所犯的有较深的思想根源、病情较重、反复较多的错误,魏书生老师就采取多种治疗方法,让其互相配合。其中比较有效的方法之一就是写心理病历。心理病历包括五部分内容:疾病名称、发病时间、发病原因、治疗方法、几个疗程。

九年前,我们班有一个同学爱骂人,他不是想骂人时才骂人,而是不想骂人时也骂人,甚至他喜欢别人并想赞扬人家两句时,说出来的,也都是骂人的口头语。开始我挺生气,后来也觉得不奇怪。

在那个时代,全国都在开骂,孩子是受害者,不能责备孩子,但总不能眼见这孩子身患骂病而不救治,就让他在那愚昧、野蛮的骂病缠绕下活着。

一天,我把他找来,说:"你骂人的习惯不好。"

"老师,我没骂人呀!"

"骂惯了,你都不觉得是在骂了。"我把当天搜集到的他和几位同学的对话讲给他听,他承认是那样说的。我说:"你把这些话写在稿纸上,再读一遍,看是什么效果。"这样一认真写出来,不会写的字用拼音代替,他才感到问题的严重性,话实在太脏了,不好意思再读了。我说:"那你写一份病历吧!"

于是他开始写骂人病历。

疾病名称:谩骂症

发病时间：小学三年级

发病原因：那时，我们班的班主任有病，一个学期总换老师带班。带班的老师管不住同学们，我们一些男同学就比骂人玩，看谁能骂过谁，骂得别人说不出话了，谁就算赢了。我赢的次数多，就开始爱骂人了。

治疗方法：我想了几服药，老师是最有效的一服药，在老师面前，我不敢骂。第二服药就是爸爸，在爸爸面前我也不敢骂。第三服药是在我最佩服的同学面前，他们在德智体方面都是咱们班的尖子，在他们面前，我也不好意思骂。第四服药，在作业量大、老师又催得紧的时候，我也不骂，没有时间骂，只顾忙着写作业了。以后我要多吃这四服药，多接近老师、爸爸和好同学，多写作业。

几个疗程：老师为我操了这么多的心，我想一个疗程就能好。

……

写心理病历，有时是在个别学生犯错误之后，发现他心理上有慢性病，便引导他写。

有时，面对全班同学在该年龄段的心理弱点，我也要求大家写心理病历。

例如，拖拉病。这个年龄段的许多学生或多或少都有一些，我明确指出来，要求学生想出切合自己实际的治疗方法，务必将拖拉控制在较小的范围内。

又如，过早成熟症。有不少同学自以为成熟，自以为现代，自以为潇洒，自以为深沉，便听不进老一辈的劝告，实际上他们的想法还很片面、很幼稚。这种病或多或少也存在于这个年龄段的学生中，写过心理病历之后，发病就轻些。

再如，苛求朋友症。大量中学生渴望交朋友，但对"朋友"二字理解得较狭隘，认为讲哥儿们义气才够朋友，形影不离才够朋友，同仇敌忾才够朋友；朋友只能求同，不能存异；朋友不能对与自己

不和的人表示和谐。这样苛求朋友的结果是容易失去朋友，产生重重苦恼。一些苛求朋友的同学在我的帮助下写了病历，进行治疗后，明白了朋友的广泛性、朋友的多样性、朋友的阶段性和朋友的独立性，感觉朋友多了，人生之路更开阔了。

学生犯了错误，写心理病历，有利于他跳出自我保护的小圈子，站在客观公正的角度上冷静地选择改正自己错误的方法。

（摘自魏书生《班主任工作漫谈》）

魏书生老师让学生自己写心理病历的方法，很好地克服了学生生活、学习中的一些不良习惯，让学生获得了很好的自我发展。在这个过程中，学生充分发挥自主性，进行自我分析、自我监督、自我评价，很好地改正了自己的错误。这从某种角度上达到了"不惩而屈人之病"的效果，可谓巧妙。

为了培养懒学生"当日事当日毕"的习惯，魏书生老师有时也留学生，让学生必须完成自己的任务。

1982年暑期，我新接了一个班，有15名同学入学考试的语文成绩不到40分。这十几名同学到我班以后，有8名同学较勤奋，基本做到当日事当日毕，学习进步较快。有5名同学比较懒，爱拖拖拉拉，我便经常检查他们的作业，并嘱咐他们学会保留作业，不要随便乱扔。

入学50天了，我想看这5名同学的作业保留得怎么样，便提前一天通知他们把50天的各科作业都带来。

放学后，5名同学留下来，作业本放在桌子上。

李刚的作业很乱，单说英语作业，就零乱地分散在5个本子上，9月15日的在此，9月16日的在彼，9月17日的又在另一个本子上。不过，李刚却有很强的整理能力，昨天听说我要检查作业，他便把不同本子上的同类作业，一天挨一天地归拢到一起，竟然完整无缺。看完了英语作业，我又检查了他的数学、语文、政治、生物作业，只剩下地理一科了，李刚长长地出了一口气，把地理作业拿在手里，

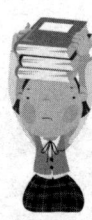

问我还检查不。我看他那自信的样子,知道没什么问题了,便说:"信得过了。"这名长得极强壮的短跑运动员,性格粗犷,不拘小节,学习上比较粗心。想不到他50天的各科作业竟一天不缺,一科一页不缺。

我问:"这样严格要求,你觉得苦和甜哪个是主要的?"

李刚憨厚地笑了,我很喜欢这个孩子的憨厚。他说:"甜是主要的。"李刚说甜是主要的,那一定是他心里想的。李刚可不会逢迎着我说话,因为他不逢迎,我便更喜欢和他谈话。

我又继续检查另外4名同学的。冷军的各科作业按月日排好,每天定量,整齐无缺。郝继军、单继波丢失了9月份的政治作业本,陈东兴则丢失了9月16日至30日的语文作业。他们紧张得头上都渗出了汗珠,请求允许他们在5天内补完。

我说:"我给你们证明,你们前次大检查时确实写完了,可为什么才隔几天就没了呢?可见你们生活没规律,不善于保存资料,今后要注意积累,到年末还要检查,倘若丢了整本作业,甚至丢了几本,你们说怎么办?"

"我们一页不落地补上。"

"那就说话算话,今天丢了作业的三名同学先补吧!"

这样严格要求,是否有点过分,有点苛刻?我想将来他们会做出回答:"正因为有了这严格的要求,才使我们养成了说了算、定了干,当日事当日毕和认真积累资料的好习惯。"

(摘自魏书生《班主任工作漫谈》)

魏书生老师为了尽量纠正学生的拖拉习惯,采取把学生留下的做法,而且自己陪学生一起留下。这不但没有引发学生的抵触心理,相反还赢得了学生内心的感激,让学生体会到因为自己没完成任务,老师要陪自己一起留下受罚,可见老师是为了自己的发展。当然,魏书生老师也强调,留学生的惩戒方式还是尽量少用为好,次数多

了可能让一些学生产生依赖性。

4. 给学生一个补偿错误、回归集体的机会

惩戒学生，绝不是要把违纪学生搞臭，让其他同学都不搭理他，让其在心灵上陷入孤独。魏书生老师的做法是，注意积极调动学生内心的善念，激发起学生为大家服务的补偿自己错误的行为，使犯错的孩子尽快融入集体。比如，让犯错误的学生唱歌就是一种很好的惩戒方式。

有的学生课间活动时兴高采烈，忘乎所以，课前3分钟的铃声没听到，见操场上没人了才突然醒悟往回跑。别说跑，就是飞到教室也迟到了，同学们已开始上课了。对于这么小的错误，让学生写说明书或做好事，似乎都有点像咳嗽两声就得扎针输液似的，显得过分了点。

可又不能说这不是错误，怎么办？班级便规定，学生犯了这类很小的又没有深刻思想动机的错误，便给大家唱一支歌。

什么时候唱？都上课了，再唱歌不就干扰大家了吗？当然不一定马上就唱。上课迟到了，由具体负责此项工作的同学记下来，待到下午活动课前，或自习课前，或留到需要活跃一下气氛时，便请登记本上记录的迟到的同学到前面给大家演唱。

这位同学会不会因为不受别的惩罚，只是唱歌，感觉太轻松了，于是下次还故意迟到呢？不会的。他站在前面唱歌，虽然没有压力，没有羞辱感，但另一方面，也不可能产生荣耀感和自豪感，他不会忘记自己是因为什么原因才站到那个位置上去唱歌的。再说，万一有的学生嫌这种处罚太轻而故意再迟到、再犯错误，那时再采取别的措施也不迟。

这种纠正错误的方式，密切了师生、同学之间的关系，淡化了学生的逆反心理，调节了班级的气氛。

有时，酷暑盛夏，看学生们学得累了，可临时又抓不到犯小错

误的人，便与一两个该写说明书或该做好事的同学商量，倘若他们愿意给大家唱首歌，说明书便可少写300字，他们若唱一首歌，就不用去打水了，怎么样？他们同意了，再问同学们，同学们热烈鼓掌，学习中的疲劳便为之一扫而空。

他们到前面唱，大家沉浸在歌声中。

（摘自魏书生《班主任工作漫谈》）

犯错误，做好事，又是一种。

学生犯了错误，便做一件好事，这也有利于纠正错误。这种方式，受到较多同学的欢迎。

班规班法有的条文规定：如果检查时被发现昨天的作业没完成，就要擦一个窗户的两层玻璃，共24块玻璃，10扇窗户框；忘了带桌罩，除了回家去取之外，还要到水房为班级打一桶水。早自习如果迟到了就要扫操场30分钟……

学生普遍欢迎这种纠正错误的方式。

有位同学跟我说过这样的事。

"老师，跟您商量件事行吗？"

"那要看什么事了。""我们邻居那位叔叔出差了。"

"这跟我有什么关系？"我说。

"跟您没关系，跟我有关系呀。他家里只剩了老奶奶，这样，我做好事的机会就有了。"

"那你就多帮老奶奶做点好事吧！"

"我有个想法，不知该不该说。"他支支吾吾地。

"直截了当地说，别吞吞吐吐。"

"我做的这些好事，能不能记在班级的好人好事登记本上？"

"老师觉得记上可以，不记也行，既然你愿意记，那就记上吧。"

他还不走，似还有话想说，脸憋得红红的，不好意思说出来。

我便鼓励他："你一定还有心里话要说，别不好意思，咱们商量

商量，说出来怕什么？"

"我想这些天多为老奶奶做好事，挑大一些的记在班级的登记本上，等到以后，我再犯错误的时候，就不让我写说明书了，用这些好事来代替了，不知道行不行？"

"你这是拿班级的好人好事登记本当银行的存折了，钱多的时候存起来，急需的时候，再取出来花。"

他笑了，还问："行不行呢？"

我没轻易说行或者不行，而是讲了为什么要用做好事这种形式来纠正错误。

人犯错误的时候，心里都有过斗争，做还是不做呢？话是说还是不说呢？这一仗打还是不打呢？作业完成还是不完成呢？公物是爱护还是破坏呢？对别人帮助还是拆台呢？……斗争之后，脑子里对自己不负责任的那一方、自私的那一方、狭隘的那一方、懒惰拖拉的那一方获胜了，于是指挥着自己犯了错误，这如同在心灵的原野上涌出一股肮脏的浊流，污染了一部分心灵的田野。这时一般人都有一种懊悔感，一种负疚感，一种痛苦感，有的还有恐惧感，但又想不出办法来控制。

人在做好事的时候，一般都是积极、昂扬、上进、助人、善良、真诚、勤奋、果断的那一方脑细胞指挥自己行动。这便如同心灵的原野上涌出一股清清的泉水，这清水便可冲刷受污染的那片心田，使人重新恢复自尊、自信、自豪，重新感觉踏实、安全、幸福、快乐。

你以前做了好事，便是以前清清的泉水在心田上流过，后来又犯了错误，心田上受到浊水的污染，不及时开挖清泉去冲刷污染，却招呼昨天流过的清泉回来，能起到冲刷污染的作用吗？能及时纠正错误吗？

他听了，点点头："老师说得对，我不要求拿现在做的好事去抵消以后的犯错了。"

"那么，好事还做不做？"

"哪能不做呢。"

(摘自魏书生《班主任工作漫谈》)

5. 富有耐心，坦然面对反复犯错的后进生

纪律方面的后进生是最让班主任头疼的，也是最难让教师耐得住性子的，很多教师面对这种情形火气难以压住，有的教师甚至会产生放弃学生的想法。那么，魏书生老师如何面对这种反复犯错的学生呢？

后进学生有上进心，也能上进，但上进的过程充满了反复。要反复抓，抓反复。

教师不能看到后进学生某日努力学习了，某天遵守纪律了，就以为那是假象，以为是装的。那是真的进步了，即使是装出来的，也是进步了，那就应当表扬他，鼓励他，同时也公开帮他敲响警钟："你的另一部分消极脑细胞，还可能反攻。"

能这样认识后进学生的进步，也就能正确看待后进学生的反复。后进学生的反复是正常现象，不要因为看到他又后退了就灰心，就气馁，而应当认识到这是情理中事，倒回来了，再想法前进就是了。

进退皆在自己理解之中，便容易把握自己的理智与感情，在反反复复的过程之中把后进同学引上上进之路。

……

教师无须因为后进同学缺点多就连他们的决心也不信，以为是假的；也无须因为他有了一句真的誓言就以为真的能砍倒多年生长在心灵深处的懒树。

应当珍惜他这一句誓言，帮着他将这一句誓言变为具体的一点点的砍树的行动。只要行动就好，反复肯定会有，他头脑中的正义之师和不义之师肯定要斗上几百几千个回合。只要他开始向自己的后进面作战，就应当表扬，就应当鼓励。

……

后进同学上进的过程是一个反反复复的过程,这个道理我觉得不仅要让后进同学懂得,还要让全班同学懂得。这样大家才会珍惜后进同学的每一点进步,才会在他们出现反复的时候不至于丧失信心,不至于指责埋怨。更重要的,是防止一部分同学以后进同学落后的言行作为放纵自己的尺度,争相效仿,也滑进后进同学的行列。

　　班规班法对后进同学是否可适当要求松一些?有的班规要松一些,如:办班级日报,先进同学办的质量要好,后进同学只要办出来,基本符合要求就行;每天写一篇日记,先进同学写出来的就是一篇好文章,后进同学写的可能层次不清,语句不通,但只要写了就不深究;先进同学每天快跑5000米,后进同学可以慢跑,甚至可以走5000米。有些事情大家都能做到,就一视同仁。自习不说话,闭住嘴总该都能做到吧。说话了,便受处罚。不吃零食,该做到吧,做不到,便一视同仁受处罚。

　　班规班法对后进同学既一视同仁,有的又有灵活性,这是后进同学的上进规律决定的,也是大家都能理解的。

(摘自魏书生《班主任工作漫谈》)

　　由上可见,对于后进学生错误的反复,不但教师要理解,而且要让班级所有的学生理解,尊重后进生的一点点进步,以一种宽容而富有耐心的态度对待他们,这样的管理才富有效果。

　　应该说,富有成效的教育惩戒方法都是系统的,我们学习魏书生老师不能只是学习一些具体的条目,应该系统学习和借鉴,比如其学生观、对教育的爱心和耐心等。有的教师模仿魏老师,让不擅写作的学生犯了错误后写说明书,结果学生不理解老师这样做的目的,反而认为老师在故意整自己,于是对老师心生怨恨。因此,照抄照搬、教条式的学习是达不到预期效果的。

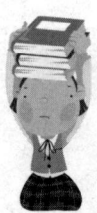

二、彰显个性与人文的魅力
——郑立平的弹性惩戒制度

作者心语：学生是受教育者，在成长过程中难免会违反纪律，因此在执行用于约束学生的校纪班规时，不能像执行约束成人的法律制度那样刚性。应该让教育惩戒措施及惩戒程序富有人情味、弹性化，把教育惩戒变成学生违反自我承诺之后的一种自我教育，那将是非常有意义的惩戒。这样不但可以减少师生之间因惩戒而引发的矛盾，同时还可以有效地引导学生进行自我管理。所以，建立在班级自主管理基础上的弹性惩戒制度就是一种很好的探索与尝试，我们对此的实践探索曾取得很好的教育效果。

我们认为，教育惩戒就目前的情况来看，并不存在要不要的问题，关键是如何实施的问题。作为多年从事学生管理工作的班主任，我们在整天与学生打交道的过程中，对这一问题进行过许多探讨性的思考和尝试。近几年来，我们在班级管理中尝试实施弹性惩戒制度就收到了良好的效果，现介绍如下。

1. 为何要在班级管理中实施弹性惩戒制度

教育是一门爱的艺术，它当然离不开管束，既不能光靠苍白无力的说教，也不能异化为扭曲的暴力教育。作为教师，对于学生的缺点或错误如何进行批评、教育，这是一个非常重要而且含有技巧的问题。一方面，我们需要以极大的热情真诚地去发现学生身上的每一个闪光点，并予以适度张扬，以此激励他们产生强烈的求真、向善、审美的欲望；另一方面，合理的惩罚不仅是合法的，而且是必要的。合理的惩罚，可以有效地警醒学生，帮助其克服缺点、改

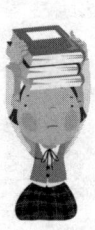

正过错，还有助于形成学生坚强的性格，增强学生的责任感和抗挫折的能力。惩戒犯错学生，不光在于教育犯错学生本身，更重要的是，能起到对其他学生的警示作用，让其他人引以为戒。

目前，中小学的教育惩戒存在几方面的不足：一是，对学生进行教育惩戒时，很多情况下学生并不买账，因为无论是惩戒制度的建立，还是惩戒的过程，都没有体现出对学生人格的尊重，教育惩戒显得冷冰冰的；二是，很多班规都是班主任为了管理学生，甚至是为了限制某些学生而制定的，根本就没有得到大多数学生的认同，所以学生对这些规则存在着抵触心理；三是，对于学生的教育惩戒，很多情况下是实行一刀切的做法，不管学生是什么原因导致的错误，也不管学生是怎样的个性特点，都一概按照班级规定进行处罚；四是，很多教师在实施惩戒时，重在外惩，没有让学生在内心做深刻体验，这样使得惩戒效果大打折扣。

鉴于目前班级管理中的惩戒存在上述问题，我们探索实施了班级弹性惩戒制度。

2．弹性惩戒制度的具体内容摘录

弹性惩戒制度分为若干条，每条分违规行为和具体惩戒措施两部分。

第1条：在餐厅内，不按顺序乱插队、乱拥挤或抢饭抢菜者。

班主任与其谈心交流后，由学生自愿选择以下惩戒方式：①以后一周内在餐厅维持打饭就餐秩序，记录违纪情况。②在以后至少两天内帮助整理餐厅卫生，并每天上交300字心理感受短文一篇。③搜集文明行为故事5篇张贴到宣传栏。④做一次关于文明习惯养成的脱稿演讲。⑤在班内介绍一下自己父母的工作和生活，并谈一下感受。⑥在班内为大家演唱校园歌曲两首。⑦根据事情经过，编写情景剧，并进行模拟表演。

第2条：不遵守午休、晚睡纪律，大声吵闹，严重影响其他同学者。

班主任与其谈心交流后，由学生自愿选择以下惩戒方式：①在以后至少两天内于午休、晚睡时间在公寓门口值勤，中午巡查，晚上到11点。②在以后至少三天内，于中午、晚上帮助导育教师运水、拖地、做记录等，导育教师认可其确实悔改后方可以解除。③在违纪以后至少三天内，每日上交300字心理悔改短文一篇。④在班里写"温馨提示"小黑板一周，直至充分认识到错误行为。⑤为全班同学做一件好事，并得到2/3以上的人签字认可。⑥对宿舍进行一次净化或美化。

第3条：上下楼梯时不注意安全，拥挤或追逐打闹者。

班主任与其谈心交流后，由学生自愿选择以下惩戒方式：①认真地规范抄写并背诵《学生日常行为规范》。②协助检查人员值日一周，并主动提醒同学5人次以上。③背诵古诗10首，并默写上交。④做一张以校园安全为主题的手抄报。⑤为班级建设构思一个金点子，并组织实施。

第4条：在有老师在的情况下，依然故意违反课堂纪律，影响大家学习者。

行为较轻者，班主任与其谈心交流后，由学生自愿选择以下惩戒方式：①向老师道歉，并下决心悔改。②停止当天下午的课外活动，写内心反省。③向老师和同学们征求对自己行为的意见，并认真抄写两遍。④搜集文明故事一篇，背熟并默写上交。⑤为全班同学表演一个节目，并获得认可。

行为较重者，班主任对其批评教育后，学生必须于课后自愿选择以下惩戒方式：①郑重地向老师、同学道歉，并当众表示决心悔改，请求大家监督。②熟练背诵《学生日常行为规范》。③写违纪相关科目的小论文和说明书各一份。④写"向全班同学道歉书"一份上交，张贴或公开宣读。⑤为同学做一件具体的有意义的事情。⑥针对班级的违纪情况，提出几条合理化建议。

第5条：考试时严重违反考场纪律者。

对在考试期间吵闹、说笑或睡觉的，给予警告提示，考试完成后先与班主任谈心交流，再由学生自愿选择以下惩戒方式：①背诵默写《考生守则》。②搜集诚信故事3则，背熟并默写上交。③自编考场情景的小品一个，并在班级表演。

对考试抄袭作弊者，该科试卷适当扣分。班主任与其谈心交流后，由学生自愿选择以下惩戒方式：①下周一早上做倡导诚信文明的演讲。②认真抄写《考试作弊处理规定》两遍，然后结合自己的感受写出反思。③搜集并抄写诚信故事3则并上交。④写出不少于500字的反思感悟，直至心悦诚服地认识错误。⑤跑步1500米以上，以示深刻反省。⑥创作以考试作弊为主题的幽默漫画一份，在班内张贴供同学们欣赏。

第6条：背后谩骂、侮辱师长者。

谈心交流、批评教育后，由学生自愿选择以下惩戒方式：①写一封非常诚恳的道歉信。②抄写《学生守则》两遍上交。③熟背并默写《学生日常行为规范》。④搜集师爱或尊长文章3篇，抄写上交，并心悦诚服地认识错误，向老师道歉。⑤在班内做以文明礼貌为主题的脱稿演讲一次。⑥做一件令老师感动的事情。⑦自制一个小礼物送给老师，以示悔改。

第7条：不经过同意，偷看别人的信件或乱拿别人的东西者。

班主任与其谈心交流后，由学生自愿选择以下惩戒方式：①写说明书一份，并向别人真诚地道歉。②搜集并抄写文明故事两则上交。③熟背课外英语道德故事3篇。④为同学做一件好事，以示忏悔。⑤在班内做"假如别人这样对我"的自我体验说明一次。

第8条：故意破坏学校或班级卫生者。

谈心交流、批评教育后，由学生自愿选择以下惩戒方式：①向全班同学道歉，并承包相应区域的卫生整理一周，不认真履行则延长期限。②辅助卫生班长做监督员一周，及时检查和提醒同学注意

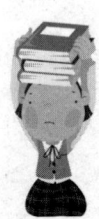

养成良好的卫生习惯。③熟背《学生日常行为规范》。④在之后的至少三天内每天上交一份300字的关于爱护环境的保证书。⑤做以保护环境为主题的脱稿演讲一次。⑥自带几盆鲜花来美化教室，并认真负责养护。

第9条：旷课逃学半天以内者。

班主任与其谈心交流后，由学生自愿选择以下惩戒方式：①向所有老师和同学征求对自己的看法与希望，并认真抄写留存，时常通读。②在连续一周的悔过改正观察期内，每天必须上交一份300字左右的保证书。③搜集背诵3篇热爱读书或学习的文章，并抄写两遍上交。④认真读一本名人传记，并做深刻反思。⑤积极参加一项有益的文体活动，并尝试写日记，记录每日的快乐、幸福时刻。⑥主动承担班内的一项工作，并认真做好。认错态度不好者，先由家长领回家反思，学校根据其诚恳要求适时准予回校。

第10条：在学校公共场所有意破坏公共秩序者。

班主任与其谈心交流并给予批评教育后，由学生自愿选择以下惩戒方式：①认真背诵《学生守则》并抄写3遍。②上交600字左右的真心实意《劝诫同学书》一份，并协助班长做纪律监督员一周。③编写相关内容的情景剧，并在班内模拟表演。④收集文明故事3篇，并在班内宣读。⑤为班级争荣誉或做好事一次。⑥熟背英语文明短文两篇。

第11条：对公共设施造成损坏者。

若属无意者，班主任与其谈心交流后，由学生自愿选择以下惩戒方式：①按原价赔偿，并上交《劝诫同学书》一份。②搜集抄写文明故事两则上交，并熟背其中一篇。③默写英语文明短文一篇，并上交《劝诫同学书》一份。

对故意破坏者，须加倍赔偿，班主任与其谈心交流并给予批评教育后，由学生自愿选择以下惩戒方式：①在下周一早上自我检讨错误，倡导同学爱护公物。②认真抄写《学生日常行为规范》5遍。

③搜集并抄写文明故事5则,并上交《劝诫同学书》一份。

第12条:**出入营业性网吧、舞厅、歌厅者。**

班主任与其谈心交流后,由学生自愿选择以下惩戒方式:①搜集两篇关于网络危害青少年的文章,抄写上交。下周一早上做"远离网吧,健康学习"的发言。②写出不少于500字的悔过决心书,并抄写《学生守则》两遍。③之后一周内每天上交300字左右学习日记一篇。屡教不改的,通知其家长,与学校一起对其进行谈心交流,并在两周的悔过改正期内每天上交300字左右的学习日记一篇。

第13条:**拉帮结伙、组织小团体、在校内造成不良影响者。**

班主任与其谈心交流并给予批评教育后,由学生自愿选择以下惩戒方式:①抄写背诵《学生守则》和《学生日常行为规范》各两遍,并在之后一周内每天上交300字左右的文明决心书一份,直至完全改正。②搜集关于"交友不慎,荒废学业"的文章3篇,抄写上交,并上交心理悔过书两篇。③之后两周,在每日晨会时都做文明交友的班内3分钟讲演。

第14条:**穿奇装异服、佩戴成人首饰、文身者。**

班主任与其谈心交流,提醒其改正。对依然不思悔改者,和家长商谈后,由学生自愿选择以下惩戒方式:①迅速改回朴素端庄的形象,背诵《学生守则》,并默写上交。②迅速改回朴素端庄的形象,在班级宣读劝诫书。③迅速改回朴素端庄的形象,在班级张贴幽默自画像3张。④收集并背诵节俭类文明故事3则,并在班级内选读。

第15条:**有意侮辱同学人格者。**

班主任与其谈心交流并给予批评教育后,由学生自愿选择以下惩戒方式:①当众向同学郑重道歉,表示悔改,并让大家监督。②写一封道歉信,并认真抄写《学生日常行为规范》两遍。③熟背关于同学文明相处的故事两篇,并在班级展示。④写600字左右的检讨书,向他人公开道歉。⑤写充满感情的"团结友爱"文章一篇,在班内宣读,并获得大家的认可。⑥在第二天早上做以"我

爱同学"或"珍惜友谊"等为主题的脱稿演讲。

第16条：经调查，确系谈情说爱荒废学习者。

班主任对其做正面引导，谈心交流后，由学生自愿选择以下惩戒方式：①抄写背诵《学生守则》两遍，迅速安心学习，写保证书一份。②在之后连续两周内，每天背诵励志名诗两首。③每天上交一份不少于300字的观察对方缺点的议论或说明日记，直至能充分认识不当念头给对方的危害，坚决摒弃错误思想，安心学习。④收集并抄写早恋危害类的文章5篇，并写好心得体会。

第17条：恶意盗窃者。

追回其财物或赔偿其损失，认错态度较好者，班主任与其谈心交流后，由学生自愿选择以下惩戒方式：①写一封诚恳的道歉信，私下道歉。②抄写并背诵《学生日常行为规范》两遍，并默写上交。③搜集并抄写文明故事10则，班内张贴。④之后一周内，每天上交300字左右的心理悔改日记一篇。⑤在班级公开认错道歉，并决心悔改。⑥归还物品，并为同学做好事一件。情节严重或经教育仍不改正者，通知家长，联合教育。

第18条：沉迷上网聊天、打游戏、浏览不健康网站者。

班主任与其谈心交流并给予批评教育后，由学生自愿选择以下惩戒方式：①以后一周每天背诵励志名诗3首。②每天抄写名人、伟人的成长故事一篇上交。③做班级好书推荐员，每周向同学介绍一本好书。④搜集并抄写刻苦学习类的故事5则，并默写其中两则。⑤在班内"露一手"，并教会其他所有同学。⑥选择一项自己爱好的体育活动，每天课余时间练习。⑦在之后二周内自学微机编程，设计电脑精彩动画两个。

第19条：对同学恐吓威胁、索要钱物者。

按《学校学生违纪处罚条例》的有关规定严肃处理。情节轻微者，班主任与其谈心交流并给予严肃批评教育后，由学生自愿选择以下惩戒方式：①首先退回钱物，然后写出悔改保证书，当面向同学道歉。

②退回钱物，之后两周内每天上交300字左右的自我表现说明书一份。③首先退回钱物，然后在至少连续两周内，每天抄写《学生日常行为规范》一遍。④道歉认错，请求原谅，并在之后一周内每天上交300字左右的心理悔改日记一篇。情节特别严重者，通知家长，全校通报并移交公安机关。

第20条：打架斗殴者。

班主任与其谈心交流并给予批评教育后，由学生自愿选择以下惩戒方式：①上交不少于600字的事件说明书，待双方情绪冷静后，由管理教师分别与其进行严肃的谈心交流，两天后双方互相检讨。②根据当时的情节，自己创编小品或相声一个，在班内表演。③之后连续一周内，每天上交写同学友谊的日记（不少于300字）一篇。④抄写《学生守则》两遍，并在下周一早上做珍惜同学友谊的班级内讲演。累计两次以上打架或结伙打架者，通知家长，联合教育；如情节严重，则移交公安机关处理。

3．弹性惩戒制度的特点分析

弹性惩戒制度是建立在合理惩戒的基础上，进一步细化、优化违纪行为所对应的惩罚措施，使其更具人性化、弹性化、个性化，以实现学生自我教育目的的一种学生管理制度。主要有如下特点：

①惩戒条目不再只有生硬的一条，而是由相对并列的若干条构成。学生如果违纪，可以根据自己的情况从相应的惩戒措施中进行选择后，再去执行，还可以由学生根据违纪轻重和自身特点，再申请另外的惩戒方式，这样可以更好地体现对学生个性选择和人格尊严的尊重。

②惩戒的措施、方法来源于学生，得到了学生的理解和支持，其目的不在于对违纪行为的惩罚，而重在让学生反思自己的行为，自觉维护集体共同生活、学习所必需的环境秩序。

③惩戒关注了不同学生的差异。学生之间的差异是众所周知

的,惩戒权的行使必然也要因人而异,针对学生不同的形体、年龄、性别采取不同的方式。惩戒还要考虑到学生的性格,做到既达到惩戒的目的,又不伤害学生的身心特点,这样的惩戒,学生才能接受。

④惩戒的措施突出学生对自己违纪行为的自我体验、自我感悟、自我内化,真正让学生做自己的主人,对自己的行为负责,而不是被动地接受外在的惩罚。

⑤惩戒时,以班主任下发惩戒通知单的形式执行班级惩戒,显得严肃而正式,颇具教育意义。

例如,某学生上晚自习时和同桌吵闹,扰乱了课堂纪律,值日班长则根据班规,很快就会开出如下的"惩戒通知单":

惩戒通知单

(年 月 日)

××同学:今晚自习上课时,你和××大声吵闹,不仅耽误了自己的学习,而且严重影响了课堂秩序。你的行为已经违反了我们的班规第21条,为使你进一步认识自己的错误,养成良好的学习习惯,请从以下几条惩戒方式中选择一条,并在学生纪律检查委员会的监督下认真接受惩戒。

(1) 说明情况,向大家公开道歉,争取同学们的原谅。
(2) 写一份呼吁"认真读书学习"的倡议书,张贴宣传。
(3) 完成一份违纪心理剖析,并在班上宣读。
(4) 为同学们唱首歌,活跃一下课堂气氛。
(5) 到操场上跑步5圈,强化认识。
(6) 自我申请的其他惩戒方式:_____。

惩戒执行情况:
监督人: 值日班长: 班主任签字:

4．弹性惩戒制度实施的效果

弹性惩戒制度已经初步成为我们进行班级管理的一个重要特色，取得了良好的班级管理效果：

①健全了学生制度，大大优化了学生管理。从人治走向"法治"是现代学生管理的必然趋势。弹性惩戒制度产生以后就成为学生制度不可缺少的一部分。它作为学生日常行为规范的有益补充和维护，使学生制度建设更趋于合理和完善；同时，它因广泛而深刻的人文性、民主性而被学生充分认可，使学生管理更趋于规范和科学。

②改善了师生关系，促进了学生自主管理。弹性惩戒制度充分体现了尊重学生个性和以人为本的思想，把每一个学生都置于"学生"和"班规"的民主监督与约束之下，避免了由班主任个人"独断"执行的尴尬被动局面，有效地促进了师生和谐关系的形成。同时，学生的积极支持和参与，不仅提高了学生自我管理的意识和能力，还大大减轻了班主任的管理负担，使之从繁重的班级事务性工作的处理中解脱出来，有更多的精力投入到关乎学生长远发展的协调性和策略性工作去，促进了其专业化素质的提高。

③增强了学生活力，提高了管理质量。有人说，新课改最核心的理念只有三个字：关注人。我们所做的每一项学生工作都从尊重和理解孩子的角度出发，因而得到了学生的充分认可和拥护，真正给学生带来了无限的生机和活力。弹性惩戒制度的制定和实施，有效地调动了全体学生参与班级管理的热情，规范和约束了学生的不良行为习惯，使班集体持续、稳定、健康地发展，各项工作扎实有序、成绩突出。后来弹性惩戒制度被迅速推广，更显示了它深刻的现实意义和教育价值。

三、运用《温馨班规》巧妙实施
——郑州某实验小学的惩戒模式

作者心语：校有校纪，班有班规，这不足为奇；学生违反了校纪、班规要受到教育惩戒也在情理之中。但是，河南省郑州市二七区实验小学制定的惩戒学生的温馨班规，对学生实施的合理教育惩戒却另有一番与众不同的精彩。它深受学生、家长的认可，教育效果好，而且让教育惩戒充满温馨，很值得我们在班级管理中借鉴学习。

郑州市二七区实验小学是一所拥有"全国读书育人特色学校"、"郑州市标准化学校"等多项荣誉的学校，面对当前中小学教育是否需要教育惩戒、如何运用教育惩戒的热点问题，该校以"教育惩戒"的德育课题为依托，大胆进行依靠《温馨班规》来实施教育惩戒的实践探索。郑州市二七区实验小学实施教育惩戒的理念是：为了让学生在未来能更好地适应和管理社会，教育者必须帮助学生学会以积极、健康的心态面对失败和教育惩戒，并以令人信服的、进步和健康的惩戒方式为学生做出良好的示范。

1. 全校推动，在惩戒实践中求真知

为了深入探索教育惩戒的规律，郑州市二七区实验小学把教育惩戒立项为德育课题，然后边实践边研究。其《温馨班规》的出台，大体经历了三个阶段：

第一个阶段，组织教师进行讨论、学习，对是否应采取教育惩戒、怎样分清过错行为、对过错行为采取何种惩罚措施等问题达成共识。

第二个阶段，进行家长问卷调查，让家长充分参与其中，群策群力。待时机成熟,学校组织教师和家长共同参与"教育惩戒大家谈"

座谈会,让大家一起学习了解"教育惩戒"的目的、意义和实施原则等内容,在思想上达成共识,即在当前的教育形式下,实施"教育惩戒"可以借助于《温馨班规》来完成。

第三个阶段,引导学生分清过错行为,共同讨论,选择惩戒措施,并在此基础上自行制定出班级的《温馨班规》。

制定了温馨班规之后,先以五年级(1)班、(2)班和(4)班为试点,在试验班级确实收到良好效果之后,再在全校范围内推广,实践证明《温馨班规》的实施取得了较好的成效。

2. 制定《温馨班规》,让惩戒也彰显别样的温馨

班规作为一种约束学生的规章制度,如何让它变得温馨?郑州市二七区实验小学在温馨上确实下了工夫,让班规温馨的特色鲜明。

我们来看一下,温馨班规的一些具体内容:

自觉保持环境卫生,不乱扔杂物。违者负责保管班级垃圾桶、并打扫教室卫生一周。

不说脏话、不骂人,违者"10分钟思过",即坐在自己的座位上,反思自己的错误10分钟。

不带手机、零食、玩具到学校,违者东西暂由老师保管,由家长到校领取,并利用休息时间为班级做一件好事。

遵守纪律,上课不迟到。违者第一次向全班同学说明原因;第二次除说明原因之外,还要表演一个节目;一学期超过5次,取消评选"三好学生"的资格。

离开座位时,及时把凳子放到桌子下面,摆放整齐。违者把凳子放到阳台上,向全班同学道歉后才能搬回。

上课要认真听讲,不随便说话,不扰乱课堂纪律。违者用自己最喜欢的事作为交换,如不能看电视、玩电脑、打篮球等,为期一周。

课间注意安全,不追逐打闹。违者担任班级"安全监督员",课间在教室外的走廊上负责安全检查,为期一周。

勤俭节约，不破坏文具。违者为大家服务一周，负责提供常用的文具，别人来借用时不得拒绝。

这些班规还具有以下特点：

①班级规约的制定者是学生，反映了大多数学生的真实意愿，而不是由教师从外部强加给学生。这样的班规类似于团体自治协议，因为是由学生讨论制定的，一旦通过，就对全体学生具有约束力，在实施时，学生也心服口服，毫无怨言。

②班级规约的制定程序合理、合法，从起草到最后通过，教师是引导者、指导者，没有包办代替。在必要的时候，也吸收了家长代表参与班级规约的制定与监督。教师把班规限制在合乎法律的框架内，对学生实施一定范围和程度的奖励与惩戒。另外，还考虑到了班规对学生的教育性，切实做到了为学生的发展。

③班级规约主要依靠学生自身来实施。如果有学生违反班级规约，对班级规约认可的一定范围内的财产方面的惩罚、体能方面的惩罚可以由学生选出的惩戒委员操作，由教师予以适当的监督。操作实践表明，班级规约在目前的法律框架范围内最大限度地发挥了教育惩戒的作用，最大限度地减小了教育惩戒的负面效应。

④班规的"温馨"不仅体现在没有体罚，更重要的是突出了教育性。班规没有一味地突出"严厉"，而是符合学生的年龄和心理特点，让违反的同学能够心悦诚服地接受处罚，从而帮助他们改正错误行为。班级规约实施的惩罚措施在形式上也显示了多样化、趣味化、人性化。例如，郑州市二七区实验小学采取了娱乐式惩罚、反思式惩罚、捆绑式惩罚、服务式惩罚、交换式惩罚、文字式惩罚等多种多样的惩罚形式，将教育惩戒与娱乐、趣味有机地结合起来，收到了满意的效果。

⑤班规面前人人平等，没有特权人物。依托《温馨班规》实施教育惩戒不仅仅针对学生，同样也针对教育者。也就是说，在集体

中，班主任和学生都遵循共同的"规则"，而不能有任何凌驾于集体规则之上的特殊成员，教育惩戒充满师生平等的法治精神。面对班规，人人都有权利，同时人人都没有特权。这样的办法，让《温馨班规》在温馨之余，还增添了一种权威性。

3.《温馨班规》下的教育惩戒案例及其实效

案例 1

在四（4）班的教室里，原本放在走廊里的班级垃圾篓挪到了宁宁身边。在一周的时间内，宁宁除了上课外，另一项任务就是在课间收集教室里的杂物，并把同学们扔进垃圾篓内的垃圾倒掉。这名因向同学扔纸叠"兵器"而在上课期间发生了一场小规模"战争"的男生，在同学们讨论之后，受到了一周的惩罚。

两名男生发生纠纷后，宁宁向前排扔"纸兵器"，男生小博为男生小东提供橡皮，小东将橡皮切成碎丁状向宁宁还击。对犯了这种错误的学生该怎么处理？老师将处理权交给了学生，学生最终达成一致意见：罚宁宁倒一周的垃圾，小东和小博则要免费为同学提供一周的文具。

受到处罚的学生显然都有羞愧感。宁宁说，他盼着这一周赶快过完。他说，有时候，有些同学会故意把废纸扔到他脚下让他来捡，原本由值日生当天负责清倒的垃圾都被堆到了垃圾篓里，每天一早他到教室后的第一件事，就是要从五楼把这些垃圾运到一楼倒掉。"很丢人，以后再也不这样做了。"这是受到惩戒几天来他的感受。而提供橡皮等文具的男生小东准备了5把尺子、4支钢笔，小博则为此向妈妈要钱买了3块新橡皮，以供同学使用。受到处罚之后，他们都没有再违反过课堂纪律。

案例 2

一天上午放学后，五（1）班"纪律检查小组"的同学在检查同学们的桌椅摆放时发现,班里的小明同学没有把椅子放到课桌下。按照班规的条例规定,他们把小明同学的桌椅搬到了教室外的阳台上。下午,小明同学来到教室,看到自己的座位上没有桌椅,立刻明白了是怎么回事。他红着脸站在讲台上,等到全班同学都到齐之后,开始了对于这件事的"口头检查"。接着,他又背诵了一遍班规,并表示以后再也不犯这样的错误。这时,"纪律检查小组"的同学才把他的桌椅搬回了原处。后来,在学校组织的班级日常管理抽查中,五(1)班因为桌椅摆放整齐,多次受到学校的表扬。

案例 3

五(1)班对上课说话的学生进行交换式惩罚,即要拿一件自己最喜欢的东西来交换。赵凯上课时说了话,被要求接受惩罚。"我最爱看电视,我选择了接受一周不看电视的惩罚。"赵凯要接受的惩罚需要家长的协助配合,赵凯妈妈提供的认可意见书上写道:"赵凯上课说话愿意接受惩罚,罚一周不看电视,家长负责监督执行。"接受班规惩罚后,赵凯说:"平时写完作业,爸爸允许我看半小时的电视,这一周一眼也不让看,以后上课还是不说话的好。"

案例 4

小林是二(1)班的学生。这个小姑娘聪明伶俐,学习成绩也不错,就是有一个缺点,早上上学总是迟到。班主任老师了解到,她迟到的原因主要是:没有时间观念,做事太慢。早晨起床、洗漱、梳头、吃饭,无论做什么事,她都是慢慢悠悠的,一点儿也不着急,任凭爸爸妈妈怎么催促都不管用。老师多次找她谈心,和家长进行沟通,也想了不少办法,比如对她做事"限时完成",可是都不奏效。一迟到,小林就站在教室门口,低着头,眼泪汪汪,可怜兮兮的样子。老师也不好多批评,只能再次提醒她注意。

在班会课上,大家一起讨论制定《温馨班规》。当说到上学迟到

这条班规时，同学们纷纷发表意见，有的说："我觉得偶尔迟到一次，应该原谅。上次妈妈的自行车在路上坏了，我就迟到过一次。"有的说："迟到的同学，应该让他解释原因。"还有的说："如果经常迟到，不仅要让他解释原因，还要让他在大家面前表演节目。""对！对！看他下回还好意思迟到吗！"大家都表示赞成。班主任老师故意询问小林的意见，她不好意思地看了看大家，点了点头。于是，《温馨班规》第3条是这样制定的："上学不能迟到：第一次违反要解释原因；再次违反不仅要解释原因，还要在全班同学面前表演节目；如果迟到次数超过5次，不能当'三好学生'。"

半个月后的一天中午放学，小林的妈妈拉着班主任老师的手，激动地说："没想到孩子们制定的《温馨班规》还真管用，小林早上做事再也不磨蹭了。问她为什么，她说再迟到了该怎么向大家解释原因，总不能撒谎说妈妈的车子坏了吧，再说还要表演节目，多难为情呀！这《温馨班规》可是帮了我们的大忙，让小林改掉了迟到的老毛病！"

利用《温馨班规》实施教育惩戒，具有如下效果：
（1）构建了系统的管理体系。

班级作为学校的基层单位，是对学生进行教育教学的主阵地。小学生可塑性强，再加上他们在志趣爱好、性格脾气、学习成绩、家庭背景、发展目标等各方面的差异都很大，在这样的群体中，各种矛盾关系复杂。如果没有一种良好的制度来约束，那么这个群体就会如同一盘散沙。优秀的班集体需要制定切实可行、行之有效的好班规。好班规使每一个学生都能承担自己的责任和义务，共同达到目标，共同分享荣誉，打造强大的凝聚力。贯彻实施好班规，可以实现班级管理从教师、学校的"他律"到学生自我管理的"自律"，实现班级管理的民主、平等、自觉。

实践表明，《温馨班规》对班集体的正常运转必不可少，应当说

是目前实施教育惩戒的最佳操作手段。

《温馨班规》也是一种动态化的管理过程。《温馨班规》的具体内容每学期都要根据班级的实际和学校的要求，及时地做出适当的调整，使班规跟上学生、班级的变化和学校的中心工作。同时，通过班规的调整、完善，不断提高要求，引导学生的行为和品德向更高的层次发展，促使学生通过自我教育、自我调整而不断成长。这种动态的班级管理模式，增强了班级凝聚力，调动了班主任及班级全体同学的工作、学习积极性，促进了班级管理整体水平的提高；班级管理整体水平的提高，反过来又促使学校职能部门实施管理水平的提高；学校职能部门管理水平的提高，更进一步促进了班级管理水平的提高。因而，通过《温馨班规》实施班级的动态管理，学生的学风、班级的班风、学校的校风都有了新的发展，大大促进了学生思想、道德等各种素质的养成，学校精神面貌发生了新的变化，形成了《温馨班规》约束下的良性循环。

（2）促进了学生的全面发展。

弘扬人的主体性是时代精神的体现。运用《温馨班规》，实施教育惩戒，极大地提高了学生的自觉意识和自我完善能力。学生在自主管理的过程中，主体意识被唤醒了，学生由以往的被动适应向主动参与转变，学生的自我教育能力得到了提高，从而成为教育活动的主体，获得全面、和谐、自由的发展。

《温馨班规》是一种科学的教育惩戒，不仅是制止违纪现象的手段，也是有助于培养学生民主意识与法治精神的途径。也就是说，教育惩戒不应该来自教育者，而应该来自学生的集体意志。

用《温馨班规》来约束、规范学生的行为，是一种民主、自治、合理的班级管理模式。教师的个人权威通过班规来体现，便不再仅仅是教师的气质、才华等对学生的吸引，而已转化成集体的意志；学生的自我教育通过班规来体现，也不再仅仅是学生要求上进的自觉性，而已转化成参与班级管理的义务和权利。学生不仅在参与制

定《温馨班规》的过程中体会到了老师对自己的尊重,更在解决问题的过程中体会到了《温馨班规》的重要性。学生对班规的理解也从"老师对自己的镇压"转变成了"我们自己定的规矩",能够坦然面对、接受惩戒。这样,班集体的所有成员都成了管理者,同时又都是被管理者,班级管理便由"人治"走向了"法治"。

《温馨班规》所提倡的教育惩戒充满了现代民主精神。这样的教育惩戒使民主精神能够真正深入学生的心灵,学生与教师享有一样的权利,教师与学生具有同等的义务,所以《温馨班规》中写入了与教师相关的条款,这是体现师生人格平等的一个重要方面。在这样的机制中,学生开始尝试着自我教育与民主管理的实践,切身体验着集体与个人、民主与法制、纪律与自由、权利与义务、自尊与尊他的对立统一关系,感受着同学之间、师生之间尊严与人格的平等。这样的教育惩戒,实际上是让学生在实践中受到民主精神、法治观念、平等意识、独立人格的启蒙教育——而这正是面向未来的现代教育所应该包含的基本要义。

(3)形成了和谐的师生关系。

师生关系的和谐是师生在教育理性基础上的一种双方情感的约定。这种情感的约定标志着师生之间身心合一的全人接纳,从而摒弃了师生之间单一的、学科性的、功利性的授受关系;标志着师生之间以生活情境为依托的、现实开放的实质性融合,从而摒弃了师生之间由外界赋予的角色定位和制度性存在;标志着师生之间以道德、情感、关怀和自由为空间的相依关系的形成,从而摒弃了师生之间视对方为物的"他者"似的冷漠状态。在这种双方情感的约定中,师生平等相处,互相尊重,双方以心灵耕耘心灵,以智慧点燃智慧,以个性催生个性。在这种良好的人际氛围中,教师会以完美的教育艺术为学生创设优越的成长环境,从而开发学生的潜能,学生的身心得到和谐、健康、充分的发展。

新课程改革倡导教师与学生平等对话,加强对学生的点拨和指

导,实现教学相长。这里的对话不是简单地体现为课堂教学中的"我听你说"或"我问你答",而是民主平等中的情感相融,相互尊重中的心灵相通,动态生成中的共学知识、分享智慧。《温馨班规》的制定作为班级管理的一个必不可少的环节,必然也应落实课改倡导的平等对话、合作互动精神。不少传统的班规从构想开始,便把学生推向了教师的对立面,在班规制定中的被动性与被迫性,注定了学生对于"班规"的执行也是被动的,甚至是抵触和排斥的。《温馨班规》是建立在师生之间相互尊重、相互合作、相互信任基础之上的,学生必然容易接纳、理解并乐于遵守。与传统的班规相比,《温馨班规》不再是教师一手包办与策划的结果,而是全体师生共同愿望与要求的诉求;它的规约性一方面指向学生,另一方面还指向平等中的"首席"——教师;它的表达体现了平等与尊重,富有亲和力,其内容不再是简单的处罚条例,而是多元化的正面引导。

在《温馨班规》制定和实施的过程中,强调了学生的主体地位,教师尊重学生,平等对待学生,虚心倾听学生的心声,学生的独立性、自主性明显提高了。教师从指挥者变为引导者,以激励取代训斥,以扶助取代包办,以民主取代发号施令。在教育学生的过程中,教师充分发挥民主平等的工作作风,创设宽松和谐的人际氛围,学生感受到自己是班级的主人,教师和学生是班级活动中平等的双方,由此逐步形成了一种民主平等、尊师爱生、情感交融、彼此悦纳、协力合作的新型师生关系。

第三章

教育惩戒的常见误区

  教育惩戒在本质上就是一种教育行为，所以它跟课堂教学以及其他的教育管理活动一样。这里所谓的一样就是我们的教育教学行为很多时候并不是完全想好了才能去做，或者说是教育行为本身的复杂性让我们不可能完全想好，于是才会有时下教育反思的兴起，倡导大家都要做一名反思型的教师。有关教育心理学的研究表明：反思是教师专业成长的关键，一个不懂得反思的教师很难成为优秀的教师。

  教育惩戒是每位教师几乎每天都要实施的行为，如果我们经常反思自己的教育教学行为，那么，一定会发现自己在教育惩戒中存在一些不合适的地方或问题。的确，我们习惯了的东西不见得就是正确的东西，经常学会像反思自己的课堂那样多角度地反思自己的教育惩戒行为，就可以让我们尽量减少对学生不必要的伤害，让自己也因此成为一名更加智慧、更加优秀的教师。

一、教师惩戒权不可"转嫁"
——教育惩戒是教师的责任

作者心语：在花木培育中，水、肥、阳光等生长条件得以满足后，花木才枝繁叶茂。在花木的成长过程中，园林师还要用剪刀修剪枝丫，剔除多余的枝叶，让其生长得葱翠娇艳，更具有观赏价值。这就是园林师在对花木进行"强制管理"。假如没有必要的"强制管理"，任由花木或匍匐在地或旁逸斜枝或孤傲独立，则其往往会变得毫无价值。教育惩戒就是一种有利于受教育者成长的"强制管理"。惩戒也是一种教育，它是我们教师的一种责任，也是一种应尽的义务。我们没有理由放弃这种义务，也不能随便转嫁给别人。

许多教师赞同教师拥有职业所赋予的惩戒权，但是对于这种权是教师的一种"权利"，还是一种"权力"，却搞不清楚，两者虽然只有一字之差，但是在操作上却有很大的区别。目前，国内对于教师的惩戒权是一种权力还是一种权利也存在争论，但是较为一致的意见是：惩戒权至少是基于教师职业身份而获得的一种权力，权力的主体是教师，相对方是学生，针对的是学生的违规行为。因此，作为教师，有权对教育活动的整个过程施加某种影响和控制，有权做出职责范围内的专业性行为。如果说惩戒权是教师的一种权力，那么教师在从事自己的职业时就需要行使自己的这种权力，如果放弃不使用，那将是一种玩忽职守的行为，照例应受到教育行政处分。从这个角度讲，对学生实施惩戒是教师基于其职业身份必须要尽的义务。但是，在日常的中小学教育惩戒实践中，存在一种不合理运用这种职业权力的现象，不得不引起我们的关注。

赵强是初二年级王老师班里的班长，别看才上初二，他的个子

已经长到一米八。由于身材魁梧,对学生有号召力,他被王老师任命为班长。赵强也不负王老师重托,对班级十分负责,对于违纪学生一向严肃处理,班级的纪律在兄弟班级中是最好的。于是,王老师对赵强这位班长更加信任,一次他对赵强说:"你大胆管理,有什么事由老师担着,该处分的学生尽管处分!"有了老师的如此信任和支持,赵强在班级管理上更加大胆、泼辣。可就在王老师自鸣得意时,班里却发生了一件让他头疼的事。周一这天,学生李纯的家长找上门来,责问王老师学生赵强有什么权力不让李纯上课。原来,上周三早上,李纯回头跟别的同学说话,被赵强发现,赵强对其进行了口头批评。后来,李纯又一次回头说话,赵强一气之下,把李纯赶到教室外面罚站。李纯开始就是不出去,由于赵强身强体壮,硬是把李纯推了出去,罚他站了两节课。李纯去找过王老师,告赵强欺负他,王老师没有理会,因为王老师觉得赵强已经警告他了,他还是违纪,应该受到惩罚。另外,王老师虽然觉得罚站两节课有些不妥,但是如果对赵强提出批评,势必会打击他的班级管理积极性。于是,王老师只是告诉李纯,赵强并没有错,反而是他应该改正自己的错误,并要李纯回去好好反省一下自己错在哪里。周末,李纯回家后告诉了家长这件事,家长觉得老师惩戒自己的孩子自己并无意见,如果让跟自己孩子同龄的赵强惩戒自己的孩子,自己感觉不妥当,于是周一来找王老师交涉这件事。王老师仔细听了李纯家长的想法,感觉自己过于放权给班干部,特别是把教师的惩戒权交给班干部确实有些不妥,并向家长致歉,这件事总算平息了下来。

在此案例中,班主任王老师信任班干部,并鼓励赵强认真负责并无错误,但是,王老师把惩戒权转嫁给班长赵强,让其可以随意惩戒违纪同学的做法却不妥当。这是为什么呢?

首先,惩戒学生是教师的职业权力,是由教师的职业角色所赋予的,拥有此权力的目的是为了促进学生更好地健康成长。这也就意味着不

担当教师角色的人无权拥有此项权力，即同为学生的班干部是没有权力去惩戒学生的，即便教师口头上赋予其权力，这种赋予也是无效的。

其次，由于班干部没有受过专门的师范教育，对于实施教育惩戒缺乏相应的教育学、心理学知识和教育惩戒的技能，所以班干部对一般学生实施惩戒是不妥当的。

再次，教师赋权给班干部，让其可以惩戒违纪学生，无论对于班干部还是对于一般同学，都会存在一些问题。比如，有些班主任将惩戒权转嫁给班干部，这就赋予了少数学生干部惩罚、斥责其他学生的"特权"。由此也引发了教育领域中的一种"怪"现象——同学之间可能相互"贿赂"，有的学生犯了错误，在老师不知情的情况下，为了不让老师的"代管人"——班干部向老师"打小报告"，就用自己平时积攒的零花钱甚至向父母撒谎要钱来"贿赂"这些"代管人"。此种状况，不仅让那些犯了错的学生得不到应有的教育惩戒，而且也使那些代其管教的学生干部养成了骄横放肆、飞扬跋扈等不良个性，对其价值观、人生观的形成都将产生重要影响。另外，班级里往往还会有些学生桀骜不驯、不服从管理，动不动与班干部发生冲突，甚至威胁班干部，这会让班干部的学习、生活受到严重影响。学生干部仅是教师开展教育活动的协助者，他们的角色仍然是学生，他们不能承担惩戒其他学生的义务。对于那些经常被班干部惩戒的学生而言，由于经常被班干部惩戒，会渐渐变得自卑，感觉在班里低人一等。所以，教师把惩戒权转嫁给班干部是不妥当的。

这里需要澄清的是，班干部虽然不能代替教师行使惩戒权，但并不是说他们不能辅助教师进行班级管理，对班级违纪现象起到监督作用。作为教师，要对班干部做好引导，发挥他们的积极作用，但要教育他们在行使班干部权力时不要越权对学生实施教育惩戒。

在教育惩戒实践中，还可能出现一个问题：有的教师虽然没把惩戒权转嫁给学生，但却动不动就把自己的责任转嫁给家长或者其他教师。

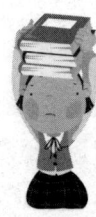

刘老师是新上任的女班主任,由于刚刚参加工作,在班级管理上没有太多经验,再加上自己刚开始教数学课,所以千头万绪的工作让她并不是太适应。面对这群初一的孩子,刘老师显得有些不知所措,特别是那些调皮的男生更是让她头疼。整天有男生由于宿舍扣分、班上违纪、做操不认真等原因,被喊到办公室里挨训。几个调皮男生早已习惯了,也知道刘老师不会把他们怎么样,所以到了办公室显得很不以为然。刘老师没有办法,只好喊家长来学校。

一次,班里一个叫张强的男生又违反了纪律,刘老师又打电话给家长,让家长来学校。张强的家长已经是本月之内第三次被喊来学校了,这次来学校的是张强的爸爸,他已经积了满腔的怒火。进了办公室,刘老师历数张强近来的种种违纪行为,张强爸爸听着听着,再也压不住怒火了,抡起手中的巴掌打向张强。张强哭着逃出办公室,飞奔出了校园,不知去向。张强爸爸对老师无奈地说,没想到自己养了一个这样的孩子,让老师操这么多心。说完,考虑到找孩子,就急忙跟老师告别走了。

刘老师显得茫然无措,不知今天是不是该把张强的爸爸喊来……

在本案例中,刘老师由于缺乏相应经验,面对孩子们的错误没有很好的处理办法,可以理解。但是,自己完全可以去向有经验的教师讨教,寻求解决孩子问题的办法。刘老师采取了动不动就喊家长的做法,而且见到家长就历数学生的不是,不但让学生感到失去了自尊,也让家长下不来台,家长一时冲动,对自己的孩子动起手来,反而让场面难以收拾。

那么,刘老师为何总是喜欢叫家长呢?这不是一个特例,有不少老师也存在着这样的心态。可能刘老师的内心里有一种观念:孩子是家长的,孩子在学校不听话,家长负主要责任,是家长的孩子给自己的工作带来了麻烦,所以家长有责任管好孩子,让孩子听自己的话。其实,没有哪位家长希望自己的孩子在学校违反纪律、不

听老师的话，家长把孩子送到学校就是要其接受老师的教育，正是因为孩子自身缺乏约束能力，才需要老师给以良好的教育。所以，面对像刘老师一样的教师动不动就喊家长，学生家长也很无奈。很多家长在谈到这个问题时说，一方面痛恨自己的孩子不够争气，另一方面觉得孩子遇上了一位水平不高的老师。这不仅让我们想起了电视剧《大宅门》中的白景琦拜师学艺的经过，先前的几位老师都被调皮的白景琦赶跑了，后来的一位老师则让白景琦心服口服，并且跟随他学到了很多本领，为发展自己的家族事业奠定了基础。

作为一位人民教师，遇到孩子的问题，最好不要动不动就喊家长，要喊家长最好是在自己心里有了办法，需要家长协助时。绝不能遇到孩子的问题就把球踢给家长，自己则甩手不管了，并且心里还对家长充满了责怨，这是很不应该的。正确的做法应该是，学生犯了错误，教师要好好研究教育策略，合理实施教育惩戒，让学生改过自新。当遇到屡教不改的学生时，教师应该好好反思自己的教育方法在哪些地方还存在欠缺，也许自己对某个孩子的教育还没有牵到牛鼻子。为了把这个孩子教育好，可以与家长商量教育的对策，但是绝不能把责任全部推给家长。我们不能动不动就像案例中的刘老师那样请家长到校来做惩戒执行官，自己做公诉人。这种角色定位下的教育惩戒不但达不到预期的目的，还可能引发其他不良后果。例子中学生张强的离校出走，就体现了教师这样处理问题的不恰当。

与有些班主任喜欢喊家长如出一辙，有的任课老师面对任教班级孩子的错误，喜欢动不动就找班主任，好像只有班主任有负责教育孩子的义务，自己只管教学。作为班主任的张老师就遇到了这样的事：

赵老师是自己班上的英语老师，她对班里的学生要求非常严，很注重抓教学成绩。每次拉练考试，张老师班里的英语成绩都很不错。对此，张老师觉得赵老师是很负责的。但是，最让张老师头疼的是，赵老师喜欢动不动就把孩子赶到张老师面前，让张老师对学生进行教育，有时让张老师备课都不能安心。特别是只要学生在英语课上

一出现违反纪律或者作业不完成的情况,赵老师就让学生去向班主任汇报自己的错误,让班主任给予学生惩戒。开始,张老师还觉得自己作为班主任理应把孩子教育好,特别是对于班级孩子的教育,自己应负主要责任,但是,令张老师感到疲惫的是,不管是什么鸡毛蒜皮的小事,这位赵老师都让学生来找自己。这让本来就事务繁忙的张老师有些应付不过来。张老师心里在想,难道作为任课老师就一点教育学生的责任都没有吗?但是,碍于同事的面子,赵老师又任教自己的班级,所以张老师即便有些不满,也不好意思表现出来。只是遇到赵老师再把学生赶到自己面前时,张老师就让学生回去认真学习,不再苦口婆心地教育了。张老师觉得,比起学生的错误,赵老师的做法更令自己心烦。

作为班主任,我们可能或多或少地遇到过类似赵老师那样的同事,尽管他们不一定完全像赵老师那样。班里学生犯了错误,任课教师向班主任兴师问罪的情形在现实中还是不少的,这样的事情容易发生在年轻的女任课教师身上。其实,任课教师应该清楚地意识到,自己被分到某个班级,除了担任某门学科的教学外,自己也肩负着教育该班学生的责任。当学生在自己的课堂上违反了纪律,自己应该承担教育惩戒的义务,过后也可以与班主任进行沟通,共同解决学生身上存在的问题。但是,任课教师绝不能推卸自己的教育责任,动不动就把教育惩戒责任推到班主任那里去。

上述几个案例绝非目前教育中的特例。曾有研究显示,在"对经常违纪的学生,你将采取怎样的教育方式"一题的调查中,首选"找家长"的占被调查教师的34.1%。在与教师的访谈中我们了解到,科任教师对学生教育的责任感也是个不容忽视的问题,主要表现为:科任教师以报告班主任的方式代替直接管教,对自己课上违反纪律或不完成作业的同学一并报告给班主任处理,似乎他没有责任,不关他的事。科任教师在课上能耐心、正确地对学生进行批评教育的

管教行为逐步减少，课后教育学生的更少。所以，我们在这里呼吁：教书育人是每个教师都应担负的责任，都应该履行好。班主任不能动不动就把教育孩子的责任推给家长；任课教师也不能认为自己只管教学，不管教育，否则，不但不能与同事建立良好的搭档关系，也不会受到学生的喜爱。

总之，教师转嫁自己的惩戒权力是一种不负责任的表现，无论从学生的教育还是从教师自身的职业要求出发，这都是不应该的。

二、为提高学生成绩而惩
——家长叫好，却不是正当的理由

作者心语：众所周知，习惯的事情，不见得就是正确的。其实，我们每位老师在自己的班级管理中，都有一些自己习以为常的做法，这些做法可能颇有实效，但未必就妥当。之所以会发生这样的现象，是因为：一方面，我们对习惯了的做法往往不再去全面、深入地进行思考，没有研究其可能产生的后果；另一方面，有些做法可能在以前是合理的，但是随着时代的发展变化，在新的教育形势和要求下或许已经不合时宜，而我们却没有及时改变自己的做法。教育惩戒中就存在着许多类似的问题，比如，我们以前常常因为学习问题而惩戒学生，然而现在看来，这就属于愚蠢之举了。

教育惩戒，常常针对的是学生的越轨行为。我们分析这些越轨行为之所以要受到惩戒，主要是因为其以下几个特点：一是这些越轨行为违反了班级或学校的规定；二是在客观上具有一定的危害性，如果不给予适当惩戒，不但会影响违纪学生个人的发展，还会让其他孩子的利益受到侵害；三是要惩戒学生的违规行为，是由于学生自身的确存在过错或过失；四是本来学生完全有能力控制自己，不

去做这些越轨行为,却没有约束自己。如果按照这些标准,那么对于学生打架、扰乱课堂、携带危险品进学校、偷窃等不良行为,我们都认为应该给以适当的惩戒。若不实施教育惩戒,纵容这些不良行为,不但让这些违纪学生不能自拔,而且会损害其他学生的利益,诱发其他学生的不良行为,进而会造成更严重的后果。

教师充满爱心地对学生的越轨行为给予教育惩戒,这是我们所希望的。但是,令人担心的是,目前的师生关系却有一种日渐功利化的倾向,在某些教师身上,师生关系渐渐变成了简单的分数关系,教师最关心的莫过于学生的分数,却很少有时间和学生谈心、沟通,关注孩子的健康成长。我们知道,教师也有很多难处:由于学校考核评价看分数,他们只好把学生作为学习、考试的机器。否则,如果教师达不到规定的数据指标,他们就会被学校边缘化、被淘汰。

在现实中,学生常有一些诸如考试成绩不理想、做作业不认真、上课走神等情况,教师不能由于这些情况对学生实施教育惩戒而应积极引导,因为这些情况通常较少影响他人,仅是对学生个人产生影响,有些也非学生故意所为,而是与学生的个人习惯和个性特点有关。但是,很多教师却坚持自己的习惯做法,对学生实施教育惩戒,而且学生经常会因为这些情况而成为被惩戒的对象。这是为何呢?其主要原因在于教育管理部门考核学校看升学率,考核教师看教学成绩,并拿教师的成绩来排名量化,于是教师只能向学生要成绩,学生自然就成为了为教师、为学校争面子的机器。为了提高教学成绩,学生经常被罚抄单词10遍、100遍,放学后补作业等。

学生阿峰是一名英语弱科的学生,由于基础差,所以上英语课听得很吃力。教英语的赵老师总有个习惯,每次上新课总爱听写上节课学习的新单词,而且要求很严,近20个单词一个也不能错。阿峰由于英语音标不太熟,所以不会根据音标来记单词,结果每次听写单词总会有错误出现,因而总是挨罚。赵老师对学生的要求是:只要有错的单词,晚上家庭作业中要加上将所学模块单词抄写5遍

的作业内容。于是,阿峰每天都会有抄写单词的作业。除此之外,赵老师还规定,有同学单词听写不过关,还要给其所在的小组扣一定分数。这样,阿峰不但自己受罚,还经常导致所在小组被扣分,小组长和其他组员对他也是满腹牢骚。阿峰回家跟父母反映了这一情况,父母不但没替阿峰说话,反而把阿峰狠狠地训斥了一顿,批评他学习不努力,自己应该想办法学好英语,挨罚也是"罪有应得"。阿峰本来想诉诉苦,结果还挨了家长的一顿训,内心自然满腹委屈,逐渐对英语老师、英语课产生了反感。最近,阿峰干脆不再完成英语老师罚的作业,甚至连正常的家庭作业也不想交或不完成了。

案例中,我们认为赵老师对阿峰实施惩戒确实存在欠妥当之处。首先,从结果上看,赵老师本想让阿峰把英语赶上去,把上节课所学的单词尽量记熟,可是最终的结局却是阿峰对英语学习越来越反感,甚至作业也不愿完成了。其次,赵老师对阿峰提出的英语学习要求,超过了阿峰的实际学习能力和水平,导致阿峰根本没有体验到英语学习上的成功感,而总是被罚。显然,英语老师对本班学生实行一刀切的惩戒做法是不合适的。如果教师总是要求过高,学生在学习过程中体验不到成功和快乐,最后必然产生习得性无助。再次,阿峰的父母对老师罚作业的做法是支持的,这让不被理解的阿峰更是痛苦不堪。那么,父母为何会支持老师的这种做法?他们可能认为英语老师是为了自己孩子的英语学习而对孩子实施惩戒的,所以老师对孩子的学习严格要求没有错。这也正是为了孩子的学习而实施惩戒所具有的隐蔽性危害,仔细看看后果,我们就会明白:这种方法是最终导致孩子厌学的根源。所以,从本质上说,这样做不是为了孩子,而是害了孩子。从心理学角度讲,惩戒是一种负强化,负性的刺激容易让孩子失去学习兴趣。所以,针对学生的学习而实施的惩戒一定要慎用,三思而后行。为了学习而惩戒,有时不仅会伤了学生的身体,还会伤害学生的自尊心,更可怕的是经常把孩子

学习的兴趣也抹杀了。

为何学习上的问题不适合采取教育惩戒的方式来解决呢？学习是依赖兴趣的一种活动。孔子曰："知之者，不如好知者，好之者，不如乐之者。"著名教育学家乌申斯基也说："没有任何兴趣而被迫进行的学习，会扼杀学生掌握知识的意愿。"许多心理学家和教育学家都有过这样的感慨。学生对他所学的东西一旦有了兴趣，就会不知疲倦，越学越爱学。所以，教师在指导学生的学习上过度依赖惩戒，会导致学生的学习兴趣丧失，没有了兴趣，学习就变成了苦差事，学生也就不愿花更多心思在学习上了。这样的后果非常可怕，孩子的求知兴趣被抹杀后，你再期望孩子在学业上有所建树，对一些问题有所创新就会很难了。或许有的教师会认为，针对孩子学习不努力、作业不完成等情况实施惩戒，可以成为孩子改进学习态度、增加学习干劲的外部动力，因为绝大多数孩子会为了逃避惩戒而发奋努力的。我们对这样的观点并不赞成。

有一则故事告诉我们，建立在外部动机基础上的学习行为常常难以坚持：

一群孩子在一位老人家的门前嬉闹，叫声连天。几天过去，老人难以忍受。于是，他出来给了每个孩子25美分，对他们说："你们让这儿变得很热闹，我觉得自己年轻了不少，这点钱用来表示谢意。"

孩子们很高兴，第二天仍然来了，一如既往地嬉闹。老人再出来，给了每个孩子15美分。他解释说，自己没有收入，只能少给一些。15美分也还可以吧，孩子仍然兴高采烈地走了。

第三天，老人只给了每个孩子5美分。孩子们勃然大怒，"一天才5美分，知不知道我们多辛苦！"他们向老人发誓，他们再也不会为他玩了！

这则故事的题目叫"孩子在为谁而玩"，本来孩子们在花园里为

自己而玩，可后来孩子们却说不为老人玩了。为什么会发生这样的事情呢？原来人的动机分两种：内部动机和外部动机。如果按照内部动机去行动，我们就是自己的主人。如果驱使我们的是外部动机，我们就会被外部因素所左右，成为它的奴隶。在这个故事中，老人的策略很简单，他将孩子们的内部动机"为自己快乐而玩"变成了外部动机"为得到钱而玩"，而他操纵着钱这个外部因素，所以也就操纵了孩子们的行为。

孩子们之所以容易受到外部评价体系的影响，最主要的原因是父母、教师喜欢控制他们。如果教师太喜欢使用口头奖惩、物质奖惩等控制学生，而不去理会学生自己的内在动机，久而久之，学生就忘记了自己的原初动机，做什么都很在乎外部的评价。如果这样，学生在学习过程中表现为忘记了学习的原初动机——好奇心和学习的快乐，情绪也容易因外在因素而出现波动。当外部因素偏离他们的内部期望时，他们就表现出不满，不满和牢骚也让孩子们痛苦，最后他们会逐渐降低学习的努力程度。

所以，在这里奉劝各位老师，不要让孩子把学习变成为老师而学，为躲避惩戒而学，如果那样，受伤害的最终是孩子；作为教师，要让孩子培养起自己的学习兴趣，把学习变成为自己而学！为自己的兴趣而学！为自己的成长而学！

当然，不可否认，确有学生存在故意不完成作业的情况，而非因其的确存在学习困难而难以完成。遇到这种情况，教师要准确识别，根据孩子的具体情况给以适当的惩戒，惩戒也要注意不以损害孩子的学习兴趣为原则。如果对这些因素不加详细考虑，就会导致一系列问题的产生。教师随意因为学习问题而实施惩戒，会让一些孩子因此对老师产生讨厌的情绪，进而影响到其对学科的学习兴趣。如果教师采取的是作业加倍的方式，往往会给孩子造成沉重的学习负担和较大的心理压力，也会影响到其他学科的学习。所以，很多教师经常采用的罚作业的方法，是非常不明智的一种惩戒方式。

三、纵容违纪≠尊重自由
——放任学生意味着教师的失职

作者·心语：尊重学生是教师的基本职业道德，所以，我们要尊重学生的人格，也要尊重学生的基本权利。但是，尊重学生不等于在学生违反了班规校纪时对其放任不管。对学生违纪行为的放任不但不是尊重，而且是作为人民教师的一种失职行为。因为教师的放任行为不能使违反纪律的学生得到惩戒，也不能促使其对自己的行为做出约束，他很可能会继续损害其他学生的利益。所以，"尊重"和"放任"在教育惩戒实践中，是特别需要辨清的两个概念。

中国有着几千年的尊师传统，但一提到尊重学生，很多教师就感到不知如何去做。学生作为受教育者，除了在教育中与教师的角色不同之外，他们也是活生生的人，即便是作为未成年人，他们也拥有自己的权利，教师应该给予尊重，适当维护他们的权利。比如，我们不应该当众羞辱学生，因为他们有自尊心；他们的人格也应该受到我们的尊重。学生对教师要讲究礼貌,教师对学生也要以礼相待，不嘲笑，不贬损他们。然而，尊重学生、保护未成年人的权利并不意味着学生违反了纪律不应该受到惩戒。如果教师对学生违纪放任不管，就意味着教师没有担负起自己应尽的责任。

我们来看一个案例：

2007年5月25日，在网上出现了一段北京某艺术职业学校学生上课期间侮辱年迈地理老师的视频。视频中学生对教师侮辱的过分程度比周星驰主演的电影《逃学威龙》中的剧情有过之而无不及。从这段近5分钟的视频上，人们可以看到，整个课堂纪律一片混乱，学生在上课期间随意走动、聊天、扔矿泉水瓶，想做什么就做什么，

为所欲为……看过视频后，让人十分怀疑这是课堂还是闹市。对于学生的屡次挑衅，老师除了严词斥责之外，别无它法。

看完案例，我们首先想到的会是学生太过嚣张，或者学生不够尊重地理老师。那么，除了学生缺乏素养之外，地理老师是否存在失职呢？出现这样的局面，谁该负更大的责任？是学生还是老师？我们对此类现象也会产生一系列的疑问。也许有许多老师跟我一样，看到这一视频时，首先为地理老师鸣不平，学生们也太欺负人了，看到地理老师年迈，就在课堂上如此嚣张，做出不尊重老师的举动，也影响了其他同学安心上课。但是，回过头来一想，课堂出现这样的局面，地理老师在干什么呢？除了对学生斥责之外，因何显得无能为力？是早已习惯学生这样在课堂上闹腾，还是自己确实管不了学生呢？按理说，作为一名年迈的老教师，在体力和精力上确实已经比不上年轻的老师，但相对于年轻老师来讲，这位地理老师应该拥有更多的管理经验。让课堂出现如此之局面，我们认为这位老师没有想办法管理好自己的课堂。如果想管理好，何不找学校的学生主管部门或跟班级的班主任商量，或者找学校领导解决问题呢？通过视频展现的这位地理老师的课堂情景，我们可以推想，在这位地理老师以前的课上学生的表现绝对好不到哪里去。学生出现这样的状态，一是因为这位老师的地理课学生并不喜欢；二是因为这位老师对学生管理不够严格。如果是一位向来对学生严格要求的老师的课堂，绝不会突然乱成这样，看来这位老师对自己学生的放任一定是由来已久了。教师是学校教育中的主导者，学生在学校里、课堂上出现一些问题行为，教师是难辞其咎的。这位地理老师如果觉得自己力不从心，可以联合学校的学生主管部门对课堂纪律进行适当的整顿，我想以后就不会在课堂上出现类似视频中的情景了。

这位年迈的地理老师可以算得上是"尊重"学生，除了几声斥责之外，他对学生的放纵行为不再深入追究。学生可以在教室里走动，

但应该是在下课时间或者经过老师的允许。如果在课堂上随意走动，势必会影响其他同学听课。特别是对于我们国家的情况而言，一个班级人数比较多，更需要良好的课堂秩序做保障，否则会严重影响教学效果。所以，这堂课上发生的情况看似是对学生的尊重，实际上不是真的对学生的尊重，而是对遵守纪律的学生的极不尊重。

无独有偶，安徽省某县发生的一则案例更让人痛心。

2008年6月12日，安徽省长丰县双墩镇吴店中学的两名学生在上课时打架，导致其中一人病发被送往医院。授课老师杨某却选择站在三尺讲台上充当"看客"，并不加以制止，而是继续上课直至下课。后来，被打伤的学生在医院死亡，杨老师因此被冠以"杨不管"的称号。事情一经报道，在公众中引起强烈反响，一些市民直斥杨老师"冷血"。再联系到此前的"范跑跑"事件，不少人认为，"杨不管"比"范跑跑"更为可恶。然而，尽管从事实上看，"杨不管"确实应承担责任并接受谴责。但也有公众认为杨老师的作为有其深刻的根源，有人称杨老师的"不管"，是因为不爱管，更是因为不敢管、管不了。

该案例让人更觉痛心，痛心的是学生年轻的生命就这样消逝了。痛心之余，我们感叹"杨不管"老师的水平确实"高"，"高"在能够漠视课堂上的打架行为，对之不理不睬，仍然能够稳如泰山地讲自己的课。打架是何种行为？这应该是学校生活中的严重违纪行为，是应受到学校严厉处分的行为，它不同于学生迟到、上课说话等违纪行为。如果作为一名教师，连这样的违纪行为都能漠视，其职业道德水平的底线究竟在哪里？！

事后，也有记者专门去采访了杨老师。

杨老师可算是资历深厚，已是中学高级教师，也发表过数篇教学论文。对于人们叫他"杨不管"的说法，杨老师也有自己的说辞：

一是在学生打架开始的时候，他当时正面对黑板写字，当他回过头来，两个学生已经打得抱成一团了，他立刻跟其他学生说"赶

快拉开"。

二是在杨涛倒下后,他赶紧叫学生送杨涛去医院,并跟学生说"不要拉他的胳膊,这样不舒服,你们抬着他",还让学生通知班主任。

三是说起死去的学生,杨老师说:"我很惭愧,对不起死者的亲人。课堂上出了这么大的事情,我不可能完全推卸责任,可是说责任全在我身上也不是事实。我的责任主要在于当时没有跟着去医院,确实没保护好孩子。讲我不称职是他们的看法,这是突发事件,我确实不知道是这个结果啊!"

从杨老师的话语中,我们听到了后悔和自责,也听到了这位老教师对这起恶性事件估计不足的问题。是什么让杨老师对学生的打架有些放任呢?难道只用教师对职业的倦怠来解释吗?我们觉得这样解释,还不足以说明问题。我们觉得无论用什么理由都不能推卸掉杨老师的责任,杨老师是后悔的,但更后悔这样的事发生在自己身上。

"杨不管"事件暴露的问题是什么?一是有些老师只管教书,不管育人,对学生的思想道德教育不力,自己的职业道德水平也亟待提高。在教育教学中不能做到爱岗敬业,一贯坚持"多一事不如少一事"的原则。二是学校缺乏严格的教育惩戒制度,教师无"法"可依,对于学生的一些严重违纪行为,没有形成应急的处理机制和措施,导致很多教师对于学生的一些违纪行为,无法处理。三是学校对教师和学生的安全教育重视不够,像学生打架这样的行为,杨老师竟然说自己没想到会是这样的结果。即便是学生的突发事件,作为老师也应该对事件具有适当的预见性,尽早采取措施,遏制事态向恶性方向发展。

前苏联教育家马卡连柯曾倡导,任何教育都应是尊重学生与严格要求相结合,要"尽可能多地尊重一个人,不应使学生受到痛苦,不应有丝毫的压抑性质,不应有丝毫侮辱儿童人格的内容,但也要尽可能多地去要求他们"。他还反复强调,"惩罚本身不是目的","其

内容并不重要,使用惩罚应考虑到其教育效果;惩罚应当是教育,应使被罚者真正认识到为什么要惩罚他,并且理解惩罚的意义"。教师行使惩戒权时也应遵循这一教育的基本原则。我们惩戒学生时不能侮辱他,应当本着对学生的人格抱以尊重、关切与爱护的态度施行,但是决非对学生放任不管。在教育法律法规禁止对学生实行体罚和变相体罚之后,有许多教师找不到惩戒学生的边界,不敢轻易惩戒学生,唯恐触犯法律,因而便产生了对学生一些违纪行为的放纵。我们认为这是很不应该的,应该把尊重学生和严格要求结合起来,对学生严格要求恰恰体现了教师对自己职业的尊重,同时也是对学生的尊重。

上面的案例告诉我们,放任不管并不是尊重学生的自由。教师应该按照职业道德要求,做到爱岗敬业、尽职尽责才是根本。只有对学生实施合理的教育惩戒才能更好地维护教师的尊严和教育的神圣!

四、不要漠视学生的权利
——随意的惩戒可能造成侵权

作者·心语:中国自古讲究师道尊严,教师处在权威者的地位。我们很多教师似乎习惯了这样的传统,更是觉得自己是为了孩子,所以在教育、对待学生时不太注意细节。其实,我们可能未意识到自己的一些行为已经侵犯了学生的权利。特别是在对学生实施教育惩戒的过程中,更容易发生侵犯学生权利的现象。即便教师的出发点或动机再好,对学生权利的侵犯也是不恰当的,严重的还要受到法律的制裁。所以,我们呼吁:教育惩戒不能变成教育侵权!

以前,在媒体中经常报道一些案例,有些父母为了减轻家庭经济负担,让自己还在法定上学年龄的孩子退学。在这些事件中,孩

子的父母侵犯了自己孩子的受教育权，但学生家长有时很不以为然，通常认为孩子是自己养的，自己想让他退学就退学，根本不曾想到还会触犯什么法律。很明显这些家长的行为侵犯了自己未成年子女受教育的权利，这项权利是国家法律所赋予的，任何人不能剥夺，即便是孩子的亲生父母也不行。父母认为孩子是自己的，自己有权对孩子进行支配，这正是法盲的体现。那么，作为知识层次比较高的教师，是不是也会发生类似侵犯学生权利的事件呢？答案是肯定的。有些教师对国家制定的与教育有关的法律不太了解，也未曾想到在教育中学生会有什么权利不能被侵犯。特别是有些教师认为自己是老师，自己的行为是为了教育孩子，所以这些行为不能算是侵犯学生的权利，如果算是侵犯，那也是法律应该允许的。这样的认识是不对的，如果这样认为，那么很可能会让自己的行为触犯法律，一旦被学生或学生家长告上法庭，那倒霉的就是教师自己了。

　　这天天还未亮，张老师宿舍的门就被咚咚地敲了起来。张老师赶忙穿上衣服，开门一看，是自己班里的班长。班长气喘吁吁地告诉张老师，112 宿舍李辉的 300 块钱丢了，昨天晚上他爸爸刚给他送来的。张老师看了下表，才 6 点，离学生起床时间还有半小时，于是他急匆匆地与班长赶到 112 宿舍。宿舍里的多数同学还没起床，李辉坐在那儿，愁眉苦脸的，有些不知所措。张老师问了下昨晚宿舍门是否关好，舍长说关好了。张老师转过身，问李辉昨晚睡觉前他的钱是否还在。李辉告诉张老师还在，当时他还专门摸了摸自己的上衣口袋，没想到今天早上起床上厕所时就发现没了。想了一下，张老师立刻有了主意。他决定挨个搜身，他告诉舍长首先要搜他的，舍长爽快地答应了。舍长几乎把自己的衣服全脱了下来，让张老师仔细地搜了个遍，并未发觉任何东西。然后，张老师觉得舍长最可信任，于是让舍长跟他一起搜查其他同学。除了舍长，宿舍里还剩下七个人，挨个让他们脱光了衣服搜查，凡是搜过的孩子就让他们出去。都搜完了，什么也没搜到。张老师觉得，一说搜身，学生肯

定把钱藏在床铺里了，于是，待其他学生都出去后，留下舍长挨个翻所有学生的东西。终于，在宗志的被子里找到了那300块钱。张老师满心欢喜，贼终于被他抓到了。出了宿舍，他指着站在门外人群中的宗志，让他先到办公室去，然后等待下一步的审判……

在本案例中，张老师不但挽回了学生的损失，同时也抓到了贼，接下来就是对偷东西的学生进行惩戒了。乍一看，张老师处理这次失窃事件似乎做得很漂亮。但是，有一点没有引起我们的注意，即张老师在处理这一问题时侵犯了学生的人身自由权。张老师既不是执法人员，又没有合法的依据，他是无权对学生进行搜查的。尽管张老师是为了追回学生的财产，但他的行为是违法的，法律部门即便不对张老师的行为做出追究，但作为教师，他在学生管理中也应该讲究方式方法，绝不能随便侵犯学生的人身权（包括隐私权等）。

那么，学生究竟有哪些权利我们不能侵犯呢？

（1）受教育权。

《中华人民共和国宪法》第四十六条规定："中华人民共和国公民有受教育的权利和义务。"

《义务教育法》第五条规定："各级人民政府及其有关部门应当履行本法规定的各项职责，保障适龄儿童、少年接受义务教育的权利。适龄儿童、少年的父母或者其他法定监护人应当依法保证其按时入学接受并完成义务教育。依法实施义务教育的学校应当按照规定标准完成教育教学任务，保证教育教学质量。"

《未成年人保护法》第十八条规定："学校应当尊重未成年学生受教育的权利，关心、爱护学生，对品行有缺点、学习有困难的学生，应当耐心教育、帮助，不得歧视，不得违反法律和国家规定开除未成年学生。"

未成年学生的受教育权包括受完法定年限的教育权、学习权和公正评价权。受完法定年限的教育权指学校和教师在国家规定年限

内不得随意开除学生。学习权是指学生在法定年限内在校学习时，教师不得以任何借口侵犯或剥夺学生参加学习活动的权利，诸如听课、写作业等权利。公正评价权是指学生在教育教学中享有教师、学校对自己的学业成绩、道德品质等进行公正的评价，客观真实地记录学生成绩档案，毕业时获得相应的成绩证明和毕业证书的权利。

（2）人身权。

国家除了对未成年人的一般人身权进行保护外，还对学生的身心健康权、人身自由权、人格尊严权、隐私权、名誉权和荣誉权等进行特殊保护，这要求教师、学校、家庭和社会尽到保护责任。

身心健康权是人身权的最基本权利，包括保护中小学生的生命健康权、人身安全、心理健康等内容。

人身自由权是指未成年人有支配自己人身和行动的自由，非经法定程序，不得非法拘禁、搜查和逮捕。例如，教师不得以各种理由对学生进行搜查，不得对学生关禁闭。

人格尊严权是指学生享有受他人尊重、保持良好形象及尊严的权利。《未成年人保护法》第二十一条规定："学校、幼儿园、托儿所的教职员工应当尊重未成年人的人格尊严，不得对未成年人实施体罚、变相体罚或者其他侮辱人格尊严的行为。"

隐私权指学生有要求私人的、不愿或不便让他人获知或干涉的、与公共利益无关的信息或生活领域不被他人所指的权利。《未成年人保护法》第三十九条规定："任何组织或者个人不得披露未成年人的个人隐私。对未成年人的信件、日记、电子邮件，任何组织或个人不得隐匿、毁弃；除因追查犯罪的需要，由公安机关或者人民检察院依法进行检查，或者对无行为能力的未成年人的信件、日记、电子邮件由其父母或者其他监护人代为开拆、查阅外，任何组织或者个人不得开拆、查阅。"

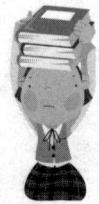

名誉权和荣誉权指学生有权利让大家根据自己的日常生活行为、作风、观点和学习表现而形成关于道德品质、才干及其他方面的正

常的社会评价，有权保有根据自己的优良行为而由特定社会组织授予的积极评价或称号，他人不得歪曲、诽谤、诋毁和非法剥夺。《未成年人保护法》第四十六条规定："国家依法保护未成年人的智力成果和荣誉权不受侵犯。"

我们看到，作为未成年人的学生，有很多权利是受法律保护的，这些权利不能随便任人侵犯，即便你是孩子的家长或者老师也不例外。我们不能认为：因为学生犯了错误，所以他的这些权利就不存在了。

初二（4）班的小强上课喜欢接老师的话茬，这一点特别令教地理课的周老师反感。周老师是位女老师，课堂上一向要求学生严肃认真，不喜欢学生过于活跃。因此，周老师对小强的接话茬行为提出过警告。有一次，周老师讲地理公开课，让同学们回顾全国各地的矿产资源。周老师先在黑板上写出地名，然后让学生回答该地的矿产资源，说了很多地方之后，周老师突然问了一句："江南产什么？"小强不假思索地回答："江南产美女！"全班学生哄笑。周老师满脸怒气，但又不好当着众多老师的面发作，只得借势提问了一个优秀学生，总算把这个环节过渡过去了。下课之后，周老师怒气冲冲地找到4班班主任，要求班主任狠狠地处理小强。从此之后，只要周老师上课，就要求小强出去，还要求小强站的位置别让周老师看到才行。小强只得厚着脸皮在教室外站着。

教师的课堂上出现接话茬现象不是什么怪事。教师一句话没有说完，个别学生已经把话接了过来，有的按原意去说，有的则把话题扯远了，甚至是扯到不着边际的问题。无论哪一种情况，都会对教师的讲课思路有所冲击，所以学生爱接话茬的行为一般都不会被教师喜欢。但是，面对这样的问题，周老师的处理方式就欠妥当了。周老师不让学生在课堂上听课的行为侵犯了学生的受教育权，按法律规定小强及家长可以向学校或上级教育主管部门提出申诉的。至

于学生接话茬的问题,周老师可以通过其他更妥善的方法加以解决。经过我们的仔细分析,教师为何容易被孩子接话茬,原因可能会有如下几点:教师的教学语言不严密,易产生歧义;学生平时有接话茬的习惯;平时学生说话的欲望和机会被限制;有些学生喜欢出风头,希望被关注;这是学生在课堂上认真听讲、积极思考的冲动性反应,等等。

针对上述情况,周老师可以采取一些有针对性的处理方法。例如,与学生沟通,让学生将精力用在正当的地方;用各种方法管住学生爱说话的嘴,应有奖有罚;课堂教学设计严密,活动紧凑,不给学生说闲话的时间与机会;课堂上,教师要注意说话的方式,不应随意拓展,如果教师有这个习惯,想让学生不说都难。教师是学生模仿的对象,一定要注意自己的课堂语言。比如,有一位高三的几何老师喜欢在课堂上自我标榜,惹得学生有些厌烦。一天,这位老师在课堂上对学生说:"市教育局都对我很重视的,他们总是请我去一起研究问题,每次都是车接车送的。"有位学生接话茬道:"是三轮车吗?"结果,该生被这位老师罚一个星期不能上几何课。出现这样的情况,我们觉得这位老师应该好好检讨自己。

现在的社会已经是法制社会,作为新时代的教师应该加强师德修养。师德修养中很重要的一个方面就是教育法律的修养。只有不断加强法律修养,我们才能更好地了解有关教育的法律要求,在教育教学中模范地遵守法律,不去侵犯学生的权利,而是很好地尊重学生的这些权利。这既是法制社会的必然要求,同时也是保护学生和教师切身利益的需要。切记:不能因为学生犯了错误,我们就认为可以随意侵犯他们的权利,"犯错"和"侵权"是截然不同的两个概念。

五、情绪宣泄式的惩戒不可要
——惩戒应出于教育目的

作者·心语： 教师职业曾被奉为"太阳底下最光辉的职业"，但是在光辉的背后，教师群体却背负着很大的工作压力。对于班主任而言，我们本身是任课教师，还需要处理班级繁杂琐碎的事务，特别是班里又总有那么几个让自己头疼的孩子，所以难免在工作中产生不良情绪。但是无论如何，我们都不能成为负面情绪的奴隶，拿惩戒学生来宣泄自己的不良情绪，因为违背教育目的的惩戒是失当的，甚至会酿成大祸。

2008年，中国人民大学的李超平博士在新浪网上对我国教师进行了职业心理健康调查，共有8699名教师在网上参与了调查。网上调查结果显示：超过80%的被调查教师反映工作压力较大；近30%的被调查教师存在严重的工作倦怠，近90%的被调查教师存在一定的工作倦怠；近40%的被调查教师心理健康状况不佳；20%的被调查教师生理健康状况不佳；超过60%的被调查教师对工作不满意，部分甚至有跳槽的意向。确凿的数据显示，教师心理健康状况确实令人堪忧，这不但会对教师的身心健康造成严重危害，更应引起重视的是，教师的不良心态会诱发一些师源性的心理伤害，会对学生的身心发展产生严重的威胁。在现实中，因为教师自身不良的心理状况而引发的不合理惩戒，时有发生。

112宿舍是初三王老师班和张老师班的男生混合宿舍。近来，该宿舍经常因为学生晚上说话而被宿舍管理员通报。王老师调查了自己班里的学生，学生反映问题出在张老师班里学生的身上，王老师对此有些不满，认为张老师班里的学生影响了自己班的量化管理

分数。于是，这天上午，王老师找到张老师，让他好好管管自己班里的孩子。张老师觉得，学生同在一个宿舍，怎么错误全在自己班孩子的身上，况且舍长是由王老师班里的学生担任，王老师应该好好教育一下自己的学生才对，特别是要让舍长加强管理；再者，混合宿舍出了问题，谁都不能推卸责任，应该一起想办法解决面临的问题。于是，张老师说了一句："一个巴掌是拍不响的，混合宿舍出了问题，我们都要加强管理！我们班的孩子也反映你们班的孩子存在一些问题！"结果，两位老师闹得不欢而散。中午，张老师早早来到宿舍。他想，自己一定要把自己班的孩子管好，别让王老师抓住了把柄；否则，人家把违纪学生带到自己跟前，自己就很没面子了！张老师先是偷偷躲到别的宿舍，待午休铃一响，他就"埋伏"在112宿舍门口。在宿舍外，他分明听到了自己班的李伟和袁洋在说笑。张老师二话没说，一下子闯进宿舍，把两个学生从床上拽了下来，举起拳头就捅向两个孩子的胸部。张老师心里还有些气不过，又把孩子喊出来，站在走廊里大声地呵斥……

在本案例中，张老师对自己班里学生的违纪问题的惩戒已经失当了，不是针对学生说话这一问题去采取合适的办法加以惩戒，而是对学生动起手来。兴许两个学生还不曾明白自己的班主任为何一时之间发如此大的火，自己不就是说了几句话吗？他们哪里知道自己的班主任已经跟王老师为此事闹了矛盾，并且因此事耿耿于怀，正想发泄呢。很显然，问题出在张老师身上，他不能处理好同事关系，又借机把火发到学生身上。学生在宿舍说话的问题应该按照违反午休纪律的标准处理，张老师对学生的惩戒已经严重失当，其行为已经构成体罚学生，是应受到行政处分的。像张老师这样因为其他原因而造成情绪不好，然后在学生违纪的诱发下，将这种情绪释放到孩子身上的情况，在我们教师身上并非什么新鲜事。我们都是凡人，我们也经常会因为生活中的琐事引发一些不良情绪，开始自己会适

当控制自己的情绪，但当积累到一定程度时，便会在某件事情上爆发出来，这是一种很不恰当的情绪处理方法。如果这种不良情绪释放到家人身上，就会伤害家人；如果释放到学生身上，就会伤害学生。而且，这种伤害多数是心灵伤害，对学生的影响很深远，不但师生的感情没了，甚至被处罚的孩子的学习也会因此变得一塌糊涂。所以，教师不会管理自己的情绪，难以用正确的心态面对孩子的错误，要实施合理的惩戒是非常困难的。

小学五年级学生小华由于上美术课没带作业本，遭到美术老师的训斥，小华对老师的责骂有抵触情绪，不愿认错，被愤怒的老师打了一个耳光。3天后，小华出现不良症状：全身发抖，不能走路，且爱说胡话。经医院检查诊断，他患了儿童情绪障碍，病因与被打有关。中华精神学会妇儿专业委员会委员、湖北精神医学会常委王小平认为，其躯体发抖是精神疾病躯体化的表现。孩子被打后，产生对老师的不满情绪，但又不能或不敢反抗老师，其不满情绪只能通过躯体语言表达出来。

在此案例中，美术老师对小华实施体罚造成了严重的后果，这种伤害是一生性的。究其原因，在于美术老师没能控制住自己的情绪，从而对学生实施了体罚。其实，绝大多数教师都知道，体罚是国家法律明令禁止的，可是体罚却常常发生在教师情绪失控之时。那么，是什么原因导致美术老师情绪失控呢？我们分析案例发现，是小华没带作业本，老师提出批评，而小华对老师有所抵触。其实，这恐怕不只是这位美术老师恼怒的原因，也可能是令很多老师恼怒的原因。我们通常对学生有一种内心期待：你犯错误并不可怕，但是犯了错误后你要好好认错，然后尽快改正错误。如果你犯了错，还有很多理由，那是不行的。不带作业本已经让美术老师生气了，对批评还不接受让美术老师气上加气，进而发生了情绪失控。由此可以看出，很多教师情绪失控容易发生在学生接二连三的错误刺激面前。

这是值得我们教师特别注意的。能否允许自己的学生连续发生错误，是否能够忍受连续的不良刺激，可以说这是对很多教师的一种考验！有时，这种情况对教师心情的影响，远比学生违反班级纪律的情况更坏，因为在前者中教师直接把愤怒的情绪指向了犯错者而非过错事件本身，所以更容易引发严重问题。这是对教师耐心的严峻考验。但是，现实告诉我们：作为教师，我们责无旁贷；我们必须提高自身修养，能够经受住这份考验；谁经受不住，谁就会出问题，而且造成的后果可能会使教师后悔终生！

这里有一些控制情绪的方法，或许对大家都有所启示。

（1）沉着、冷静，尽可能站在学生的角度上考虑问题。

遇到学生犯错误，班主任心里着急，这是有责任心的表现。但是，正因为如此，我们更要理智地控制自己的情绪，不能"以硬碰硬"，引发师生冲突。此时，最好的办法便是站到学生的角度去想一想。让学生站到教师的角度去想比较难，因为他们缺乏当教师的经验，但是我们做教师的都做过学生，所以站到学生的角度去想一想，我们可以做到。也许回到孩子们所处的年龄，我们不但不会生气了，而且会觉得一些问题的产生是由于他们还没长大，很不成熟，所以非常正常。其实，我们在内心宽恕学生更是宽恕自己，如果我们经常对学生生气，就会在无意中把爱变成了恨，对任何一方都非常不利。

（2）对学生实施惩戒之前，必须做细致的调查研究。

我们做教师的，一定要注意自己在学生心目中的示范作用。如果不对学生的犯错情况做深入细致的调查，就采取强硬的惩戒措施，那么必然会造成严重的后果。比如，一个学生未交作业，你不能直接按照不交作业的情况进行处理，要具体深入地了解：是学生想做而不会做，还是会做而忘了做，抑或是故意不做……必须在分清了原因之后，再进行处罚。否则，不管事情如何具体，采取一刀切的方式，都会深深伤到孩子。所以，教师面对学生的错误，首先要控制好情绪，深入调查了解情况，然后再采取有针对性的措施。班级管理不但需要爱心，更需要耐心。耐心就体现在棘手问题发生时，教师是否还能够冷静地掌控自己的行为，选择一个更好的观察视角和更恰当的解决机会，酝酿更成熟的方案。

(3) **借助学生监督，诚心完善自己。**

教师天天与学生打交道，难免会有一些不如意的事情，让自己产生一些不良情绪，有时还会产生过激的行为，导致事态扩大。很多教师的反映是，当时自己处在特定的情绪情境下，难以自我意识到自己的心态，所以也就很难较好地控制自己的情绪。针对这一情况，我们可在班级设立特殊岗位——表情监督员。在表情监督员有效、适时的提醒下，教师存在的消极情绪自然得到释放。这种对人对己都有利的做法可谓简单易行，富有奇效。

惩戒是把双刃剑，利用好了，它是我们实现教育目的的利器；使用不好，可能会伤到我们自己和学生。特别需要我们注意的是：绝对不能带着消极情绪去实施惩戒。我们要心情平和，充满理性地对待惩戒，否则就会像前面案例中的主人公那样，将自己和学生都深深伤害！总之，无论我们面对何种问题，都不可以把惩戒当成情绪宣泄的突破口。这样，也就违背了教育的目的！

六、切忌对学生搞"连坐"
——教育惩戒不能伤害无辜

作者·心语："连坐"之法起源于商鞅，曾经延续了2000多年，是封建统治者用来束缚民众、维护统治的一种手段。这种惩罚手段在我国现行法律中早已经消失了，它已经不再属于这个时代。但在班级管理中，对学生实施"连坐"的做法却仍未绝迹，有的教师仍把它作为有效的教育惩戒手段。或许"连坐"处罚在某些情况下会收到一定的管理效果，然而这种有悖于历史潮流、无益于学生发展的

教育方法不能再实行了，它已经无法与我们崇尚民主和法制的精神相和谐。

"一人有罪，多人株连"是我国古代实行的一种惩罚措施。随着封建社会的消亡和现代民主法制的进步，这种连坐的惩罚已经逐渐消失。可是，"连坐"这种惩戒方式仍存在于我们一些教师的班级管理中。

案例1

一天熄灯后，某男生宿舍有两人说话，致使班级德育分数被扣。第二天早自习时，班主任拿到扣分单很是生气，便将该宿舍的8名男生叫到教室外面，想查出是谁在熄灯后说话，结果8人都说不知道。班主任一气之下，让8人都在教室外面站着。站了一个早自习再问学生，还是没人站出来承认错误，于是班主任继续对他们处以罚站。有老师提醒说，8个学生不上课会让任课老师没法继续讲新课，而这位班主任则说，他也知道宿舍里说话的不会是8个人，但全宿舍同学没有人站出来揭发说话的学生，说了话的学生也不勇于承认错误，说明全宿舍学生都该教育，理应都受到惩罚。

案例2

四川省泸州市合江县某职业技术学校一女生在上课时玩弄头发，结果被外语老师训斥，学生不满，跟外语老师顶嘴，外语老师遂将此事状告班主任。班主任一怒之下罚全班同学下跪，63名学生除4名没跪外，59名学生齐刷刷地在木凳上跪了近20分钟。这真可谓是一人犯错，全班受罚。这位班主任的处罚办法也算是"别具一格"。

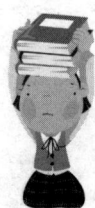

案例3

有种跟学生赌气的现象在学校里很常见：当课上某同学不遵守课堂纪律，或在任课教师批评某一同学时，该同学非但不接受批评，反而顶撞教师，于是任课教师盛怒之下，便拿着教科书和备课本摔门而去。老师这一举动开始时让全班同学面面相觑，不知所措。一会儿之后，有的同学兴奋，有的同学埋怨，有的同学觉得无所谓，班内说话的声音渐渐大了起来，有是非感的班干部们于是大声管着纪律，然后想办法把老师请回来……这种现象多发生在那些纪律松散班级的课堂上，而且多在女教师身上出现。

以上三个案例的共同特点是：犯错的只是个别学生，然而受到处罚的却是多个甚至全班学生，无论怎么看都能感觉到其中连坐惩戒的味道。在这个价值多元、个性张扬的时代，学生变得有些难教难管是目前社会普遍存在的现象。教师对那些调皮捣蛋的学生的确很头疼，不管不行，管得严了也不行，其实大家也都能体谅这种辛苦和无奈，但是，为了教育某个调皮学生而让其他无辜学生跟着"连坐"被惩戒，这是不是太过分了呢？是不是班里一个同学犯了错，非要让其他同学受到株连，甚至全班同学都要跟着倒霉呢？试问采取这种惩戒措施的老师，我们要实现的教育惩戒目的是什么，是为了满足个人虚荣还是为了教育孩子呢？

支持此种做法的教师认为，连坐惩戒的方式可以让学生不敢犯错，因为自己犯错会牵连别人，因而会受到别人的舆论谴责；还有一种支持观点认为，连坐惩戒方式可以加强学生的组织性、纪律性，培养学生的集体意识，大家的利益是相互牵连的，一荣俱荣，一损俱损，从而能够很好地防范学生错误的发生。但我们认为，连坐惩戒的目的或许出发点无可非议，也能起到一定的管理作用，但是实际收效甚微，倒是产生的负面影响作用更大，而综合起来考虑，还是弊大于利，不应该再使用。我们认为，不应采用连坐惩戒方式的理由主要包括如下几个方面：

①这种班级管理理念来源于过时的、落后的封建统治思想，与我们新时代提倡的"责任自负"的管理理念相悖。既然在我国

法律中早已对这种不人道的惩罚方式实行了废止，那么，我们应该响应时代的要求，不能在班级管理中再采用这种不符合时代要求的做法了。

②联合国教科文组织号召国际社会保护儿童的权利，我国目前也已有多部法律明确提出了要对未成年人的权利予以保护。在这种大的形势下，我们人民教师更应率先垂范，不能再去做侵犯无辜学生正当权益的事情，这种无缘无故、随便侵犯学生权利的做法，既没有任何权威政策支持，也没有相关法律做根据。

③如果在班级管理中对犯错学生的责任追究过于泛化，动不动就株连其他人，实际上这是"一人犯错，多人担责"的体现，也就是等于变相减轻了犯错误学生的责任，更重要的是难以让那些不该承担责任并接受惩戒的学生做到心服口服。所以，正常的做法应该是谁的过错就是谁的过错，该追究什么责任就追究什么责任。出了问题，重在追究负直接责任的学生，而不应株连其他人。至于确实涉及另一些学生的责任，当然要对他们实施惩戒，但教师必须让其明确究竟在什么地方做错了，从而使受惩戒者和班级的所有学生都心服口服。

④连坐的惩戒方式在班级里使用起来会极大地遏制学生的积极性和创造性。教师经常使用这种方式惩戒学生，会让班级学生不是积极努力地学习，努力考虑为班级做出自己的贡献，而是整天担心谁会犯错，谁又将株连到自己，或者自己犯错会连累别人。所以，学生们好像人人脑袋上时刻悬着一把剑，战战兢兢，谨小慎微，生怕出错，只能循规蹈矩，在班级活动和学习上不敢创新实践。所以，这种连坐惩戒方式容易造成班级惩戒的恐怖阴影，不利于学生的健康发展。

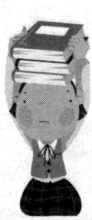

⑤教师作为教育者应该清楚：我们肩负着培养人的任务。如果我们再让这种封建糟粕沉渣泛起，在班级中动不动就实行连坐惩戒，那么这些孩子将来长大后也可能效仿我们使用这种方法。如果他们

做教师，那么会伤害到更多无辜的学生；如果他们管理企业，那么会伤害到一些无辜的职工。所以，教师使用连坐惩戒方式不仅侵害了无辜的学生，还有可能在未来侵害更多人的利益，我们绝不能再让这种流毒泛滥了！

教师对学生严一点，对学生来说是好事，不是坏事，这说明教师在对学生负责。但遇到像案例1中的问题，我们完全不必让全宿舍同学都罚站。仔细想来，在宿舍里说话的学生不敢承认错误，说明他怕承担责任，他还是有所畏惧的；其他同学不愿把犯错的学生直接揭发出来，可能是考虑到怕说出后影响了同学之间的友谊。我们设身处地地站在学生角度考虑学生的这些顾虑就会理解，学生的这些顾虑也不是丝毫没有道理的。所以，面对这样的问题，我们尤其应该注意工作方法。比如，我们可以采取不记名检举投票的方式调查是谁在宿舍说话，也可以进一步做舍长的思想工作，让他检举出说话的学生，毕竟舍长对宿舍纪律负有责任。不管是出于教育学生的目的，还是别的理由，我们绝不能让整个宿舍的学生全部罚站。不讲方法地采取这种连坐惩戒的方式，只能说明我们在班级管理上的无能。这样的做法会让学生们的心理蒙上阴影，也会让无辜的学生感到身心很受伤害。这种对无辜学生缺乏正当理由的惩戒，已经属于教师在滥用自己的惩戒权了。

看看案例2的处理方式，的确有些过分了，幸亏还有4名不买账的学生，否则这位班主任更觉得自己是"皇帝"了。个别学生犯错，追究个别学生的错误就行了，为何要让全班学生罚跪？如果说其他学生对顶撞老师的学生有监管责任，那么任课老师第一个应该罚跪，因为他的课他没监管好；第二个应是班主任，自己班的孩子自己没管好，自己也应该罚跪。然而，班主任却不反思自己的错误，对其他无辜的孩子大施淫威，实在可恶。

案例3中描述的现象还是有一定普遍性的，多发生于班风较差的班级和年轻没有经验的任课教师身上。有些任课教师对班级纪律

感到无可奈何，常会摔门而去。表面上，这样的行为有情可原，而实质上却侵犯了无辜学生的受教育权。这种遇到困难就逃避的方式，不应当是一个成熟的教师所为。对于难以管理的学生多花些心思、动些脑筋是必要的，常听有经验的班主任讲，真正让班主任成长起来的还是班级里那些调皮的学生！所以，转换我们的心态，积极采取措施处理遇到的班级管理问题是非常必要的。对于这些难管的学生，可以先安顿处理，课后再与之计较，或先让其到班主任处解决问题，我们教师把自己的课上好才对。

或许你有很多理由，出发点和目的也很正确，但需要注意的是：无论我们的出发点或目的看起来多么正确，我们也不能随便采取连坐惩戒的教育方式，因为它的实际效果并不能达到我们预期的目的。试想，在我们成人的世界里，别人犯了错误，追究我们的责任，我们愿意吗？我们哪里有那么多工夫和精力天天监视着别人？

前不久，新华网报道的一则广受争议的新闻更证明了这一点。

在2005年，《武汉晨报》曾有一篇报道，著名学府武汉大学将在本学期期末考试中设立无人监考考场，尝试"诚信考试"。据称，武汉大学进行"诚信考试"时，"如果发现无人监考考场中有舞弊行为，将立即停止该科目的考试，取消该班级所有同学的成绩，对全班同学实行连带惩罚"。学校有关负责人称，"这种惩罚规则，将极大增强学生的集体荣誉感和班级观念"，学生之间也可相互监督与举报。

这则新闻一报道就引起了人们的广泛议论。有人认为，时下，考试作弊已成了学校的一大顽疾，各大高校对作弊学生的惩处力度也不断加大，小到警告记过，大到取消学位，直至勒令退学。武汉大学甚至因学生个人的作弊行为，"连坐"惩戒全班同学。人们对这种打击作弊的手法发出了很多的质疑声。

首先质疑的是：校方设定"一人作弊，全班受罚"的规则是否有悖时代的要求？时至今日，现行法律中已经不存在"连坐之罪"，而武汉大学还用"连坐"的思维来处理作弊事件，不管其效果如何，这种做法本身已经不合时代要求了。被视为思想解放先锋的大学，更不能再去倡导已经被历史淘汰的做法，否则将影响社会的进步。对于大学生，更应提倡"自我负责的精神"。作弊是一种个人行为，理应由个人承担相应的责任，把作弊责任的承担者推而广之，对遵守考场纪律的绝大多数同学来说，是很不公平的。这固然能对作弊者施以惩戒，但也在无形中伤害了其他同学的积极性。"一人作弊，全班受罚"的惩戒方式一方面会造成责任追究的泛化；另一方面还会使作弊者处于极为尴尬的境地，甚至会遭到集体的唾弃而逐渐游离出集体，那么，学校对作弊者的惩戒就达不到期望的教育效果。尽管这种"不教而诛"的惩戒方式能够节约教育管理的成本，但却因缺乏人性化关怀而与大学的人文精神背道而驰，故坚决不能倡导。

其次质疑的是：这种做法是否能够培养学生的集体荣誉感和集体观念？众所周知，集体荣誉感和集体观念是建立在对集体高度认可的基础之上的，而"一人作弊，全班受罚"是将个人责任风险强加给集体，是以集体荣誉之名侵犯其他学生的正当利益，如此的"连坐"之法，对集体观念的培养是毫无裨益的。这种荒诞的连带逻辑可以简化为"一个士兵逃跑，整支军队枪毙"。显然，这种不分青红皂白的学校文化，会使学生在校的生活缺乏安全感，人人为了自保，只好互相检举揭发，试想这样的状态虽然减少了作弊，但是集体意识哪里来，同学之间还能进行团队合作吗？很难让人相信，今天我检举揭发了你的错误，明天你还能心平气和地与我合作为班级做贡献。

再次质疑的是：这样规定是否影响学生考试的正常发挥？考试期间，同学们都埋头紧张地做题，而且考场纪律明确要求学生不准东张西望。试问，在如此紧张的考场环境中，谁能够有精力去监督

别人？谁又有时间去监督别人呢？倘若不监督，发生了作弊事件，还要取消无辜者的考试成绩，所以大家又不得不互相监督，这样让考生也充当了监考者。试问，这样能不影响学生考试正常水平的发挥吗？

"一人作弊，全班受罚"，实际上是学校急功近利教育思想下产生的怪胎。考试作弊岂能"连坐"！防治考试作弊的根本途径就是从改变教育观念、改造教育体制入手，充分发挥教育在人性改造上的作用，而不是置学校的人文精神于不顾，将"连坐"惩戒的阴霾留给教育。对学生实施教育惩戒是合理的，但是惩戒的方式是值得我们慎重考虑的，即使有些惩戒措施看似效果不错，我们也要十分警惕它们所带来的副作用，有些甚至不是目前就能看到的。

"连坐"虽然不是体罚，但是它的确应该像体罚一样被禁止，我们在班级管理中要坚决杜绝实行！

七、别拿学生当成人对待
——惩戒应基于学生的身心发展特点

作者·心语：我们生活在成人的世界里，整天目睹和接受着我们成人世界的管理方式。有些老师往往习惯把成人世界的一些规则和方法搬到自己的班级管理中去，这样机械地照搬这些方式和方法是很不恰当的，而且对于未成年的学生而言，也是很不公平的。所以，我们需要深入考虑我们所服务对象的身心发展特点，切莫让自己的教育惩戒方法与学生的身心发展不相适应。

在教育教学中，我们有时会不自觉地犯一种错误：把自己的学生当做"小大人"来看待。具体表现为，在教育和管理学生时，不考虑学生的年龄阶段，不考虑学生的认知发展，不顾及学生的实际

知识水平，而是主观地按照教师自己头脑里学生的情况去实施教学活动。比如，有的教师给幼儿园和小学一年级的学生讲课过分抽象，不注意在课堂上采用直观的形象帮助学生去理解学习内容。要知道，此阶段学生的认知发展多数处于具体运算阶段，讲课过分抽象，学生根本无法理解。这样做的结果，只能是对牛弹琴，让学生很难接受教师所讲的知识，教学效果会很差。遇到此类情况，教师不仅不容易做自我反思，反而对学生满是意见，动不动对班里的学生大吼："我都讲好几遍了，你们怎么还不明白？"这能怪学生吗？抽象的内容，讨厌的老师，郁闷的心情，学生不厌学才怪呢！

不幸的是，此类问题在班级管理中也存在着。我们不妨看一看一位小学二年级班主任老师的班会实录：

同学们，今天我们讲一讲期中考试的问题。我先谈一谈期中考试的意义。期中考试是一个学期中间的考试，它属于诊断性考试。所谓诊断性考试，就是对我们半学期的学习进行诊断，也就是检查一下前一段学习的情况。虽然诊断性考试不是升学那样的总结性考试，但是它也非常重要，毕竟它也反映了你前一段的学习情况，能让你充分认识到自己学习上还存在哪些不足、取得了哪些成绩。所以，同学们必须重视这次期中考试，争取考出好成绩。那么，怎样才能考出好成绩呢？方法只有一个，那就是努力学习！说到努力学习，其实同学们之间的努力是不一样的，比如，有的同学说我尽力而为争取好成绩，有的同学说我要全力以赴取得好成绩。这两者的区别是很大的。尽力而为争取好成绩，虽然也是尽了力，也有努力争取的意思，但是这不代表尽了全力，没有体现出志在必得的拼搏精神；全力以赴则是为了实现目标，做到竭尽全力去争取，它有一种背水一战的含义。所以，我建议大家要全力以赴！特别是在最近期中考试之前的这段时间，要做到全力以赴！

这位班主任组织这次班会的主要目的，就是号召全体同学为迎

接即将到来的期中考试,要抓紧时间努力学习,做到全力以赴。他虽然本意是好的,但是面对小学二年级的孩子,去介绍一些诸如诊断性考试、总结性考试的教育学术用语,去努力跟学生区分全力以赴和尽力而为的含义,讲话就显得太过抽象、故弄玄虚了,不便于二年级学生具体理解和执行。即便我们每个老师都学习了一些教育学和心理学的理论知识,我们能通达事物的道理,明确做事情的方向,但是,对于学生,特别是低年龄段的孩子而言,没必要去讲什么大道理,遇到非要讲理论不可的地方,也要注意通俗易懂、深入浅出,绝对不能使用一些看似高深的专业术语,这对于学生来说在很大程度上没有任何实际意义。这样的做法已经超越了学生的年龄阶段和理解能力。所以,我们不能试图超越孩子的认知发展阶段去让学生明白道理。

其实,孩子的道德发展也是分阶段的,我们也不能超越孩子的道德发展阶段去看待孩子的行为,对孩子提出过分的要求,甚至对学生的错误行为实施不恰当的惩戒。

4岁的鹏鹏对妈妈说:"我不敢去那个幼儿园上学了,老师会脱我的裤子。"想起一个月前被幼儿园老师脱裤子罚站的事情,鹏鹏心里仍然有点害怕,每次妈妈说要送他去幼儿园,他就又哭又闹。最近,妈妈不得不给他办理转学。

原来,在一个月前,鹏鹏因为跟其他小朋友打架,老师认为4岁的鹏鹏出手很重,所以就罚他脱了裤子站在阳台上,以示警告。恰巧那天早上,鹏鹏妈妈送了鹏鹏后就去买菜了,结果回来又经过幼儿园时,正好看到鹏鹏光着屁股站在幼儿园三楼的阳台上。当时鹏鹏的裤子被脱到膝盖处,他捂着屁股站着,妈妈还以为他要大便,于是急忙大声喊道:"鹏鹏,那里不能拉屎,赶紧把裤子穿上。"谁知鹏鹏一听到妈妈的声音,立马就哭了。他说:"妈妈,我没拉屎,老师罚我站。"说完,委屈地哇哇大哭起来。事后,鹏鹏妈妈找到园长,园长就只说了句:"真是不好意思!"

鹏鹏妈妈说，当时鹏鹏一直哭着说不想再去上幼儿园，她自己也很生气，但是想到当时已经交了下个月的学费，所以想上完下一个月再转园。鹏鹏妈妈怕孩子在幼儿园再受委屈，就没跟幼儿园追究这件事情。可是，这件事情给孩子的心理留下了阴影，从那次以后，每次提到上幼儿园，他都会大哭大闹……

在本案例中，我们看到幼儿园老师因鹏鹏打架对其进行了惩戒，但是老师采用的方式很不恰当，竟然让4岁的孩子脱了裤子罚站。鹏鹏不愿再上学的行为表现说明，教师的这种惩戒显然给幼小孩子的心灵留下了很深的阴影，以至于让孩子对上幼儿园产生了恐惧。我们都知道，幼儿园、小学阶段是孩子的身心健康发展的重要时期，在这个阶段，老师要多鼓励、多表扬。如果低年龄段孩子犯了错误，我们不去正确引导，而是用超过其年龄阶段的方式去惩戒孩子，无疑会损害他们的身心。对于幼儿园小朋友以及小学生来说，由于其正处在身体发育的阶段，绝不能采取有害学生身体的体罚方式。案例中幼儿园老师的做法不仅伤害了学生的幼小心灵，也惹得家长对学校极为不满。每个孩子都是妈妈的心头肉，看到自己幼小的孩子如此被老师惩戒，怎能让妈妈不担心呢？这样的惩戒，让家长对学校教师的行为心存芥蒂，今后学校需要家庭配合的事情就会遇到一些阻力，甚至留下学校和家长产生纠纷的隐患。

那么，这位幼儿园老师错在何处呢？我们看到，对于此次惩戒，这位老师提出的理由是：对鹏鹏与别人打架的行为应该给予制止，而且鹏鹏打架时出手太重。这样理解一个小学高年级或初中以上的学生的打架行为，我们觉得似乎可以支持这样的观点。但是，这样去看待一个上幼儿园孩子的行为便不妥当了，试问一个4岁的孩子如何知道自己打架出手的轻与重？像这样年龄的孩子很可能分不清什么是与同伴嬉闹，什么是与同伴打架，所以也就无从知道自己是否违反了学校的纪律。当然，我们不是说这样的违纪不需要处理，

只是说在考虑这个年龄段孩子的错误时，要根据孩子的年龄来判断孩子的错误，不能按照我们成人的标准去要求一个孩子，如果那样，很可能让我们的教育惩戒偏离了适度的轨道。显然，这位幼儿园老师是一刀切地根据犯错来惩罚孩子，没有顾及孩子的发展特点和惩戒本身的目的，对孩子提出了超过其年龄阶段的道德要求。结果不但伤害了孩子，而且也惹得家长责怨，这不得不引起我们的反思。

在现实中还有一种惩戒现象经常发生在某些教师身上，那就是采取罚款的办法来管理班级。

据《北京晚报》（2000年10月18日）报道，"磕桌子罚10元，蹬椅子罚10元，扔废纸罚5元，迟到罚5元，上课说话罚5元……"这张罚款清单赫然贴在北京市某中学初一（8）班的墙上已经一个多月了，不少同学尝到了老师这种所谓"有效的管理手段"的厉害，被罚最多的同学已经累计到了60多元。……据说，这样的物质惩罚手段不仅存在于这所学校，北京其他一些学校的班级也有类似的规定。该中学初一（8）班的班主任李老师说，她之所以制定这个罚款清单是为了吓唬一下学生，目的是为了让他们守规则、守纪律，为了把班级搞得更好。她认为，这种物质奖惩的方法明显比其他管理方法有效。

据《燕赵晚报》（2010年4月7日）报道，河北省石家庄市民贾女士反映说，她的孩子在该市某中学读高一。开学没多久，孩子就时不时地朝她要钱，说因为上学迟到，被老师罚款5元至10元。这让家长感到难以理解。一个学生在接受采访时称："有一次，老师还让我办个包月，说只要交纳200元至300元，就可以天天迟到。"学校制定"雷人"班规，通过罚钱来惩罚犯错学生的报道不时出现。对"罚钱教育"的批判尚未过去，没想到如今又冒出"迟到罚款可包月"的现象。不知是学校、老师实在教人无方，还是金钱观念已经无孔不入。

与此类似，也有教师在班级实行类似的惩戒制度。比如，学生来校迟到了，一分钟罚款几角；学生考试不及格，一门课罚款几元；学生之间吵嘴打架，一人罚块儿八角的，等等。这些对学生实施罚款的做法确实不妥，我们为此感到不安。对学生实行经济处罚的行为，不是一种能够达到正确教育学生目的的有效行为。学生不是劳动者，没有独立的经济能力，其学习劳动换来的是知识和能力而非金钱，故而无法支付罚款。因此，最终还只能由家长来掏腰包。试问，教师这样处罚的目的何在？我们不难理解，罚款的确对学生有警戒作用，但是这里面很明显有不择手段、不负责任之嫌，非但不能达到正确教育学生的目的，而且会产生许多消极作用。归纳起来，对学生采取罚款的惩戒方式大体可能产生以下不良影响：

①如果家长过于溺爱孩子，遇到罚款就帮孩子交上，这种自己犯错大人受罚的处罚模式容易助长学生对社会、家庭的不负责任态度。以后，孩子会渐渐习惯自己犯错让大人承担责任，这对孩子未来的成长极为不利。

②如果遇到对孩子管教严厉的家长，再对孩子实施惩罚，那么相当于孩子的一个错误受到两次惩戒。这还不算，因为家长过于严厉，孩子不敢把在学校的实情告诉家长，通常通过说谎来应付家长，会说老师让交什么钱买什么东西，这种撒谎的伎俩一旦得逞，孩子就会经常采用。这样，教师的惩戒非但没有制止孩子的错误行为，反而培养了孩子的另一种不良行为。

③对于经济困难的家庭而言，罚款的惩戒方式无形中加重了家庭的负担。一些犯错较多的孩子的家长，一学期仅此类处罚费用就得支付近百元。这样会让家长心生怨言。

④从社会的角度看，罚款容易给社会造成不安定的因素。一些受处罚的学生，回家不敢向父母要钱，为了交罚金，有可能去偷东西，也有可能去敲诈弱小孩子的钱，从而走上违法乱纪的道路。

⑤对于教师而言，这样做有推卸责任的成分。因为学生要交罚

款就必须跟家长要,家长就知道自己的孩子犯错了,可能对孩子进行教育,这样教师就轻易地把教育责任推给了家长。久而久之,这种方法容易助长教师简单急躁的教育心理和不负责任的态度。自此,学生再有错,教师就不愿做艰苦细致的思想教育工作,而是一"罚"了事。

⑥如果"罚款教育"的方式蔓延开来,就等同于培育了一种错误的经济思维,让学生以为犯错不可怕,犯了错就可以用金钱来弥补。对于学生而言,其不利影响已经很大,而"迟到罚款可包月"则把"罚钱教育"的错误推向了极端。它所宣扬的观念是,只要有钱,学生不仅可以犯错,还可以不断地犯错,不受其他惩罚地犯错。一次又一次地重复错误,渐渐地,所犯之错就成了犯错者的习惯,成了一种"理所应当",这对于尚处在世界观、价值观形成时期的学生而言,是一种巨大的伤害。

"罚款教育"究竟是学校面对"问题学生"不得已而为之的措施,还是受到社会上不良风气的影响?显然,还有更深层次的原因。但是,不可否认的是,以罚钱代替教育的管理方式,背后反映出的是教育者不愿意研究学生问题、不用心改善教育方式、忽视德育教育的现状。发现学生的错误并加以引导,帮助其改正,这是教师的天职。对此,有些教师有不同意见,他们认为,孩子手里有些零用钱,还有的是家长给学生的生活费,因此孩子不一定会跟家长要钱,而且这样的惩戒方法在班级管理中非常有效。

我们认为,孩子的生活费以及零用钱是用来满足孩子的一些日常基本需要的,我们不能剥夺孩子基本需要的满足,如果有些孩子的零用钱比较多,轻易可以交罚款的,罚款对于他们而言也就效果不大了。若说到对班级管理有效,这涉及我们从哪个角度来看的问题。如果从短期班级管理的效果来看,效果会貌似比较好,但是从长远来看,就如上面的分析,会造成不良的后果,违背了教育目的。很多教师喜欢以罚款方式来惩戒,究其原因很多,但最重要的还是

缺乏对教育规律和教育对象的研究，盲目套用社会上那些对成人进行惩戒的做法，造成了对青少年学生惩戒中的成人化现象。

青少年之所以是青少年，而不能把他们当做成人，就意味着他们在这个年龄段有着许多不同于成年人的特点，这就决定了对他们的教育应该采取那些适合于他们成长与进步的做法，绝不能把对成人惩戒的一些做法强加在他们身上，这是教育的特点和规律所不容许的。因此，应该坚决禁止和纠正对学生罚钱的做法，努力按照党的教育方针和法律法规办事，遵循教育现律，不断探索新时期青少年教育的良好做法，真正消除惩戒儿童中的成人化现象。

随便对学生实施罚款，反映了当今学校教育惩戒非理性的特点。这种非理性的特点具体表现为：教育惩戒的随意性，学生犯了错误如何实施惩戒都是随着教育者的主观意愿而定，没有一定的规则和标准限制；教育惩戒的专制性，教师制定的一些惩戒办法根本没有征求学生的意见，不管其合理与否，学生只能被动地接受，更没有征求家长的意见，很多家长虽然对教师的做法不满，但慑于自己孩子在该教师的班级里，所以敢怒不敢言；惩戒过度，教师在执行惩戒的过程中，没有把握好惩戒的度，用惩戒大人的方法来惩戒孩子就是其重要表现。

那么，怎样的惩戒才是符合孩子年龄阶段的惩戒？20 世纪 90 年代，联合国教科文组织下属的一个工作机构组织的一次国际中小学教育联欢活动，有 20 多个国家和地区的几百名教师和学生参加。其中，有一项活动是评选最受欢迎的教育方式，主持人设计了一个问题，要求所有的教师都做简单的回答。

大杰克和小杰克是孪生兄弟。二人合驾一辆轻型汽车上学，由于贪玩、睡懒觉，经常迟到。有一天，教师事先警告不要迟到（因为要考试了）。但是，他俩在上学路上玩耍，还是迟到了 30 分钟。老师追问原因，他俩称：汽车爆胎，到维修站耽误了时间。老师暗暗查明：补胎是编造的谎言。

上述事件,是联合国某机构的一次活动中特意设计的"思考题",让参加活动的200多个孩子（来自不同国家）针对以上事件选择最合适的惩戒方式。结果显示,有的选用"中国式"的惩戒方式:当面批评,责令写检讨,宣布取消评优资格。有的选"美国式"的惩戒方式:对兄弟俩说,假设今天上午不是考试,而是吃冰激淋,你们会不会补胎。有的选"英国式"的惩戒方式:把真相公开,让全班孩子引以为戒,并通报家长加以监督。而有91%的孩子选择"以色列式"的惩戒方式:提出3个问题,让兄弟俩分别在两个地方同时作答,即:①汽车爆的是哪只胎？②去的是哪个维修点？③补胎付了多少钱？

主持人认为:绝大多数孩子喜欢的方式,就是最适合的惩戒方式。它具有游戏性质,是在情景和活动中进行的,着眼于孩子的可接受性和可发展性。

可见,适合孩子年龄和促其发展的教育惩戒方式,学生不仅乐意接受,而且更能从中受到教育。

第四章

教育惩戒的
具体操作艺术和技巧

教育是一门科学，也是一门艺术。说它是科学，因为它必然受到一些客观规律的支配，我们如果不按这些规律办事注定是不会取得成功的；说它是门艺术，又是因为它不能是循规蹈矩的，需要教师的创造。教育惩戒作为一种教育活动，自然也不例外，正是因为教育惩戒的艺术性，所以才让它更加丰富、精彩。也许，我们常常感叹，同样的问题、同样的学生让那些优秀教师来教育，他们就能让学生心服口服，而且把师生关系搞得那么和谐、那么融洽，脸上整天洋溢着幸福的笑容。他们和孩子在一起总是显得那样快乐、轻松。

不要再为学生问题而发愁了，现在就让我们一起来领略众多优秀教师惩戒学生的操作艺术吧。这些鲜活的案例，其实就是你身边的故事，一定会带给你许多思考和启示，你也一定能从中找到自己想要的答案，放松紧皱的眉头。

一、班规要定于惩戒之前——让惩戒有"法"可依

作者·心语：俗话说，无规矩不成方圆。班级建设离不开一系列的规章制度，制定班规学生才能有章可循。否则，学生对于班级管理的要求不明确，摸不着自己行为的边界，在班级集体活动中无所适从，整个班级也就难以形成有自己特色的班级文化。比较健全的班规，可以使班主任的班级管理变得有"法"可依，学生受到惩戒也会比较信服，从而产生更好的教育效果。

社会的法制化特点越来越明显，人们的一切社会行为都要在法律规范下进行，这让社会更加稳定、和谐。班级虽然不实行法律，但它同一个国家一样也需要一些自己的规章与制度，依靠这些规章和制度才能保障班级规范化的运转。校规是站在整个学校层面，针对学生的共性问题进行约束和管理，不可能对每个班级学生的一切行为活动都制定相应的规定和标准，所以，班级必须要制定适合自己班级特点的班级规约，这样才能让教育惩戒有所依据。

凡事预则立，不预则废。班集体的发展也必须要有一个明确的目标和一条清晰的路径，而班级规约就是实现班级目标和发展规划的重要保障。班主任在建设班级之初，与学生一起制定奖惩分明的班级规约，并让学生学习和认识遵守与执行这些规章制度的重要意义，是班级管理的必需，也是规范学生行为的基础。

孙武是我国历史上伟大的军事学家。他理论建树颇丰，在实践中也运用自如。他刚出山时与吴王阖闾的一场练兵之争，最为有名。孙武以自己所著兵法13篇觐见阖闾，阖闾读后赞叹不已，但怀疑能否行得通，就选派180名宫女让孙武训练。这些宫女平时被宠惯了，哪里肯听指挥。擂鼓向前她们偏向后，号令朝左她们偏朝右，乱哄

哄的不成队形。孙武并不气馁，说："约令不为大家熟悉，乃将帅之过。"于是他对军纪三令五申。宫女们以为是闹着玩的，仍嬉笑如故。孙武正色道："我已反复演讲，你们仍不听，过在左右队长，先斩之！"阖闾见要斩爱妃，忙求情说："寡人已知足下能练兵了，请饶恕她们二人，没有她们，寡人实在是吃不下饭、睡不好觉啊！"孙武说："将在外，君命有所不受。"遂将两名队长斩首示众，然后重新任命队长擂鼓操练，此时情况大变，竟无人不遵从号令，训练收到了满意的效果。

不难看出，面对一群平时养尊处优、拖沓懒散、从未接受过军事训练的宫女，孙武之所以能把她们训练得服服帖帖、规规矩矩，主要原因有二：首先，孙武面对宫女开始的懒散并不介意，而把责任全都归在自己身上，因为是他自己没有提前跟这些宫女订立军纪，也未让她们明确军纪。于是，颁布军纪之后，他对军纪三令五申，让宫女们对军纪清楚地了解。其次，在反复申明军纪却仍有人不遵守的情况下，孙武不畏权势，不留情面，不因权废法，坚决顶住了各种压力，执法如山，于是收到了立竿见影的管理效果。孙武这样的做法，阖闾虽然不高兴，但是也没办法，因为孙武是按章办事，整个处理过程于情于理都可以说得通。既然每个宫女都已经清楚了军纪的要求，还有人违反，那就只好按军法从事了。这样，孙武不但树立和维护了军纪的威严，还让宫女们看到了他雷厉风行的管理作风，所以再没有人敢胡来了。正是凭借军纪的威严和超群的智慧，后来，孙武才能率领吴军征战诸侯，最终使国家跻身于"春秋五霸"之列。

分析孙武的做法，对我们班级管理的启示是：不知者不怪，知者有违方为错。孙武对于宫女们的拖沓懒散并没有一上来就给予惩戒。其实，按照国王阖闾赋予孙武的权力，他完全可以对不听话的宫女立刻实施惩戒。但是，孙武知道这样做并不合乎情理，因为懒

散惯了的宫女对于军纪不甚了解，在她们不知情的情况下，贸然实施惩戒，即便你有这样的权力，也不能让人心服口服。所以，作为当代教师，我们在班级管理中也要注意到这一点，在学生没有明确班级规章之前，不能随意实施惩戒，因为不为人知晓和认可的制度规约，实际上不具备约束力和执行力。如果非要实施，本质上就变成了一种武断的强制。下面这位老师的做法就比较好。

李老师刚接手了一个毕业班，男女生比例失调，男生居多占2/3。更糟糕的是，学生普遍没有养成良好的学习习惯，上课时随便说话、做小动作、起哄的现象也时有发生，尤为甚者，几个男生经常和任课教师"顶牛"。因此，这个班是全校有名的"问题班"、教师的"头疼班"。开始李老师也经常找这些学生谈心、讲道理，失望之下也曾采用过一些"过激"手段，但效果都不尽如人意。经过一段时间的反思，李老师决定改变班级管理的方法，如针对学生上课随便讲话的现象，他与学生协商，制定了这样几条规定：①上课时说与学习有关的话可以自由发言，无关的话必须举手得到老师许可方能说；②不举手说了与学习无关的话，第一次提醒，第二次请到教室外面说，把话说完了再进来听课；③如果不愿意到外面说，李老师会亲自"拉"着你的手到教室外面去说；④如果谁认为老师的做法不对，可以到校长室去评理。这几条规定宣布以后，该班的课堂纪律大为好转。其原因就在于教师的这些规定让学生明白了以下几点：其一，课堂是学习的场所，每个人都必须遵守课堂秩序，不可以随心所欲；其二，课堂上是自由的，但前提是必须遵守课堂秩序；其三，老师的做法经过仔细考虑，没有体罚学生，没有剥夺学生上课的权利，校长是支持老师这样做的。这几条规定让学生心服口服，无话可说，他们只好管住自己的嘴巴把心思放在学习上了。

上面的案例之所以是成功的，是因为教师惩戒学生是有班规依据的，而且这些班规也让学生十分清楚。但是，也有不少教师在这

些方面的处理很不妥，下面这位王老师的做法就值得商榷。

王老师刚被分到一所学校时先从事的是教务工作。一年之后，根据工作需要，他担任了初一年级某班的班主任。面对刚刚从小学升上来的一群孩子，面对千头万绪的班级工作，王老师内心不免有些焦躁。好心的同事杨老师曾叮嘱他：开学之初就要把孩子们管住，否则当以后班级纪律乱了时，你再想整顿好就将费很大工夫了。王老师觉得很有道理，于是针对班里这群刚刚升入初一年级的孩子实施起了"下马威"。王老师先从课间操集合开始整顿，对最后两名从教室出来集合的学生，责令他们在队伍外面罚站。做操期间，他来回巡视，发现做操不够认真的学生，就命令他们站到队伍前面去，让大家看看他们做操的样子，以示惩罚。在教室里，王老师一旦发现地面上有小纸屑，便根据纸屑离谁最近就罚谁晚上留下来做值日生。中午查午休时，王老师看到有学生没有按时入睡，就罚做下午宿舍的值日。一时间，班里被搞得人心惶惶，学生们见了王老师就像老鼠见了猫一样，唯恐自己因为什么事而被王老师惩罚。担心之余，也有些学生对王老师充满了反感，认为他有些不讲道理，不近人情，对事情不分青红皂白，也不尊重学生的意见。表面上看班级纪律还可以，背后却隐藏着学生对教师信任的危机，终于有一天，家长把电话打到校长那里，说王老师随意处罚学生……

王老师想在开学之初对学生的行为进一步规范，让学生们养成良好的行为习惯，也让班级生活在新学期有一个良好的开端，这并没有错。但是，王老师采取"新官上任三把火"的方式有些过急，方式不当就难以达到预期的效果。特别令王老师没有意识到的是，学生对他最大的意见在于他惩戒的随意性。王老师自己心里有一套学生行为规范，可是学生并不知道。这就让学生们心中无数，行为无依，因而对老师的管理就很不配合，很不认可，并且经常担心自己不知何时何处就会被惩戒。这是班级管理中典型的专制做法，即

班主任一人说了算，说学生好学生就好，说学生不好学生好也不好。这种武断的人治方式，必然会引发一系列不良后果，因为老师事先并没有让学生清楚应该做什么、不该做什么，而老师在学生不知情的前提下，一上来就惩戒，所以学生心里肯定不服气，有的还因此对老师很有抵触情绪。时间一长，那些被多次惩戒的学生就开始对老师心生怨恨，个别逆反心理强的孩子开始故意跟老师"顶牛"对着干。对于大多数学生而言，他们因担心会被无端惩戒而惴惴不安。在这种师生情绪对立、学生人人自危的情形下，王老师的管理目标自然会很快流产。

　　对这样的做法，我们应该引以为戒。那么，如何避免此种情况的发生呢？我们认为，班主任在接手班级之初，就应该与学生一起建立班级的学生行为规范标准。当然，这套标准里面最好要包含对不良行为的惩戒办法。这样，在学生了解和认可了班级规范的情况下，班主任再实施有关的教育惩戒，学生就不会有太多抵触，而且学生也参与了班级制度的制定过程，本身就是这些规范的制定者，所以，一般不再会有太多的怨言。

　　于是，一个新的任务就随之而来了。我们该如何制定民主的班级规约呢？

　　制定班级规约时务必要做到认真细致、统筹兼顾，具体来说，需要注意以下几点：

　　①班级制度一定要在民主的基础上通过协商产生，再进行适当集中，最后出台公布，班主任绝不可以一人越俎代庖，否则专制性的规定很难让学生坦然接受。制度在实行过程中，发现确有不当之处，可以在广泛征求意见的基础上进行修改，但一旦确定下来，任何人（包括班主任）都不能随意更改，一定要让学生感受到班规的公正性和严肃性。如果是涉及对学生违纪行为进行惩戒的内容，还要征求家长的意见，教师之间也要广泛讨论。一个多方意见不一致的惩戒性班规，会在具体执行时遇到各种阻力，一旦引发纠纷，那就事与愿违了。

②班级的规章制度还要符合我国的法律精神,绝不能随意侵害学生的法定权利。比如,有位班主任曾制定了"学生上课说话违纪就用教鞭打手心5下"的惩戒制度,这显然是不合法的。即使学生、家长、教师能够认可这一做法,也是不能实行的。合乎国家法律是制定班级规约的最基本要求。

③由于学生的违纪毕竟不同于成人的违法,教师要本着教育的原则,所以惩戒性的规定最好富有弹性。比如,可以让惩戒的条目不是一条,而是相对并列的若干条,让学生可以自由选择,这体现了对学生个别差异的尊重。学生也会感受到教育惩戒的人本性、自主性,这样可以尽量弱化教育惩戒的负面效应。

④班级的惩戒性规约一定要符合教育的规律。对这一点,班主任要充分把关,让惩戒方式方法的制定过程同时成为违纪学生进行一次自我反思、自我感悟的过程。在这个过程中,真正让学生在思想上有所领悟,在行为上有所改变,开始对自己的行为负责。比如,某所学校对违纪较严重学生的惩戒中有一条规定:"由政教主任在课余时间带领违纪学生参观学校荣誉展室,并介绍学校发展的光辉历程,特别是曾经培养出的杰出人才,之后,学生要写出300~500字的感想。"这就是一种体验式的教育,目的就是让学生有所感悟,从而唤起内心的良知。

好的制度有了,还要采取措施保障这些制度的执行,如果没有相应的人去监督执行,制度是没有任何用处的。所以,班级在制定相应的惩戒性措施的同时,还要有配套的保障运行制度。制度落实要靠学生,特别是班干部和班内的积极分子,教师要充分发挥他们在这方面的主动性、积极性。我们曾在学生违纪的惩戒中实行惩戒通知制度,每个违纪的学生都会收到一张值日班长和班主任联合签名的惩戒通知单,通过这种形式就是要让学生非常明确自己为什么而被惩戒,也让学生在脑海里树立起生活的规则意识,记住哪些班规、校纪是不可以违反的。我们把这个通知单留给学生保存,在提醒警

示下，这个学生一般不会再犯同一类的错误了。

我们在班级管理实践中深深体会到：通过班主任与学生一起制定班级的规则，一起执行班级的规则，让学生了解规则的来龙去脉，明白规则的重要意义，不仅有利于促使学生自觉遵守学校、班级的行为规范，起到防微杜渐、惩前毖后的作用，而且有助于培养学生的责任意识、规则意识与法制精神；同时，对学生抵抗诱惑、战胜诱惑能力的培养和良好人格修养的形成，也有巨大促进作用。在这样比较科学、系统的操作前提下，班级管理必然会井然有序、富有成效。

二、校纪班规面前人人平等——处罚切莫有失公允

作者心语：中国有句古话：人不患寡而患不均。它说明人在群体中有时并不在乎别人给予自己东西的多少，而在乎自己在这一群体中是否被平等地对待。不均就意味着地位的不平等，给予自己的东西少就意味着自己比别人低一等，特别是自己本应被平等对待时却受到不公，这会让人难以接受。教师是一个班级的组织者、引导者，无论你处理班级的大事还是小事，都有几十双明亮的眼睛看着你，一定要做到公平地对待每一位学生。特别是在备受关注的教育惩戒中更应注意这一点，因为学生最厌烦的就是教师的偏心。

法律面前人人平等，已成为大家的共识。那么，在校纪班规面前是否也该生生平等呢？答案当然是肯定的，特别是在涉及教育惩戒的时候更应如此。民主、平等已经成为我们新时代的一个重要特征，平等地对待每一个孩子应该是我们每一位教师要时时遵守的基本职业道德规范之一。作为人民教师，如果因为我们的偏袒传达给孩子的不是人人平等，那么在这样一个不平等氛围中成长起来的孩

子，在未来的生活、学习中也往往不会平等地对待别人。如果连教育都不能倡导民主、平等之风，那么我们还靠什么来顺应当前不断前进的社会文明呢？大家可能都熟知前苏联作家契诃夫笔下的那个"变色龙"——奥楚蔑诺夫，他之所以成为被讽刺的笑柄，就是因为他不能秉公执法，不能平等地对待国民，总是见风使舵，变来变去。幸亏奥楚蔑洛夫干的是警察，如果做了人民教师，他会怎样呢？他会公平、公正地对待每一个孩子吗？如果大家对教师偏心会给学生造成很大负面影响的现象还不太相信，还不太了解，那么就让我们看看百度贴吧中学生们对老师偏心的讨论吧！

黑客：老师对学生应该一视同仁，不能对好学生太重视，而不关心差学生，否则"差"学生的学习就会越来越差。都是老师的学生，见了面都喊老师，只是由于种种原因有人学习落后了而已，所以老师最好一视同仁地对待学生。

紫水晶的梦：我觉得老师偏爱好学生无可厚非，因为好学生能给班里提分，能为班级争光，老师们看着也顺眼，自然备加爱护。应该说大部分老师有这种心理。但是，学生可以这样理解老师，老师最好也能考虑到班级那些差学生的心情，所以还是公平为好。

樱花木子：有时，我觉得老师偏爱好学生很不公平。老师有时也说，不应以成绩论英雄，而他们却有时情不自禁，哎，悲哀哦。

星语心愿：说实话，老师偏爱好学生这种现象实在太普遍了，我是非常不喜欢的，尽管我也是好学生。因为这样会造成"坏"一些的同学不被尊重，他们的学习成绩也越来越差。

魔法酷恋：现在的老师太偏心了，好学生做错事也不说，差学生没做错事也要说，老师不应该这样来评价学生的好坏，而应努力让每个学生都一样好。

快乐的大米：我的老师十分慈祥，从来不偏向哪个同学，无论你哪天有进步，她都会看到。能碰上这样的老师，我真是三生有幸，呵呵！

盒子：唉，我们老师可势利了。一开始到这个班，还觉得这个老师挺好，可是越到后来越觉得她根本不配当老师。但有时她说我们的时候，自己都哭了，我们也很感动，真不知道该怎么对待她……她总是偏爱一些家庭条件好的学生，像我们这些家庭条件一般的同学，她从来不管不问，真的感觉自己比别人差了一截似的，有一种处在半殖民地半封建社会的感觉。唉，我那老师，真不知道该怎样对她……

Cherry：曾经有位老师说过一句话让我记忆最深："一碗水不可能端平！所以，我不可能公平地对待每个学生。"我听了这话心里挺舒服的，因为他说了实话，比那些道貌岸然的老师、惺惺作态的老师强多了。本来嘛，是人就不可能完全公平，为人师表的又何必为了让学生安心而说谎呢？我憎恶言语不一的人，尤其是老师。

爱丽丝：唉！谁不喜欢好学生呢？我们班考完试就要换座位，不用说，好的学生肯定在中间。

轩辕：哎！现在的老师真是的，偏心偏大了。好学生好像有了特赦令，坏学生呢，就是看看地，也要被拖到午门"斩首"！这样只能导致好学生无忧无虑，坏学生坏到底，其实是两败俱伤……所以，我劝偏心的老师不要偏心了！

星空诺言：……又是一阵批评声："哎！为什么差生迟到老师就批评，而好学生迟到就没事呢？"我的同桌又感叹了！是啊，为什么老师都要偏心呢？我虽然是好学生，但我也"耳听为虚，眼见为实"了。老师总是偏心好同学，而坏同学总是在一旁嫉妒地看着。我希望老师可以公平地对待每一个人，没有偏心，没有嫉妒，只有公平！！！

塔卡娃娃：嗯，不管怎么说，老师还是不应该偏心啊！不过，这个也是要看为什么偏心，如果只是因为这个学生会巴结而偏心，我很反感。但如果是因为学生自己自暴自弃、屡教不改而不被老师喜欢，那就没什么好说的了。毕竟都是人啊，如果我自己是老师，

也不会偏爱这样的学生。

楚昭南：说实话，我不赞成老师只偏爱好学生，因为这样会打击中等生和差生的自尊心。有些同学并不是不想学，只是不被老师重视，学习成绩才直线下降。实际上，有时老师的一个眼神、一句话都会在学生心中起很大的作用。

祈祷少女：我的小学老师很和蔼，不会偏心。可上了初中，我发现老师偏心得好厉害啊！可能是小学老师比较偏向我吧，所以才会有这样的反差。总之，上了初中后，老师总对她心目中的好学生很好。其实，那些学生学习并不怎么好，可给老师的第一印象好，所以老师就对他们好。我不喜欢偏心的老师！

消失的美丽：我从小就受到老师的喜爱，所以我更能感受到老师对好学生的喜爱，每年评三好或优秀，同学们就会对我说："不用说，肯定有你了！"所以每年的三好或优秀都有我，而我在老师的帮助下，又得了不少奖……我从小受宠，有时也会听到其他同学说，老师喜欢我。不过，老师有时真的很偏心哟……

开心菲儿：我觉得老师不应该总偏心好学生，差学生只是学习差，又不是本质坏。老师应该对每一个学生都公平一些，这样差学生心里也会感激老师，学习会更上一层楼的！

……

网络世界是虚拟的，但学生们的留言却是真实的。我们看到孩子们的发言虽然不尽相同，对待老师偏心的态度也有差别，但是几乎所有的孩子都不喜欢偏心的老师，都不愿意自己被不公平地对待。学生对这一问题的热烈讨论也正说明了教师偏心问题普遍存在的事实。很明显，在教师的教育惩戒中，也存在很多类似的问题。我们经常可以看到，很多老师按学生的成绩和是否听话把学生划分为三六九等，成绩落后或纪律差的学生经常被安排在教室后面边角的座位上，平时也很少过问，而对那些学习成绩好的学生则关心备至、

呵护有加。在我们与学生的谈话中还了解到，一些教师有十分明显的偏向。当"好学生"与"差学生"犯同样的错误时，教师常常偏袒"好学生"，而严厉责备"差学生"。比如，一个成绩好的学生与一个成绩差的学生打架，即使前者是主要过错方，挨批评的也往往是后者。学生对教师在相似情况下表现出的不公正、偏心颇有微词。无疑，老师在让个别学生受宠的同时，无形中伤害了另一些学生，也损失了教师在学生心目中的良好形象。那么，教师在教育惩戒中，若不能公平地对待学生，会对学生造成哪些危害呢？

教师，特别是班主任的"偏心"，对优等学生来说也并不是一种好事，时间长了，会使这部分学生产生一种"优越感"，认为自己处处优秀，进而产生和强化自负的情绪，变得盛气凌人，甚至去打击、嘲讽学习比自己差的学生；还会使一部分优等生形成只能接受表扬而不能接受批评、经受不起挫折的脆弱心理。在现实生活中，一个人很难始终保持优秀，一旦这些昔日的优等生不再处于优势，不再像原来那样受到老师的宠爱，他们便无法接受现实的冷落，出现心理失衡问题，甚至酿成悲剧。年龄小的学生思想比较单纯，道德观念比较薄弱，辨别是非的能力也不强，有很强的向师性，如果班主任"偏心"某些学生，犯了错误并不对其实施惩戒，这样就会减弱他们对是非的分辨能力。

后进生经常被教师忽视、冷落，接受教师的不公正对待，他们会受到更大的心灵伤害，有的与教师的心理距离越来越远，参与班级事务更加不积极，有的甚至破罐子破摔。所以，教师的偏心让这些孩子遭受的不仅是学习上的失败，还有精神上的打击。试想：等这些孩子走向社会后，他们会用怎样的眼光看待社会，怎样对待他人呢？试想，一个从小受到不平等对待甚至歧视的孩子，长大后会平等、民主地善待他人吗？显然很难。只有在公平、民主氛围中长大的孩子，才能将他在耳濡目染中形成的公平、民主的思想和行为带给他人。

学生对教师的偏心是记忆深刻的。一位老师曾在自己的博客中回忆起自己童年做学生时的事,感慨万千。她说,有件事对她触动很大。

记得我小学一年级的班主任,她年轻漂亮,爱钱也爱打扮。其实我现在作为一个20多岁的年轻人,也很能理解她。但是,作为老师,她给我们上了最早的关于社会和现实的一课。

当时班里有个女同学,内向、学习一般、长得不起眼,入学后坐在教室的最后一排。第二个学期开学,她突然被调到第一排。有时上课之前,班主任会给她送瓶饮料什么的,然后有事没事就表扬她。有同学说这个女孩本来父母离婚,没人管,很可怜,可她爸爸第二学期的时候不知道怎么突然成暴发户了,给老师送了连衣裙和其他礼物,然后班主任就喜欢她喜欢得不得了。

现在想来,这个年轻班主任也没做什么过于出格的事情,要说老师也是人,也要吃饭的,这位老师只不过在同学们面前亲此薄彼表现得太明显罢了。但是,老师对人一生的影响至深,碰到了这样的老师,还是对孩子们的心灵产生了不好的影响。

那么,是什么原因让老师喜欢或者讨厌一个学生呢?有这样几类孩子会让教师不自觉地喜欢他们,也常常让教师的教育惩戒有失公允,需要我们注意。

①老师会喜欢心态阳光的学生。许多人认为老师当然是喜欢成绩好的、优秀的学生,这个不假。事实上,多数老师更喜欢那些心态阳光的学生:这样的学生不一定成绩好,也不一定是非常安分守己的,有时也会犯点小错,但这样的学生没有很深的心机,对同学、对老师都是笑脸相迎、真诚热情。比如,学生赵强是班上的体育委员,学习成绩不算好,上课有时也打瞌睡,但他在运动会上任劳任怨,为同学们的比赛工作忙前忙后。班上的接力赛输了,同学们都指责他人员安排不当,他也不反驳,还是照常工作。在总结会上,同学

们对体育委员表示感谢，他也不沾沾自喜。

②老师喜欢能主动接近老师的学生。有一个学生叫阿健，他的一个语文老师为人随和，阿健从不喊他"老师"，一直都是叫这个语文老师为"亲爱的叔叔"。虽然阿健成绩不好，也常常出一点小麻烦，如不完成作业，但他的品行没问题，和同学们的关系也相当好，下课了，不是唱歌就是和同学们说说笑笑，一旦学校有文娱活动，他还主动组织一两个节目。这样的同学，老师也特别喜欢，虽然他们在班级学习成绩的平均分上会拖一点后腿，但因为他们喜欢接近老师，所以成为老师喜欢的学生。

③老师不自觉地会偏爱那些热心公益的学生。明智同学学习一般，但他总是热心班级事务，班主任的号召他总是第一个积极响应，特别是班主任倡导为班级做出贡献的事。比如，为了美化教室里的学习环境，老师鼓励学生从家里带花来学校，明智个人一下子就搬来5盆花，让班主任感动不已。

与之相反，有几类学生则通常不被老师喜欢。

比如，跟老师顶牛的学生。由于这样的学生逆反心理强，通常是老师安排向东，他却偏要向西。最让老师们受不了的是，这样的孩子有时不看场合，特别是在公开场合下跟老师顶撞，很多老师有把这种孩子赶出自己班级的想法。所以，这样的学生自然容易在班级里被老师们歧视。再就是喜欢搬弄是非的孩子、为人自私的孩子、明知自己落后却对老师的劝告一点也不在乎的孩子，等等。

但是，作为教师，我们需要明确的是，无论是哪一种类型的孩子，其实都是我们的学生，都是我们的教育、塑造对象，我们不能以自己的好恶而厚此薄彼，使那些不被老师喜欢的孩子处在教育的阴暗角落里。若是这样，这群孩子长大之后，很可能慢慢成为社会所不喜欢的孩子，那么我们做教师的岂不是没有尽到作为教育者的社会责任吗？！我们不能避重就轻，随意显露自己的好恶，给学生留下不好的印象。

当然，平等地对待每一个孩子，并不是说在实施教育惩戒时不要因材施教了。每个孩子都有自己的特点，不同孩子有不同孩子的需要，教师可以根据不同孩子的特点进行教育和惩戒。比如，两个同学数学都考了 80 分，老师可以在班里对一个同学进行表扬，说他这段时间非常努力，这次成绩进步明显，希望他下次能够继续努力，争取获得更好的成绩；而老师把另一个同学单独叫到办公室里，对他这次成绩下降提出了善意的批评，并让他仔细分析这次成绩退步的原因，做出下一步的努力计划。面对取得同样成绩的两个同学，老师对一个同学进行了表扬，对另一个却提出了善意的批评，这并不代表老师对待两个学生不公平，老师这样做是针对两个学生不同的学习能力做出了不同的要求。

再如，一位老师检查星期天的作业时，发现两个学生都没有完成，但是老师却对一个孩子说今后继续努力，争取完成作业；对另一个孩子则要求他写出未完成作业的说明书，并且在下一个周末布置作业时给他增加 1/3 的量。很显然，教师这样处理会让后一个学生非常不满。在不理解老师的情况下，大多数孩子认为，老师是在偏袒前一个同学。其实，这位老师这样做的原因是，前一个学生经常逃学，以前从未做过家庭作业。在老师、家长的共同努力下，这个孩子开始努力学习了，但由于基础差，一些题目确实不会，所以没有完成作业。因此，老师应该给他更多的鼓励。后一个同学则比较聪明，但自我管理能力差些，贪玩，成绩忽上忽下，所以老师对他要求比较苛刻一点。学生由于年龄限制，会对我们的管理行为存在异议，这时老师要耐心地跟他们讲明道理，以免学生对老师产生很大的误会。

公平、公正地对待每一个孩子，让每个孩子都抬起头来走路。这话说起来很容易，但要真正做到还需老师们付出更多的努力。如果老师都能彻底更新观念，在与学生的平等对话中，发现问题，改正问题，走出"偏心"，那么，一种和谐、愉快的教育环境就会很快

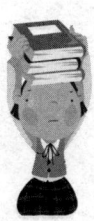

形成。教师如何才能更好地做到对学生公平、公正呢?

①加强自身修养,努力做到生生平等。我们要认真学习教育伦理学知识,提高自身道德修养,树立以人为本的教育理念。我们要努力做到言行一致,为学生树立良好的榜样。比如,要尊重、关心、理解和信任每一个学生,要以科学的态度看待学生的差异,不可对学生有亲有疏,特别是在先进生与后进生之间,对不同品格、个性的学生要一视同仁。教师不能因为学生功课的好坏而把优秀生视为天才,倍加赞赏,对稍落后的学生则置之不理,这样不仅会伤害学生的自尊心,影响学生的个人成长和心理健康,还会使整个教育活动受到阻碍。同时,要充分认识偏爱学生的危害,对存在差异的学生要做出正确的评价,一分为二地看待:既要看到优秀学生身上的缺点,又要善于发现后进学生身上的"闪光点",树立"人人都是才,人人能成才"的信念,并贯彻到自己的行动中去。

②树立师生平等的理念,让学生感受到教师的尊重。学生对自己能否被老师平等地对待、能否被老师尊重十分敏感。所以,在班级管理工作中,我们要虚心听取学生的不同意见,缩短师生之间的心理距离,让每个孩子感受到教师的一份尊重。现如今,在新课程标准的规范下,班级自主管理、自主学习的理念深入人心,教师更应平等地对待学生,充分发挥学生的创造力来促进其发展。

总之,教师爱一个学生等于培养一个学生;讨厌和歧视一个学生,也就意味着将要毁掉一个学生。教师的偏爱,对于全体学生都是有害的。教师应努力克服偏爱心理,把爱献给全体学生,使每一个学生都得到健康的发展。

三、惩戒应伴师爱而行
——让学生感受到另一种形式的爱

作者·心语：教育是基于爱的。高尔基有句名言："谁爱孩子，孩子就爱谁，只有爱孩子的人，他才可以教育学生。"但是，教育之爱不是溺爱，不是一味地迁就，不是无原则地包容错误。教育之爱是爱与严的结合。惩戒作为一种教育形式，它更是基于爱。没有爱的情感作为基础，教育惩戒达不到最佳的效果，还有可能由此产生恨。用中医之说比喻教育惩戒最形象、最贴切不过了：教育惩戒就是一种扶正祛邪而不损害受罚者的身心健康的疗法。所以，我们应该让惩戒伴师爱而行，为犯了错的心灵疗伤。教师切不可在惩戒学生时，把自己定位于"刽子手"的角色，满脸杀气，怒向学生。

说到教育惩戒要伴师爱而行，这似乎不仅仅是出于教师教育的目的要求，更重要的是，爱也是一种教育手段。我国著名翻译家夏沔尊先生在翻译《爱的教育》时，说过这样一段话："教育之没有情感，没有爱，如同池塘没有水一样；没有水就不成其为池塘，没有爱就没有教育。"爱的力量是伟大的，如果让它与教育惩戒结合起来，那将会对学生产生极其深远的影响。著名教育家陶行知先生的一次教育惩戒，为我们很好地诠释了什么是"伴师爱而行"的教育惩戒。

一天，陶行知先生看到一位男生要用石头砸同学，将其制止，并让男生到校长室。等陶先生回到办公室，见男生已经在那儿等候了。陶先生掏出一块糖，给他："这是奖给你的，因为你比我先到办公室。"接着他又掏出一块糖，"这也是奖给你的，我不让你打同学，你立刻住手了，说明你很尊重我。"男生将信将疑地接过糖果，陶先生又说："据我了解，你打同学是因为他欺负女生，说明你有正义感。"

陶先生掏出第三块糖给他,这时学生哭了:"校长,我错了,同学再怎么不对,我也不能采取这样的方式。"陶先生拿出第四块糖:"你已经认错,再奖励你一块,我的糖发完了,谈话也该结束了。"陶行知先生在"一团和气"中惩戒了这个犯错误的同学,既客观地帮助他分析了错误的原因,又点明了这名学生身上体现出的优点(正义感),并用四块糖做奖励,真可谓寓惩于奖,奖惩结合,充分体现了一位教育家对学生深厚的爱。

陶行知先生没像我们有些老师那样,看到学生拿石头打人,就对其进行劈头盖脸的训斥。他惩戒这个学生的过程非常巧妙:首先,他对学生的错误避而不谈,而是关注到了这个学生身上的优点,并对孩子的这些优点积极鼓励、赞扬;其次,学生的认错过程是自发的,不是陶先生给他指出错误,而是通过激起学生内心里的善,让学生自己意识到错误,进而留下内疚的泪水;最后,整个谈话一团和气,没有批评,没有训斥,既体现了对学生的尊重,又让学生深深地感受到老师对他的爱。陶行知先生这一绝妙的处理方式,收到了非常好的教育效果,十分值得我们学习。

然而,我们很多老师在对学生的错误进行惩戒时,丝毫没有让学生感受到老师对他的关爱。我们来看发生在办公室里的一个场景:

"报告!"下课铃声响过之后,张老师听到门外有喊报告的声音。"进来!"张老师抬头一看,不是别人,又是自己班里的"违纪大王"圣春,一股厌烦之气油然而生。张老师阴沉着脸问了一句:"你又来干什么?"圣春低着头,怯生生地说:"生物老师让我来的。""叫你来干什么?快说!"张老师的声调一下子高了起来,把圣春吓了一跳。"我上课回头问丁峰一道题,然后丁峰笑了一下,生物老师就说我们俩在说笑。""哎呀!你还知道问别人题?很难得呀!生物老师应该表扬你才对呀!但是,说你圣春学习,谁信呀?!天天来办公室,我真是看烦你了!赶紧给我站一边去!"张老师满脸怒气,也不想

细细听圣春的解释,把他赶到了墙边。这时有几个课代表来办公室拿作业,圣春站立的位置有些碍事,于是他不住地躲让。张老师见状,气愤地赶他去墙角站着,让他别在这里碍事。张老师平息了一下自己的情绪,继续备自己的课。上课铃响了,张老师还没有让圣春回去的意思,可能觉得他在教室里也学不了多少东西,没准会影响其他孩子学习。过了好一阵子,约有半节课的工夫,张老师突然意识到圣春还在墙角站着。于是,转过身去,喊了句:"过来!"圣春低着头走了过来。"我跟你谈过多少次了?屡教不改!从现在起到周末,如果再犯一次错误,周一返校时把家长也喊来,回去吧!"圣春逃也似的离开了办公室。

在此案例中,圣春确实是一个经常犯小错误的学生,张老师似乎对他已经失去了耐心。对于圣春上课说话的违规行为,张老师也没有做详细的调查,惩戒的方式就是训斥、罚站。这样的惩戒过程会对圣春产生什么影响呢?圣春会不再犯错误吗?圣春没有一个良心发现的过程,他只是感觉班主任非常讨厌自己,惩戒的过程根本没有让他体验到老师对他有一丝的爱。像这样的惩戒带给圣春的只能是一种心灵上的伤害,会让圣春变得自卑、更加破罐子破摔,与老师的心理距离也会越来越远。老师自己也从学生时代走过,应该知道学生是活生生的人,在与学生的互动中,老师的行为、表情、言语表现出的是爱还是其他的情感,学生是能够感悟到的。如果老师欣赏、关爱孩子,回报老师的就是孩子变得懂事、听话,遵从老师的教导;反之,孩子感觉老师疏远、讨厌他,他就会跟老师保持越来越远的距离。一切后续的教育也因为学生不能再亲其师,也不愿再信其道,而很难实施。苏霍姆林斯基说:"对孩子的热爱与关怀,是一股强大的力量,能在人身上产生一种美好的东西,使他成为一个有理想的人;如果孩子在冷漠无情的环境中长大,他就会变成对善与美无动于衷的人。"可见,失去了爱,教育惩戒的目的是难以实现的。

通过以上两个案例的对比，我们更加佩服陶行知先生，他不但面对学生的错误能保持内心的淡定，而且能寓奖励于惩戒之中，通过奖励激发起学生内心的善，从而改过。这样的惩戒方式，充分体现了这位教育家对学生爱的艺术。其实，在教育惩戒中爱的体现形式是多样的，曾有一位英国的校长对学生就实施了一次别样的惩戒，这次惩戒被称为"美丽的惩罚"。

在英国皮亚丹博物馆中，有两幅引人注目的藏画：一幅是人体骨骼图，一幅是人体血液循环图。这是一个名叫约翰·詹姆士·麦克劳德的人画的，谁能想到他当时还是一个小学生呢？有一天，麦克劳德忽然想看看狗的内脏是怎样的，于是他就和几个男孩偷偷套住一条狗宰杀，把内脏一件一件剥离后进行观察。谁知这条狗是校长养的宠物，校长当时很恼火，学生真是无法无天！再说被狗咬伤了怎么办？不加以惩罚绝对不行！这位校长没有过多考虑自己损失了心爱的狗，而是想着如何借此机会好好教育这个孩子。经过冷静思考之后，校长没有停留在让孩子认错赔偿的常规处理上，而是罚麦克劳德画一幅人体骨骼图和一幅血液循环图。麦克劳德也深知校长的良苦用心，于是回去耐心、细致地研究狗的骨骼和血液循环路径，最后经过努力终于完成了校长布置的作业。这就是英国皮亚丹博物馆收藏的那两幅画。麦克劳德后来成为一位解剖学家，就得益于他的校长的那次"美丽的惩罚"。

此案例让我们感慨颇多，让我们看到了爱的诸多内涵。首先，教育惩戒中的爱是一种无私的爱，在让学生认错赔偿和借此机会好好教育学生面前，校长选择了后者，这足以体现校长对学生爱的深切与纯真。其次，我们看到校长的惩戒有别于常规，他洞察到了孩子杀死狗的动机是为了探究事物的奥妙，不但没有放过这一点，而是很好地利用了这一点，让孩子画出解剖结构图。这样的惩罚既符合孩子当初的愿望，又培养锻炼了孩子的能力，可以说校长的这一

惩戒是一次促进学生发展的惩戒。再次，这也不失为一次严厉的惩戒。因为要完成两幅画并非容易，特别是麦克劳德当时还是小学生，需要付出很大的努力才行。但是，从这一点上看，校长是相信孩子拥有这一潜能的，结果也证实了这一点。校长的这一次美丽的惩戒既造就了一位杰出的解剖学家，也让他的这种在惩戒中彰显爱的教育传为教育界的佳话。

无论陶行知先生还是这位英国的校长，他们的惩戒都体现了以爱作为基础的原则。用陶行知先生自己的话说，就是：谁不爱学生，谁就不能教育好学生。爱是教育的前提，而信任是教育的开始。一个优秀的教师，首先应当用自己满腔的爱去关心、尊重学生，耐心细致地指导学生，与学生沟通思想感情，使自己成为学生爱戴的人。

既然教育惩戒不能没有爱，那么，如何让教育惩戒彰显爱呢？这并不是轻而易举的事情，也不可能随手拈来。

要让惩戒体现出自己对学生的爱，教师首先需要提高自己的师德修养，做到真正为了教育、真正拥有一颗无私的心才行。有些老师不愿面对犯错的学生，不愿听到学生犯错误，一听到学生犯错使班级被扣了分，心里就一百个不愿意，心里哪里还有什么对学生的爱。这其实是一种自私的想法，只是为了自己的名誉，而忘记了自己应尽的教育责任。我们觉得这样的老师应该加强师德修养，弄清楚什么是教育，如果孩子们都听话，那么老师的教育还有何用？教师师德水平上不去，故意装出爱学生，很容易被学生识破。

其次，"了解"是做好工作的方法之源。我们看到，陶行知先生事先了解了面前的学生之所以拿石头打人是因为那个学生欺负女生，陶行知据此认为他有正义感，并积极给予表扬。英国的那位校长了解到孩子们把自己的狗杀了是想看看狗的内脏这一心理动机，从而积极加以利用。可见，在惩戒中要体现爱，必须以充分了解学生作为基础。

最后，要让惩戒体现出老师对学生的爱，老师一定要多动脑思

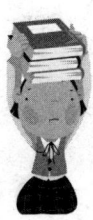

考处理问题的策略，不能感情用事。对于班级存在的问题，很多班主任老师不能冷静、理智地去处理，而是脑袋一热，随便处置，不考虑实际效果。殊不知，这样做很可能会给以后制造更多的麻烦。其实，在教育惩戒中彰显爱的方式方法是多样的，是需要我们进行探索创新的。我们身边爱学生的例子很多，而且也非常巧妙，这些都是出于教育的责任和爱心的结果。

在美国某学校，有这样两个女孩：一个叫麦克穆林，一个叫伊丽莎白。在一次考试中，麦克穆林抄袭伊丽莎白送过来的答案，被老师发现了。她们承认错误后，老师拿起一个松木板子，要对她们进行惩罚。老师叫她们各自趴在中间隔着一张大办公桌的两把椅子的椅背上，不许互相偷看。"啪"的一声，惩罚开始了。麦克穆林觉得是伊丽莎白在替自己挨揍，她流着眼泪哀求老师不要打伊丽莎白而应该打自己。紧接着"啪"、"啪"两声，似乎每一板子都打在伊丽莎白背上，麦克穆林再三哀求也无济于事。在伊丽莎白听来，板子却是一下一下打在麦克穆林身上。过了一会儿，她们几乎同时抬起头来，看到老师在加了垫子的木椅上重重地拍了一下，这才恍然大悟。

上海市比乐中学校长唐关胜曾这样处理过一个严重违纪的学生：唐校长先让学生在学校荣誉室里了解学校获得过的所有荣誉，并让他写出感受，然后罚他去劳动——擦学校的校牌，意在让他用自己的行动擦亮校牌，从而让他体验自己应该为学校争得荣誉，让学校以自己为骄傲！

教育惩戒时，我们似乎经常面对的是极不可爱的孩子，但是，越是不可爱的孩子越需要爱。既然教育是促进学生全面发展的阳光事业，为什么不让教育的阳光普照天下学子，化解孤独和冷漠，唤醒"问题学生"的觉醒呢？教师要通过多了解、多关心、多谈心、

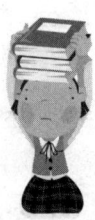

少告状、少发火、不体罚、不放弃,坚持"有教无类",从关心和爱护出发,动之以情、晓之以理、导之以行、持之以恒,从根本上转化这些"问题学生"。我们常看到,有些班主任天天愁眉苦脸,工作还没做好;有些班主任天天脸上洋溢着幸福,工作还有条不紊。区别之处在于是否拥有爱心,是否善于在工作中开动脑筋,让自己的班级管理充满艺术。在成功的教育惩戒案例中,无不体现了教育惩戒者的爱,无不体现了教育惩戒的策略和艺术。

四、惩戒应以尊重为前提
——学生犯错并非失去人格

作者心语:马卡连柯说,任何教育都应该是尊重学生与严格要求相结合,应该尽可能多地尊重一个人,也尽可能多地要求他。教师惩戒学生也是一种教育,因此应该遵循这一原则。我们绝不能因为学生犯了错误就不尊重学生,甚至侵犯学生的人格权利,比如随意侮辱学生、随便体罚学生、搜查学生的个人财物等。教师这样做不但不尊重学生,而且触犯了法律,严格来说,还要受到法律的制裁。更为重要的是,身为一名人民教师,对学生的不尊重有悖于教育的伦理,对学生的成长、对国家的未来都会产生不良影响。

在我国古代,教师被置于极高的地位,仅次于"天地君亲",其威严神圣不可侵犯。这种传统的师生观过分强调教师的尊严,忽视学生的主体地位。直至现在,这种思想还在很多教师的潜意识中根深蒂固地存在着,从而使教师在教育和管理学生时,总是本能地极力维护自己的权威地位。因此,谈到教师也要尊重学生,特别是还要尊重那些犯了错误的学生,这些老师还是有些转不过弯来。正因如此,现实中教师不尊重学生的现象时有发生。下面就是一位任课

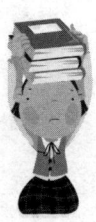

老师因不尊重学生而遭"弹劾"的案例。

一所中专某班43名学生对该班英语老师不满,为"弹劾"英语老师,他们写了联名信。在联名信中,学生们从以下几方面阐述了"弹劾"老师的理由:

- 不懂得如何尊重学生。"在刚开学时,有的同学下课找他问题目,老师在班里竟然当着同学的面半倚在椅子上,还抽着香烟。在课余时间,学生也应该受到老师的尊重,至少在同学问问题的时候。"
- 教学态度十分傲慢。"同学们在回答问题时必须做到与老师的答案完全一致,考试时,我们的回答必须完全采用他所归纳的翻译或答案来回答。即使我们照着书本的原文背,也只能光荣地得到一个大叉。"
- 经常威胁学生。"他在第一堂课时就对我们做了'具体'的点评。还常常'教育'我们:'你们的命运掌控在我的手里','跟我作对的,就会死得很难看',等等。""这简直就是恶言相告","我们真的想象不出一个教英语的老师竟然会说出这样的话"。
- 脾气不怎么好,易针对学生。"在第一次测验中,一名男生考得很顺利,试卷做得很快。老师三番五次走到他桌子前面盯他,觉得他有作弊嫌疑,后来索性把学生的试卷拿了起来,检查此学生的桌子、衣袖和台板。""老师的怀疑得到了否定,很失面子,结果明明可以得90分的卷子被硬生生地批到了70多分。"

"我们都希望自己能更好地去学习,可是我们的学习热情一次又一次被老师泼冷水,那种感觉真的使我们提不起劲去学习。"信的最后一段这样写道。一些学生说,因为屡受打击,已经不想学英语,更不想上他的课了。

据该老师的同事讲,这位老师平时给人的印象是:不苟言笑,

性格有点古板。由于该老师对学生"恨铁不成钢",有时在说学生时可能会带有侮辱性的语言。我们认为,无论出发点再怎么好,由于方式不当,学生与老师的关系已经比较僵了,这对学生的学习和老师的教育都十分不利。所以,这位老师首先应该转换思想,改变教育方法,否则面对现在自主性较强的学生,不消除学生的对立情绪就无法进行正常教学。

这个案例让我们充分认识到,教育惩戒虽然在学生的教育过程中具有不可替代的作用,但是不适当的教育惩戒,包括使用带有讽刺、侮辱、恐吓、训斥性质的语言或行为等"冷暴力"、"软伤害",会使学生产生厌学情绪,不愿意上课,更不愿意与教师沟通。这些不尊重学生的惩戒方式在客观上也很容易造成学生内心紧张、压力过大、情绪低落,因为这些冷暴力会伤在学生的心上,让学生"念念不忘",在心底留下冷漠、仇恨的阴影。有调查表明,多数学生容易记住老师的两类话语:一类是鼓励性的话语,另一类是侮辱性的话语。由此可见,不同的心理体验会对学生的人生产生重要影响。教师,特别是班主任,如果经常不尊重学生,除了会引发敌对的师生关系之外,还可能让学生的自尊心慢慢弱化,久而久之,有些学生就会产生破罐子破摔的消极心理。

有一个学生在自己的日记中写道:

在几个星期前的一节语文课上,我听着听着,就在下面偷偷地对同学讲起话来。语文老师看到后停了下来,很生气地说:"你站到这里来!"说着,指指讲台右边的角落。我就自觉地走出座位,站在了那里。因为我已经是第二次站在那里了,我不会再哭了。我站在那里听了整整一节课……中午到食堂打饭时,同学对我说:"××,你怎么这么坚强呢?如果是我,早就哭了。"我说:"我已经是第二次了,所以我也就不会哭了。"同学羡慕地说:"你这一点值得我学习!"没想到,我这一点还值得她学习,我很高兴,为自己感到有些自豪!吃起饭来,也觉得挺有味道的。

当谈到这个学生时,她的语文老师说:"这个学生上课好讲话的毛病总是改不过来,以前我曾提醒过她多次,那次终于忍无可忍,就把她拉了上来,当时她很伤心地哭了。我以为这样做对她能有所震慑,没想到她还是老样子。第二次,我习惯性地又叫她站到那个角落,本想使她再次经受难堪,以促使她改掉老毛病,没想到她的感受和第一次的反差竟这么大,不但没了羞愧与难过,而且感到高兴与自豪。"

这个实例告诉我们:教师倘若不善于利用学生的自尊心,经常伤害学生的自尊,这会让学生越来越不在乎,教师也就失掉了一个教育管理的撒手锏。

学生犯错了,就要让他记住犯错的滋味可不是好受的。我们认为,那些带有爱心和尊重的惩戒,会收到意想不到的教育效果。

毛泽东在湖南第一师范学校读书的时候,曾替别人参加考试,性质很恶劣。事后,他主动要求校长惩罚他,校长拿出学校的校旗递给他,说:"周一的时候你就负责升上这面旗帜。以后记住,每当你看到这面旗帜的时候,你就要想到你今天犯下的错误。"说完,校长把校旗递给了毛泽东。后来,毛泽东始终记着这位校长的话,从没有再犯类似的错误,甚至于他在接受美国记者斯诺的采访时,还提及这件事对他一生的巨大影响。

我们也曾处理过一个偷拿同事电话卡的学生,由于处理得当,收到了满意的效果。

那年,我做七年级3班的班主任,任教数学课。金秀是我的数学课代表,她认真负责、学习成绩很好,是我和学生心目中的好学生。周末其他学生都回家了,由于她的爸妈在外地,按照学校要求,我需要照管她周末的生活。于是,我便把办公室钥匙给了她,让她在办公室里学习。周末结束,我的同事告诉我他桌子上的一张五元电话卡不见了,我连忙问金秀,还有谁来过办公室,她是否看到过电话卡。她说没人来,也没看到。我非常相信她,就对同事说,一定是你记错地方了,我可以保证这个学生不会拿的。同事也没再追究这件事。

周一的晚上,我去女生寝室,学生们都很高兴。忽然,一个学生对金秀说:"金秀,我能用用你新买的电话卡吗?"我心里一惊,目光投向金秀,我们目光相触的一瞬间,她的脸"腾"的红了……这时我感受到了她内心的后悔与担心。但,我什么也没再说。

第二天早上,我找到了金秀,我还什么都没说,她就拿出电话卡,承认电话卡是她从王老师桌子上拿的。

我对她说:"老师非常信任你,说明你以前做得非常好,这种信任是在平时点点滴滴的诚实上积累起来的,你千万别轻易丢弃老师对你的这种信任,相信这是第一次,也是最后一次!"

"谢谢您,老师!我绝不会再让您失望的。"金秀感激而又真诚地对我说。

这件事没有让金秀受到伤害,而且她对我更加信任,学习更加努力了。我在想,如果我在宿舍像抓贼那样,当众揭穿并强制她认错,然后通知家长来学校,结果会怎样呢?这个原先品学兼优的学生该如何面对我?如何面对她的同学?……

那么,怎样才能做到在实施教育惩戒的过程中充分尊重学生呢?

首先,教师要对伤害学生自尊的教育惩戒的危害有所认识。以伤害学生的自尊为手段的"惩戒",无论是否有意,其结果都可能迫使学生走上两个极端:一种是自尊丧失,陷入胆小愧疚、自卑退缩的泥潭,有些还可能造成难以抹去的心理阴影,影响到学生的健康成长;另一种是由于教师伤了学生的自尊,反而让有些学生自动地放弃自尊,脸皮变厚了,对教师的任何做法都无所谓,严重的会"厚颜无耻"、"无可救药",并乐此不疲地同教师对抗到底。学生的这种惩戒免疫力,会让教师的管理十分棘手。更值得警醒的是,某个学

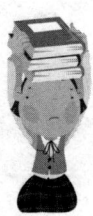

生的这种表现还会成为另一些学生学习的榜样，吸引处于同样境地的学生积极效仿。

其次，教师要学会与学生换位思考。绝大多数学生，特别是所谓的"问题学生"存在着这样或那样的问题，其实他们都不是故意和教师过不去的，总有"问题"存在的主客观原因。当一个教师能够站在学生的角度去看待问题和分析问题时，他就会去思考：学生为何会这样呢？是哪些原因促使学生这样做呢？学生这样做的深层目的或潜意识又是什么？假如自己现在是这个学生，最需要教师怎样对待自己呢？用什么方式既能改变或慢慢地改变学生的不良行为，又能让学生信任自己，而不会疏远甚至对抗自己？等等。思考清楚了，教师再去处理学生的问题就不会伤害到学生的自尊了。

再次，教师要学会自我调整心态，提防教育惩戒耐心的现实杀手。多数教师提及，教育学生时自己缺乏耐心，很容易产生不尊重学生的做法。没有耐心是因为，许多教师感觉到自己的日常教学工作和生活比较烦、累，开会、备课、改作业、教学常规检查、培训、职称评定、论文评比、优秀选拔等已经让自己手忙脚乱、焦头烂额了，自己面对学生的问题很难做到耐心处理，简单粗暴的"极端"方式好像有时还能立竿见影，所以就粗暴地处理问题了。另外，由于上级教育部门和很多学校领导一直以来都是极为重视关乎"考试升学"的"教学"，总是想方设法地采用各种可以量化的考核来评定和表彰一个教师的教学成绩，迫使教师只能陷在对学生的平均分、及格率、优秀率等的追逐中难以自拔，迫使师生们只能在"应试教育"中滚打、挣扎、徘徊……以至于很自然地出现了这样的情况：要是让教师去教课文、讲试题、辅导学生做作业与练习、组织学生参加考试等，以提高学生的成绩，那教师可以说是全力以赴、不屈不挠，一旦要让教师去"关注"或"引导"一些"问题学生"的行为、心理和思想，教师就没了兴趣、耐性和精力，往往用简单或粗暴的方式对待。这些都是现实因素，是我们必须面对的，如果处理不好，我们不会

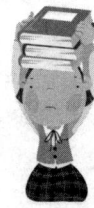

拥有耐心，粗暴的教育惩戒就会发生！

最后，教师尊重学生要注意惩戒的方式方法，注意更多地让学生进行自我反省。卡耐基认为，"犯错的人永远只会怪罪于他人，而绝不可能反躬自省、承认错误。"如果无视人性的这一特点，如果我们只会对犯错误的人恶语批评，只能引起他对自己的辩护，结果仍然于事无补。人无完人，每个人都有犯错误的时候，但我们该如何匡正他人的错误呢？是不是给别人当头一棒就能解决问题？是不是你不让他犯错误他就能不犯错误呢？对此，卡耐基先生是这样做的：在责备他人之前，先就其优秀之处，不吝褒奖，才能奏效；要想道出别人的缺失，旁敲侧击的暗示比直陈其过的表白显然略胜一筹；如果你也有责任，显然应该先反求诸己，次苛责他人，这样收到的效果，绝对比一味的责怪强上百倍。还是那句话，我们都是自重的人，就是犯了错误也要别人尊重自己，那我们为什么不能给别人留点面子，让他有一个主动反省的机会，重新获得信心呢？

尊重学生、富有爱心和耐心地教育学生是我们的职业要求！不愿在育人上付出、只管教书的教师不是好教师，这样的教育也不是好教育！作为新时期的人民教师，我们要重视"育人"，重视对学生行为、心理和思想的"教育"。不可否认，如今在多数学校里，如果一个教师花了很多心思在"问题学生"上，领导一般是看不到的；如果在教学上提高了平均分，白纸黑字，那领导一眼就看到了，就会表扬他的勤奋和上进，那么他获得名利的机会也就大大增加了。在这样的"大气候"下，我们的一线教师的确没时间,更没资本去"换位思考"，因为没人看到你的用心和努力，你是得不到肯定的。面对这一现实，我们也期望教育主管部门加大教育改革力度，把学校育人工作放到十分重要的地位上去！

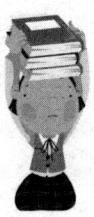

五、依错误的主导因素而惩
——把惩戒转化成积极行为

作者·心语：每个学生心中都会有两根弦：一根是善的，一根是恶的。作为教师，我们要学会拨动善的那根弦，让它弹奏出最美的乐章、最动听的曲子。具体到犯错的学生身上，我们要用欣赏的眼光看待学生，用宽容的心态接纳学生，善于从这些学生的错误中找出学生犯错的主导因素，借助教育惩戒给学生提供一次自我发展的机遇，也让学生充分感受到老师的人格魅力。

面对学生的错误，如何实施教育惩戒是非常关键的事情。教育惩戒处理得好就是一次成功的育人活动，处理不好就会影响学生的身心健康发展。如果我们在内心始终坚持惩戒是为了教育，惩戒是为了学生的发展，我们用惩戒所触发的总是学生心中那根积极的心弦，那么我们就能够把学生的错误雕琢成美丽的花，把教育惩戒变成一次促进学生发展的机遇，教育惩戒也会因此而变得美丽。

有这样一个故事：

一位丹麦警察在大街上巡逻时，发现一辆自行车飞驰而来，车手把自行车骑得和汽车一样快！他迅速拦住车手——一个15岁的学生，告知他违规了。学生向警察说出了他所在的学校和住址，还有骑快的原因——怕迟到。警察笑着说："你先去上学吧。"不久，学校收到一封信，信是哥本哈根最著名的自行车俱乐部写来的。信中说："欢迎贵校学生斯卡斯代尔参加本俱乐部，我们将为其提供一切训练条件。"信中还夹有警察测定的该学生的骑车时速。四年之后，斯卡斯代尔成为丹麦自行车赛冠军，并在奥运会上获得了自行车比赛项目的金牌。在西方有句俗话："孩子犯错误，上帝也会原谅。"学生

骑车超速是错了，但那位警察并没有按常规处理了事，而是理智地提取了学生犯错中的积极因素，并加以引导，成就了一位国家自行车冠军。

故事中的学生确实是犯错了，但是这位警察没有严厉地惩罚他，反而以伯乐的眼光，发现了这匹"千里马"。所以，面对孩子的错误，确实有一个如何看待、从哪个角度看待的问题，如果两眼总是盯着孩子的错误，总是严厉惩戒，恐怕并不能获得我们所期望的效果。试想，如果这样的事发生在我们身边，结果将会怎样？在一位老师身上就曾发生过这样的事，那次惩戒让他颇为后悔。

曾有一段时间，郑老师班里的很多学生纷纷从家里带来课外书，学生们自行商定：看书就需付给书的主人一张或几张数量不等的白纸。这样，学生都把家里最好的书拿到了学校，有的学生带的书质量确实好，同学们也很感兴趣，结果不到半天时间，他就"攒"了厚厚的一沓纸。可是没过多长时间，郑老师就知道了这件事并找到了"罪魁祸首"——那个最先往学校带书并实行看书付纸的学生。郑老师狠狠地批评道："你这个小东西，小小年纪竟然学会'剥削'同学了，不是把心思全部用到学习上，而是用到占同学的小便宜上。你必须把纸全部退还给同学，并写份检讨，下午在班会上读……"

从此以后，尽管任教语文课的郑老师一再提倡学生多读课外书，但响应者寥寥无几。我们无法知晓郑老师的这次惩戒对这个学生究竟造成了多大的心理伤害，但是郑老师班里积极阅读课外书的热潮始终没有形成。学生之间有自己的游戏规则，"付纸看书"也许不过是他们的一个游戏，我们何必把其定义为剥削呢？现在看来，或许孩子这么做也无可厚非，因为天下本没有免费的午餐，更何况这场"游戏"激发了孩子们读书的兴趣与热情。倘若这位老师从多角度来看待孩子的这个问题，而不是盲目地处理这个学生，让这个学生做班级的图书管理员，说不定会把班级的课外阅读搞得有声有色。然而，

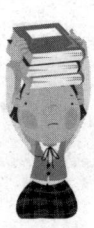

打击与伤害造成的后果有时也是不容易弥补的。

曾有一位富有经验的老师很有感慨地说:"孩子犯错,如同裙子上不小心划破了一个洞,不补走不出去,胡乱补上又会影响视觉。如果我们能掌握'绣洞成花'的技术,在'错'处巧妙地绣上一朵花,那将是一种无法想象的美丽。"

其实,细心的老师会发现:有时孩子的错误暴露给我们的不仅仅是孩子不足的一面,还会让我们看到孩子隐藏的潜能优势,如果我们善于从错误中发现孩子具备的这些潜能优势,并加以积极引导,就会让孩子获得意想不到的发展。

周三课外活动是各班进行卫生大扫除的时间,这时有学生来报告,说班长王鹏跟学生盛春吵起来了。我急忙赶到教室,只见两人正脸红脖子粗地相互指责对方。一见我到了教室,王鹏立即向我告状,说盛春不服从安排,让他到隔壁初二年级的教室借水桶,他就是不去。盛春则说,王鹏胡乱安排,本来自己的电风扇还没擦完。我让王鹏继续带领大家大扫除,把盛春叫到办公室,他站在我跟前,一直低着头。我用温和的口气说:"盛春,你说说事情的具体经过吧!""本来我在擦电风扇,我的任务还没完成。这时,扫地的小组要用水桶,王鹏便让我到隔壁高年级去借,说我会耍嘴皮子。我说我不去,你还是让刘彦去吧,他姐姐就在那个班,可王鹏偏要我去,还说我不服从安排。我觉得王鹏有时胡乱值日,不考虑同学们的具体情况。"我听了之后,首先对盛春的想法做出肯定。我说:"到高年级去借水桶的人应该是刘彦比较合适,毕竟他姐姐就在那个班。打扫卫生时,班长也应该把人员安排好,这样才能不乱。看来,你还对班里的事很有想法。但是,在班长安排工作的时候,你有意见可以先保留,先按照班长的安排去做,如果人人都不听安排,那么班长还起什么组织作用?所以,今天跟班长吵架,你还是有不服从班长安排的错误。不过,老师还是挺欣赏你的人力管理能力的!那么,就按你的想法,

今天就罚你为我们班里排出一张值日表。"盛春赌气似的说:"我安排就我安排,保证比王鹏安排的合理!"没想到,第二天,他便把值日表拿来了。令我没有想到的是,他还在值日表的下面附上了值日制度。这让我大吃一惊!而且,他还详细地讲了为什么这样分工、安排,讲得头头是道。有了这张值日表和值日制度,同学们各负其责,我们班的卫生情况有了很大的好转,我在班上对他提出了表扬。盛春看到自己的值日表在班里发挥了这么大的作用,就看到了自己的希望,一改往日不良的习惯,更加刻苦地学习了。

教育离不开惩戒,要拨动学生身上那根积极的弦,教师在惩戒前必须对学生的错误进行缜密的分析,弄清前因后果,掌握学生犯错的情节、性质、后果等。对事情进行全面、具体的分析会让我们不会因某方面的过错而全盘否定学生的价值。被惩戒的是某一行为,而绝不是人。学生在这方面错了,但是在其他方面还是可造之才,我们何不让他发挥积极的一面,为班级也为自己做出有益的事情。

上面讲的都是在学生错误中发现学生的潜在长处,对之加以积极引导,让学生获得自身发展。此外,我们还非常欣赏魏书生老师善于利用学生犯错的悔过心理,让学生做一些平时不想做但却对自己有益的补偿式惩戒。比如,对故意损坏公物的学生,在讲明道理的基础上,除要求学生按价赔偿外,还可罚其在某一段时间内担任班级公物维修员。这样,学生不但能很好地改正错误,而且能体会到维修公物的辛苦,在思想上强化了集体意识。对于班里爱吃零食的学生,就让他治理吃零食的问题,这样既监督了别人还克制了自己。对于缺乏亲情的学生,犯了错误就罚其写一封家书;对于不爱体育活动的学生,犯了错误就罚其跑步;对于不爱阅读的学生,犯了错误就罚其在讲台上给大家朗读一篇课文,等等。这些均是补偿式的发展性教育惩戒,它与上面惩戒的区别之处在于,它是针对学生的不足而设立的惩戒;与上

面惩戒的共通之处在于都是立足于学生的发展。

下面就是一位老师对两个缺乏责任心的孩子进行补偿式教育惩戒的故事：

六年级教室门前有一块空地，孩子们喜欢在这块空地上踢球。有一天，班长来告诉我，小钱把教室前面的一块玻璃打碎了。我唤来小钱，批评了他几句，问他："现在怎么处理？""先把碎玻璃扫掉，损坏公物要赔偿，我明天赔一块玻璃。"第二天，小钱的爸爸就来把玻璃装上，并连声向我道歉。

这事过去后的一天下午，班长急匆匆地赶到我办公室，说小钱和小谢又在教室门前踢球，把图书馆后面的一块玻璃打碎了。我一听，火"腾"的一下就起来了，心想这次一定要惩罚他们。来到现场，不等我开口，两人就说："王老师，我们错了，明天就赔玻璃。"

看着他们满不在乎的样子，我想，要让他们为自己的行为承担后果，牢记这次教训。我想了个主意，不慌不忙地说："既然做错了事，就要自己来弥补，对不对？"他俩点点头。"自己去配玻璃安上，可以吗？"两人犹豫了一会儿，同意了。"先去量个尺寸吧，中午把玻璃配来。"两人手忙脚乱，把尺拿歪了，我装作没看见。中午放学前，我打电话给他们的家长，希望让孩子自己来处理这件事。

中午，两个孩子兴冲冲地赶到教室，可拆开玻璃外面的报纸，举起来，都傻眼了：尺寸不对。"哎呀，安不上，只有再配一块了。"我故意说。两人一听，都带着哭腔说，没有钱了。我给他们出了个主意，去捡易拉罐。还和他们算了笔账：一个易拉罐1毛，一块玻璃4块多，至少要捡40多个易拉罐。

两人没办法。以后几天，在放学后的校园，总能看到两个拎着方便袋捡易拉罐的孩子。

星期四下午，两人终于带来了一块尺寸合适的玻璃，然后小心翼翼地装上。从他们相互对视的眼神中，可以看出兴奋。

在这个案例中,老师并没有使用批评、罚款等消极措施,而是把惩罚变成一种积极的行为,使学生对其行为负责。这样,把对学生进行惩罚的过程,转变成一个教育的过程,而且在教育中处处体现着教师的温情。我们说,在教育惩戒中,惩罚只是手段,教育才是目的。手段必须为目的服务,达到二者的统一。二者脱节的惩罚是没有教育效果的。在这个案例中,老师第一次对学生踢碎玻璃的惩罚,虽然针对的是学生,但其责任却是由家长来承担的,教育的效果不大。在第二次处罚中,老师意识到了这样的问题,让踢碎玻璃的学生自己来承担责任。于是,他们自己量窗框,买玻璃,却因尺寸不对,没法安装。在没钱的情况下,老师让他们通过捡易拉罐换钱来解决问题。这种看似"残酷"的惩罚,其实充满老师的期待,涌动着爱意。它使学生学会了对自己过失行为的结果承担责任,培养了他们的责任感,达到了教育的目的。另外,在惩罚孩子的时候,老师能够注意与家长的沟通,取得家长的支持和配合,这也是惩罚取得良好教育效果的重要前提。

其实,只要我们静下心来,认真研究对学生的教育惩戒方式,我们一定会有新的收获。比如,有的老师发现,班上常有学生不交作业,有位班主任便为这些学生设定了一个星期的"挑战极限",只要这一星期比上一星期交作业的次数多,就属于"挑战成功"。从挑战的第一天起,不爱交作业的学生每天坚持交作业,一周后终于在作业本上得到了一颗五角星,代表"挑战成功"。这位老师对于不交作业的学生,不是罚写作业多少遍,而是给学生确立一个正面、积极的目标让他们去追求。还有位老师针对个别学生作业字迹潦草,就邀请他们一起批改作业,让他们当评委,评价班里哪些作业本干净整洁,结果参与评价之后,这些学生自惭形秽,慢慢地改进了自己的作业,这比当面批评他们管用得多。

可见,惩罚必须具有教育性。教育惩戒的目的是教育而后才是戒处,教育惩戒应当符合教育学原理,不能为惩罚而惩罚,必须让学生感知惩戒寄寓着教师的爱心、善意与尊重。

六、带张笑脸去惩戒学生
——教师的良好心态很关键

作者·心语：人们常说，"人非圣贤，孰能无过。""金无足赤，人无完人。"所以，作为未成年的学生，他们犯错误应该是很正常的事情。作为教育者，我们应该用积极健康的心态去面对学生所犯的错误，努力体会和思考暴露出的问题，找出病因，对症下药，多用发展的眼光去看待犯错误的学生。即便实施教育惩戒，也可以给孩子一张笑脸，如此，我们的教育就一定会更有效果。

面对孩子的错误，毫无疑问，我们应对其实施合理的教育惩戒。但是，要取得良好的惩戒效果却并非那么容易。其中，教师的良好心态就是影响惩戒能否取得良好效果的关键因素。如果教师的心态糟糕，有时会让教育惩戒变得适得其反，不但达不到预期的目的，还会有损于良好师生关系的建立。

阿春经常在班里吃零食，破坏班级的卫生。班主任张老师在班里当众批评过他两次，并警告说，再吃零食就要把他赶出教室。周五晚自习，阿春又在班上吃零食，被年级主任逮个正着。课后，张老师听到这个消息，气就不打一处来，来到教室，揪着阿春的耳朵来到政教主任的办公室，气冲冲地说："这孩子实在不像话，我好说歹说他就是不听，只能把他交给你了，我实在管不了，你来处理吧，是警告、记过还是开除，随便！""我从没见过这样随便的学生，天天吃零食，跟他说了不知多少遍，他就是不改。"说完，张老师就气呼呼地走了。

可能这种屡教不改或者有损老师尊严的孩子，最容易让老师产

生愤怒的情绪。我们的一些过度或偏激的惩戒，往往也容易在这样的情况下发生。我们教师在从教生涯中难免会遇到这样的学生，如果我们在一种糟糕的情绪状态下进行惩戒，事情往往达不到我们预期的效果，甚至会引发更严重的后果。

某小学曾有一位优秀教师，其班上的一个学生偷了另一个学生的钱，在一再询问之下还是拒不承认。想到该学生平时的表现，为了使他不再偷同学的钱，该老师就一气之下将学生叫到办公室，用圆珠笔在学生的两只手上各写了一个"贼"字，为了加深印象，又用红钢笔在"贼"字上涂了颜色，并叮嘱学生不得洗掉。该学生的家长觉得这样损害了学生的人格，最后将老师告上了法庭，家长要求老师当众赔礼道歉。

按说，老师抱着好心"教育"学生，却得到这样的结果，究竟是谁错了？这里面又有什么样的教训该吸取呢？老师们对学生恨铁不成钢的心情可以理解，但是教育却是需要用心去做的工作。有人把教师比做辛勤的园丁，比做人类灵魂的工程师。但无论如何，我们都不能打着教育的幌子去伤害学生，否则，只能接受法律的制裁。面对孩子的错误，满腔怒气解决不了问题，也不会达到我们预期的教育效果。这让我想到了一则寓言：

一天，太阳和风在争论谁的力量更大。风说："我马上证明给你看谁的力量更大，你有没有看到大街上那位穿着大衣行走的老人？我可以很快地把他身上那件大衣脱下，那时你就知道我的力量比你大了！"于是，太阳刚躲进云里，风就刮起来了，风越刮越大，几乎成了一股飓风……可是那风吹得越大、越激烈，老人就把大衣往身上裹得越紧。最后，风不得不静下来，宣告自己失败了。这时，太阳不慌不忙地从白云后面出来，说："就看看我的吧！"只见太阳对着老人和善地笑着，不断用阳光温暖着那位老人，似乎没过多久，老人就开始拭额头上的汗，并把他身上那件大衣脱了下来。于是，

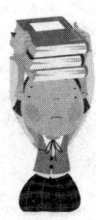

太阳跟风说:"温柔、友善的力量,永远胜过愤怒和暴力。"风无语。

面对犯错误的学生,我们有时不能冷静,常常喜欢采用一些简单的方法。比如,让学生在教室或到办公室靠墙罚站;直接领学生到政教处或保卫科处理;打电话通知学生家长或让其家长来学校把学生领回家教育;让学生写保证书,在班级对全体同学做公开检讨;有的还会对学生实施不同数额的罚款,并告知其改正后返还;做学生和家长的工作,劝退或劝其转学,等等。事实上,我们会发现这些直接刺激性的方法与其说是教育学生,不如说是宣泄老师心中的不满情绪,所以往往治标不治本,学生仍然我行我素,不服管教,老师也逐渐变得无可奈何。看来,面对孩子的错误时我们需要调整好自己的心态,慢慢研究教育惩戒的方法,否则不仅不能收到良好的教育效果,反而会严重影响老师的形象,影响学生的发展。

那么,面对孩子的错误,我们如何才能保证自己有一个良好的心态呢?

1. 要树立正确的学生错误观

古希腊的一位哲人说,现实世界中的圆总是不完美的,只有理念世界中的圆才是完美的。我们同样也可以说,教师心目中理想的学生是十全十美的,但在现实中这样的学生是不存在的,具体、现实中的学生都是不完美的。可以说,天下没有不犯错误的学生。教师应该知道,求知是孩子的天性,犯错也是孩子的权利,好的表现是孩子的需要,求异、探索也是孩子的特点。因此,教师应该树立正确的学生观,在教育学生时,应该适当理解、宽容孩子的一些错误言行,师生之间的交往,也应该是人与人之间平等的对话,而不是冲突与对立。

2. 加强自身修养，提高教师自己的职业道德水平

面对学生的错误，特别是面对一些问题学生的错误，我们容易将个人好恶、价值判断、情绪等强加到学生违规行为的处理中，对学生的惩戒表现出个人情感的宣泄、报复等心理，或表现为强烈地压制学生而非对其进行保护和教育，或不能根据学生的身心、性格、人际关系、平常表现、行为性质等做出理性的判断和必要的引导与矫正，等等。这些行为均超越了我们教师职业活动的范围和目的限制，它们在一定程度上都与教师的思想道德水平有关。有人把教师称为"人类灵魂的工程师"，因此，善于做教育工作的教师在教育犯错误的学生时，不会采用训斥、谩骂、讽刺、挖苦的简单方法，而会充分运用自己的智慧，在学生的"心灵"上做"手术"，消除学生的心理压力，让犯错误的学生真正从内心深处意识到错误，乐意与老师合作，从而去改正错误。

一位哲人说过一番耐人寻味的话："天空收容每一片云彩，不论其美丑，故天空广阔无比；高山收容每一块岩石，不论其大小，故高山雄伟壮观；大海收容每一朵浪花，不论其清浊，故大海浩瀚无比。"所以，当学生犯了错误的时候，我们教师要有一颗宽容的心。换一种心态，换一个角度，换一种方式，你会发现其实每个孩子都是很可爱的，你会发现教育有着无比深刻的内涵和魅力。

我们应该加强职业道德修养，要宽容、冷静地对待孩子的错误，对孩子施加教育惩戒绝不能脱离教育的目的。

3. 对学生犯错要有心理准备

学生其实就是一群需要不断学习、有可能犯错、需要不断进步的人。有些老师常常害怕学生犯错，一旦学生犯错，就感觉自己脸上蒙羞，学生不可理喻、不可救药，因而表现出生气、责备、自责，在处理善后工作的过程中，常会造成师生两败俱伤的后果：犯错的

学生被老师狠狠地批一顿，表面上服从教育，可内心心有不甘；老师自己大声斥责学生，满脸怒气，内心也不好受。有经验的老教师则态度不同，他们对学生犯错的态度是宽容、理解，站在学生的立场上说话想事，心平气和地处理善后工作，让犯错的孩子明理、知错、改错，让他们发自内心地尊重自己、敬畏自己。这种处事态度来源于有经验的老教师有孩子犯错的心理准备。有了对学生犯错的心理准备，我们就不会一味指责，一味惩罚，而会采取温暖、宽容的教育方法，因而效果会不错。

古代有位老禅师，一天晚上在禅院里散步时，发现墙角有一把椅子，心知一定是有人不守寺规，越墙去游玩了。老禅师搬开椅子，蹲在原地等候。没多久，果然有一个小和尚翻墙而入，在黑暗中踩着老禅师的脊背跳进了院子。落地时，他才发觉刚才踩的不是椅子，而是自己的师傅。小和尚顿时惊慌失措，但出乎意料的是，老禅师并没有厉声责备他，只是用平静的语气说："夜深了，快去加件衣服。"小和尚感激涕零，回去后将此事转告其他师兄弟，从此以后，再也没有人翻墙去闲玩了。没有指责，没有惩罚，没有对立，在小和尚等待训斥惩罚的时刻，老禅师却出人意料地给以温和的关怀，取得了惊人的教育效果。

4. 以朋友的身份去面对学生，多给予理解、信任

虽然我们是孩子的老师，但为了教育孩子，特别是面对犯错的孩子，如果我们以老师的身份居高临下，就会拉大与孩子的距离，那种居高临下的口气往往会让孩子产生逆反心理，极大地影响教育效果。有这样一则寓言：

钥匙来了，它瘦小的身子钻进锁孔，一只大锁"啪"的一声打开了。铁棒奇怪地问："为什么我费了那么大的力气都打不开，而你却轻而易举地就把它打开了呢？"钥匙说："因为我了解锁的心。"是啊！我们在教育犯错误的学生时，不能抱有成见，要用一颗理解、信任

的心去面对他们，真正走进学生的内心世界，使老师在学生心目中，既是一位严师，又是一位学生愿意亲近的朋友、长者。这样，我们就能拨开学生心中的层层迷雾，帮助学生纠正错误、不断进步。

尽管是面对犯错的孩子，我们也应该以朋友的身份、朋友的心态、朋友的口气、朋友的感触去面对，去教育和说服他们。这样才能使他们知错就改，才能使他们心服口服，才能富有成效地教育他们。

5. 要对学生的错误有一个公正客观的了解

在学生眼里，"公正客观"被视为理想的教师最重要的品质之一。当学生犯了错误时，我们不能不分青红皂白地指责和训斥一顿，而是先要冷静地站在学生的角度换位思考。对学生的错误要进行客观调查，因为任何错误的发生都不可能只是单方面的原因。了解了犯错误学生的实际情况，我们对学生为何犯错误、犯了怎样的错误、怎么处理效果好等问题的理解和处理也就有了针对性。别看这样一个过程简单，它恰恰能让我们的心态得到很好的调整，不再满怀偏见地去对待犯错的学生。

一天早上，我刚进教室准备上课，就发现刘彦在跟另一个男同学打架。我没有立即处理这件事，先是让他们上课。课后，我把他们叫到办公室仔细询问事情的经过。经了解，刘彦平时一向比较老实，家来自农村，性格比较内向，平时与其他同学接触较少，常有同学觉得他老实胆小，便多次拿他开心，他一般都一声不吭。打架那天，他刚丢失了100元生活费，恰好有个男生不停地摸他的脑袋，并用不文明的语言嘲笑他丢钱这件事，于是发生了刘彦首先动手打架的事件。我没有对刘彦进行过分的批评，只是告诉他不能采取武力的方式解决问题。相反，我对伤害刘彦自尊心的那个男同学进行了一番教育。针对班里其他同学也存在这种情况，我还召开了主题班会，对全班学生进行了一次情感教育。

乌申斯基说过:"如果教育者希望从一切方面去教育人,那么就必须从一切方面去了解人。"我想,只要用心去了解学生,公正客观地对待犯错误的学生,他们自然就愿意接受教育、承担责任。

面对孩子的错误,如果我们保持良好的心态,能给孩子一张笑脸,那么我们的教育惩戒就不会总是冷冰冰的处罚。

七、找到学生犯错的动机——给孩子一份特殊的爱

作者心语:学生犯了错就一定要实施教育惩戒吗?如果我们教条地回答"是",那就是在坚持一种完全以结果为导向的道德是非观了。根据柯尔伯格的道德发展理论,这种道德观属于道德认知发展的低层次阶段。作为人民教师,在遇到学生犯错时,我们至少要考虑学生的犯错动机,班级的惩戒规定也可以在综合考虑多个方面之后灵活执行,这样才能让教育惩戒真正达到促进学生发展的教育目的。

很多老师一听到学生又犯了错误,心里便很烦,已经没有心思再去考虑其他,内心反复思考的只是:我已经强调了多遍的事情,为什么学生又犯错了,这次一定要狠狠处罚他们!不可否认,在班级里确实存在某些过于调皮的孩子,这些孩子经常犯错误,让班主任很头疼。但是,见到错误就实施惩戒的办法未必是教育的上策。有时,静下心来,仔细考虑一下孩子犯错的动机是什么,努力摸准孩子犯错的心理需求,找出其中积极的因素来加以利用,说不定会把一次教育惩戒变成给学生的一次特殊的关爱,那样教育的效果自然是没的说了。曾有这样一个案例,老师对犯错的学生积极地加以引导,不但没有伤及学生,反而让这个学生更加努力地学习了。

最近,我慢慢注意到班里的一个现象:以前每次上课时,在讲

台上的粉笔盒里都会见到一些用短了的粉笔头，最近这样的粉笔头少多了，我每次上课拿起来写字的多是整支粉笔，而且班长这两周到我办公室里要粉笔的次数也多了，一周几乎比以前多出一盒。于是，当班长王鹏再来向我要粉笔时，我对他说："班里的粉笔近两周怎么用得这么快？你注意一下，看看是不是有同学乱扔粉笔头。"班长王鹏接受了我交给他的这个特殊任务。

没想到，就在我跟班长说了这事的第三天晚上，造成班内粉笔流失的"肇事者"便被抓到了。记得那天晚自习下课已经过了10分钟，我在办公室里拾掇好备课本正准备去查宿舍。这时，班长气呼呼地领着一个女生进来了，女生在班长后面低着头。王鹏走到我跟前，然后回头愤愤地对这个女生说："快跟班主任说说是怎么回事！我们没想到你竟然是这样的女生，真丢人，一点也没有集体荣誉感！"我仔细看了看把头埋得很低的女生，样子好像是班里的通校生小云。我让她抬起头来，她仍然低着头，好像在抽泣，手还不时地擦着眼泪。我示意王鹏先不要批评她，然后说："王鹏，你先回去，到宿舍让同学们早点休息，让老师跟她谈谈吧！"王鹏答应后转身先回宿舍去了。

"小云，快跟我说说是怎么回事，你是个优秀的学生，老师相信你！"没想到，我这么一说，小云哭得更厉害了。过了一会儿，她哽咽地说："是……是我拿了粉笔，我错了！"接着又哭起来。我说："你哭什么？老师又没有批评你！""可,可班长说我是偷粉笔的贼！""那你跟老师说说，这到底是怎么回事？"在我的安抚下，小云渐渐平复了情绪才告诉我，班里用剩下的粉笔头确实是她拿的。原来每天晚上小云就到讲台上找些用剩下的粉笔头，然后带回家在家里的水泥墙上练习粉笔字，而且这样她还可以教妹妹写字。小云之所以近来想练好粉笔字还是源于我上周的那堂语文课，我让小云和另一个学生到黑板上默写一首诗，我说小云需要好好练练字，记得小云当时诗是默写对了，但是字写得又细又小，很难看。没想到，我随口一说，却激起了这个要强学生练字的决心。

了解了情况，我对小云说："老师知道你是一个懂事的好学生，不会无缘无故地拿粉笔的，但是粉笔毕竟是班里的，如果随便拿的话，老师没了粉笔，我们就没法上课了！你看这样好不好，你每天负责讲桌上的卫生，不要让粉笔灰残留在讲桌上，那些小粉笔头，特别是长度不超过食指第一节的粉笔头归你用，你可以随便拿！今后，你参加板报小组，如果我们班的黑板报能拿到年级前五名，老师每次会奖励给你特殊的奖品——一盒粉笔，怎么样？"小云终于抬起了头，用感激的神情望着我，说："老师，我以后只拿那些粉笔盒里很小的粉笔头来练字，练好字就加入我们班的板报小组，为班级争光！""好，老师相信你！快回家吧，别让爸妈等急了！"小云向我深深地鞠了个躬，回家了。

后来，小云真的得到了我给她的奖品——一盒粉笔。

面对小云偷拿班里的粉笔这件事，如果单从班集体角度去考虑，似乎应该好好批评教育她，但是事件背后还隐藏着孩子积极进取的心，她是因为老师批评她字写得不好之后才发奋练粉笔字的，而且还主动教自己的妹妹写字。若是不顾这些一棍子打下去，孩子的前途可能就被毁了。通过让小云为班级擦讲桌，赋予她可以拿一些小粉笔头练字的特权；通过让她为班级出黑板报，鼓励她继续练字，而且做好了还有奖励，这样就极大地鼓舞了孩子。所以，当学生背后隐藏着美丽动机的时候，我们一定要想办法积极地加以利用，这样才会收到好的教育效果。

前苏联教育家苏霍姆林斯基就善于洞察孩子犯错背后的积极动机并加以引导。

有一次，苏霍姆林斯基正在花园里散步，发现一个4岁的小女孩摘下了一朵玫瑰花，他没有大声地批评、训斥，而是蹲下身子，很亲切地问道："孩子，你摘花是送给谁呀？能告诉我吗？"小女孩羞怯地说："我奶奶病得很重，我每天都陪她说话，我告诉她校园里

开了许多很大、很漂亮的玫瑰花,可奶奶就是不相信,我现在摘下一朵来送给她看看,看过了我就把它送回来。"小女孩天真的回答,淳朴的小脸,让苏霍姆林斯基心里很感动,他拉着小女孩的手又回到花园,摘下两朵大的玫瑰花对她说:"一朵是奖励你的,因为你有充满爱的心灵;另一朵是送给你奶奶的,感谢她培育了你这样的好孩子。"

读了这个故事,的确令人深思,无论作为父母还是作为教师,我们都希望自己的孩子或学生是优秀的,但是却常常没有耐心去对待孩子的错误,不能深入地了解孩子犯错背后的动机。这样,看到像案例中"摘下玫瑰花的学生",我们会剑拔弩张、大发雷霆也就不奇怪了!试想,这样做的结局会怎样?不但影响了良好的师生关系,还扼杀了孩子最初美好的心理动机!

那么,我们怎样才能做到深入地了解孩子犯错背后的积极动机,从而给孩子一份特殊的关爱呢?

①我们要树立一种意识:每个学生都会犯错,学生们犯的错误虽然都叫错误,但是错误和错误也是不一样的,我们需要对学生的错误区别对待。那么,学生的错误通常有哪些类别呢?我们可根据是否有意和犯错的动机,把错误分为三类:一是无心之错,原因是孩子缺乏经验,对行为的后果不能预见,而是无意中犯了了错误,这些错误我们教师应该给予理解;二是有意之错,学生在犯错误时确实是出于美好的动机但缺乏处理问题的能力,好心办成了坏事,帮了倒忙,比如想擦干净教室门上的玻璃,结果却把玻璃打碎了;三是无理之错,学生有时是明知故犯,因为自己管不住自己,还有的犯错动机就是想要发泄、报复或攻击别人,从而做出了一些损人不利己的事。

②学生犯错误之后,我们要分清错误类型并对其实施合理的教育惩戒。比如,学生犯的是第一类错误,那么我们需要引导学生记住这

次教训，教会他如何避免下一次再犯类似的错误，不能对其实施严厉的惩戒，因为学生并非故意的。例如，一个学生在踢足球时把另一个同学撞倒了，致使这个同学受伤住院。若学生犯的是第三类错误，属于明知故犯，老师就不能心慈手软，该给予严厉惩戒的就给予严厉惩戒，要真正发挥教育惩戒的矫正作用，坚决杜绝学生不良事件的再次发生。在这三类错误中，最需要我们特别对待的是第二类错误。因为犯这类错误的学生本身动机是好的，但是确实造成了损失或危害。那么，我们处理时要本着教育学生、促进学生发展的原则，对学生犯错的积极动机加以引导，满足其需要，不应该随便进行严厉惩戒。让我们看一则老师对小学二年级学生实施美丽惩戒的故事：

学校有个喷水池，为了美化校园，王校长便在池子里养了一些金鱼。因为池子比较小，容易被污染，学校规定不准学生往水池里乱扔杂物。这天傍晚，有负责纪律督察的同学来向王校长报告：有学生往水池里扔花瓣。

王校长慢慢走到喷水池边，他看到二年级的学生小云正在认真地往喷水池中放采集来的花瓣。看到孩子一丝不苟的样子，王校长觉得孩子不像是在故意调皮捣蛋、破坏学校纪律，而好像是在做自己认为很重要的事情，他便没吱声。晚自习课上，小朋友们有的在看书，有的在画画，小云在写日记，王校长凑过去看了看，小云写的题目是"给小鱼洗花瓣澡"。王校长心里庆幸，幸好自己没有莽撞地批评孩子，"给小鱼洗花瓣澡"是多么可爱、多么美好的事情啊！王校长便轻声地问小云："你怎么会想起给小鱼洗花瓣澡呢？"

"在电视里看的啊，我想让我们学校喷水池里的小鱼也变得香香的。"

王校长真诚地表扬了小云："你真是一个非常有爱心的好孩子。"然后接着说："不过老师给你布置一个作业，明天下午你再去喷水池看看花瓣发生了怎样的变化，然后到老师的办公室来告诉我，好吗？"小云点点头。

第二天下午，小云来到办公室告诉王校长："花瓣在水里变黑

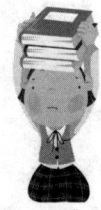

了!"王校长和蔼地抚摸着小云的头说:"知道吗,花瓣放在水里时间长了就会慢慢腐烂的,这样也会让水变臭的,你说小鱼还会喜欢吗?""老师,我再也不往水池里放花瓣了。"小云这才意识到自己放花瓣的做法会伤害到小鱼。

学生犯错就像在学习中遇到难题,我们应该像解题一样帮助孩子去分析。首先,要分析学生行为的动机。如果动机是好的,就先表扬他,以减轻孩子的焦虑;然后,看做事的方法对不对,方法不错或部分不错,也要先肯定他,让他知道自己的部分行为还是被认同的;最后,再看结果如何,错误是怎样形成的。孩子也许开始以为自己是对的,教师需要告诉他,任何行为不仅要满足自己的需要,还需要得到别人的认可。要得到认可,就要遵守大家共同的规则,进而告诉学生通常有哪些处事的规则。通过这样的教导,孩子很快就会从犯错中学到很多好的东西,同样的错误也不会一犯再犯。如果教师不问青红皂白,一味地批评教育,其后果可想而知。上面的案例中,王校长没有给予孩子批评,而是等自己弄明白了孩子那样做的初衷之后,通过让孩子仔细观察了解自己做法的错误,这其间不但没有批评孩子,而且还让孩子增长了见识。

正如一位有经验的老教师说的那样:"孩子的心灵似一张白纸,如何在上面作画,受到我们教育者和学生的意识、行为及习惯的影响。"如果教育、引导正确,可以描绘出一幅宏伟的蓝图,若教育、引导不当,就有可能越描越糟。学生犯错犹如作画不小心弄翻了颜料,能及时处理,再加上描绘者的精心涂描,你甚至可以就着打翻的颜料画出一幅意想不到的佳作来。如果看到画纸被弄了一点污点,处理不当,你就有可能糟蹋一张白纸甚至放弃它。其实,教师只要有足够的爱心、耐心去描绘,抱着不言放弃的心理,最终一定能描绘出令人满意的作品。

要给孩子一份特殊的爱,就必须把爱建立在摸准孩子心理的基

础之上。学生的种种不良表现，大都是"需要"没有被重视或没被满足造成的。教师可以抓住这种心理需求，有条件地让孩子的需要得到满足，比冷冰冰地执行死规定更能让学生解读出老师的爱。曾任北京市西城区青少年心理教育研究中心主任的丁榕讲过的一个例子，就很好地说明了这一点。她说，一个毕业多年已40多岁的学生来看她时说的一番话让她至今感慨万千。这个学生说，从幼儿园、小学到初中，印象最深的就是老师有那么多的"不许"：上课不许说话，下课不许打架，墙上不许乱画……反正我们最喜欢干什么，学校、老师准保就不许我们干什么。他问，"教育是不是就等于'不许'啊？"当学生时总觉得老师真伟大，夜深了，人静了，老师还在灯下批改作业、备课。"当时总想知道，老师亮着灯是在准备什么呢？后来知道了，原来老师晚上想的都是明天不许我们干什么！"他说，真正教育我的是老师"许"我做的一件事。原来他经常上课淘气，爸爸给了他一张电影票，说，如果你一个星期上课不淘气，我就让你星期六下午看电影去。那是他最想看的一部电影。整整一个星期，他约束自己老老实实地听课，每天都在心里数着日子，好不容易熬到时间了，老师却说，"今天下午咱们学雷锋，刨树坑。"他心里想，一个星期的努力这下子全泡汤了，但他还是忍不住去找老师，吞吞吐吐地说出了电影票的事。结果却出乎意料，老师说："我许你去。老师知道你又想学雷锋刨树坑，又想看电影。这样吧，大家吃午饭时你挖树坑，下午大家挖树坑时你去看电影，看完了再回来接着挖。"这个学生说，就是这一个"许"字，让他终生难忘。

本来学校有学校的规定，但是这位老师摸准了孩子的需求，灵活地处理了孩子看电影和完成学校规定的劳动任务之间的矛盾，这让孩子的心理需求得到了很好的满足，同时让孩子感受到了老师对他的一份特殊的关爱，从而对孩子影响深远。

所以，我们应该摸准孩子犯错的心理需求，努力挖掘其中的积极因素，给孩子一份特殊的关爱，绝不能不问原由地将孩子一棍子打死。

八、惩戒方式要因错因人而异
——常用惩戒方式一览

作者·心语：国内外通用的教育惩戒方式可以说大同小异，这些较轻的教育惩戒多数由教师自己掌握使用，比较严厉的惩戒一般由政教处等机构代表学校做出。但无论是教师自己做出还是学生管理机构做出，所采用的惩戒方式都要根据学生所犯的错误来确定，不可随便选择。因此，我们需要对这些教育惩戒方式有所了解。

有关教育法规不可能对惩戒方式一一列出，只能做出原则性限定，所以这留给我们教师更大的对惩戒方式进行自由选择、裁量的余地。针对不同的情境、不同的学生、不同的错误，所采用的惩戒方式应当是有差异的，教师必须根据具体情况合理地选择。比如，我们常常考虑学生的年龄、身体状况、性格特点、越轨行为的严重性、应予惩戒的实质和严重程度、学生平时的表现等多种因素，以及是否存在采用较轻惩戒方式也能达到同样效果的可能性等。但无论如何，我们所选择的惩戒方式必须具有教育性，确实能改变学生的越轨行为，终止或消除其行为的不良影响。既然教育惩戒针对的是学生的错误，惩戒方式的选择也要根据学生的错误来决定，那么，我们该怎样认识学生的违纪行为？学生各种错误的性质、特点又该怎样区分呢？

下面，我们主要从两个角度认识学生的错误。

第一，可以按照学生违纪产生的影响进行分类。

我们可以把学生的违纪分为不影响他人的违纪和影响他人的违纪。

不影响他人的违纪指学生的违纪行为违反了教育教学的有关规

定或条例,但没有对他人造成直接影响。比如,学生上学或上课迟到、作业没有完成、上课睡觉等行为违反了学校的管理规定,学生没有完成自己应尽的义务。虽然学生没有对他人造成伤害,但其行为具有负面的影响,冲击了学校良好的教学秩序,甚至损坏了学校的声誉。为了维持正常的教学秩序,学校有权力、有义务、有责任阻止这种现象,以防止同类事情的发生或其他同学的效仿。由于这种违纪行为不是直接影响他人,因此危害性不够大,违纪性质不够严重,在处理此类事件时,教育管理者可以延时处理,甚至为了缩小影响并保护学生的"面子"而在非公共场合对其进行教育。

影响他人的违纪可以分为无意影响他人违纪和有意影响他人违纪。前者如学生上课吵闹、讲话,随意走动,以声音、动作等方式对教师的上课和学生的听课造成直接干扰及影响,这些违纪行为应该是无意影响他人违纪,虽然学生并非故意影响他人,但让正常的教育教学秩序、教育者履行职责的权力、其他学生正当的受教育权得不到保障。所以,此类违纪行为需要立即终止,否则损害将继续发生。后者如学生直接有意地侵犯教育者或其他受教育者的权利,甚至发生肢体上的接触,强行中止正常的教学行为,使他人丧失正当的权利、受到不公正待遇等。

第二,可以按照违纪的内容进行分类。

我们可以把学生的错误分为违反学生行为常规、违反思想品德要求、违反国家法律三类。

违反学生行为常规主要是指学生违反了一些塑造学生良好习惯的学校或班级规定。比如,有些同学不注意卫生,乱扔垃圾;有些学生好动,上课无法安静;有些同学贪睡,经常上课迟到;有些学生学习没有头脑,常常忘了做作业,等等。因此,一般把学生行为常规的违纪归属于轻度违纪,相应地,对此类违纪行为的处理也比较轻。需要注意的是,学习习惯是学生很重要的一个方面,如果学生经常忘交作业,忘做作业,那么教师可以对学生进行适当的惩戒。但是,

学生的学习能力有强弱，知识的接受能力有高低，对学科的喜好有不同，因此，教师不能因为学生做错了题目或者考试成绩不好而惩罚学生。

违反思想品德要求主要是指学生做出的非道德的事情，这些行为侵害了其他同学的利益，不利于违纪学生亲社会行为的养成。比如，有的学生经常在背后说别的同学的坏话，挑拨同学之间的关系；借了别人的钱物总是不及时归还；在班级集体事务如卫生大扫除中总好偷闲耍滑。学习上教师多次提醒，但学生仍多次故意不做作业，拒绝订正作业，这种学习态度不端正的行为也可归入品德行为问题。当然，有一种问题需要我们注意，它看似品德问题，实际为心理问题。比如，有一个孩子有多动症，在班上经常违反纪律，老师讲课时，他仍然跟同桌说话，甚至扰乱同桌的学习。对于这种情况，我们不能等同于健康儿童的问题去处理，要建议孩子家长及时让孩子接受治疗，同时要保护其他儿童的利益不受损害。

违反法律的行为是指学生做出了法律所禁止的行为，有些行为如打架斗殴造成轻伤、多次敲诈勒索、强要强拿等直接触及法律的底线，甚至已经触犯法律。由于其主体是未成年人，是在校学生，往往会从轻发落或免于追究。这些学生的违纪行为危害性比较大，破坏性严重，影响恶劣，后果严重。如果不进行教育惩戒，那么学生很可能将违纪升级为违法。其实，公安司法机关鉴于在校学生的身份，为了保护青少年，对青少年的轻度违法常常不予追究，而将其纳入学校内部解决的问题。但是，如果学校不及时以惩戒等形式对学生的违纪行为进行处理，以威慑学生，防止其继续恶化，那么学生很可能受到法律的制裁。因此，对此类违规违纪，学校进行的惩戒是从严从重的。

以上是对学生常见违规行为的简单分类，那么针对上述违纪行为，学校或教师一般应采取哪些教育惩戒措施呢？

国内外常见的教育惩戒方式有：点名批评、通报批评、口头或

书面检查、罚站或罚劳动、暂时隔离、特权剥夺、没收、留校、体罚、停课回家反省、警告、严重警告、记过、留校察看、勒令退学、开除学籍等。近年来，有些教师为适应新的教育形式，对以往这些教育惩戒措施进行了适当发展，尝试针对学生某些不严重的违纪行为采取发展性、补偿式的惩戒措施，如犯错之后写说明书、为班级做好事、给同学们唱歌、成为某项纪律的监督员等。

下面，对这些惩戒措施做一介绍：

（1）批评。

这算是比较轻微的惩戒方式，可以公开也可私下，可直接也可暗示，目的是引起学生注意，明白自己越轨了，要控制行为、遵从规范。这种方式可以分为点名批评和通报批评。点名批评指用语言直接对学生进行批评，指出学生行为的不可接受性，以督促学生改正。这种手段往往由教师个人在课堂或班级情境下使用。通报批评是指发出通报，一般在学校宣传栏里进行张贴，这种形式的持续时间比口头点名批评长，因而更加严厉。这种形式除了告诫违纪同学之外，更重要的作用是警示其他学生，借以预防其他类似事件的发生。

（2）做检查。

为了让学生能够更深入地认识自己的错误，教师让学生做检查，可以让学生当着全班同学做口头检查，也可以让学生写在纸上。书面检查有的老师收藏起来，如果学生下次再违反类似的纪律，可以拿出写的检查，让学生深刻认识自己的错误。有的老师会把学生检查贴到教室的墙上，目的是警醒违纪学生，还让其他同学进行监督。不过，贴墙的方式虽然出于教育学生的目的，但是有伤学生的自尊，要采取这种方式一定要看针对的是什么样的学生，这样能否取得好的教育效果等，否则，最好不用。现在比较流行的教育惩戒方式是写犯错说明书，这种称谓更加人性化，既显得尊重学生，又让学生在做这件事时内心里减少排斥感。

(3) 罚站或罚劳动。

这是一种存在争议的惩戒方式,很多人认为这是一种体罚方式。我们认为不能一概而论。如果老师通过这种惩戒方式确实让学生的身体或者其他利益受到了侵害,那么应该归入体罚之列。如果这种做法不违背教育原则,对学生无害,纠正了学生的错误,促进了学生的健康发展,就不是体罚。比如,一个学生在课堂上老是犯困,哈欠不断,老师示意他站起来听课,这种罚站就不是体罚。有学生经常不做值日就早早回家,然后老师让该学生第二天一个人负责扫地,未影响学生回家休息,清扫面积不大的教室又不至于累坏学生,也不应视为体罚。所以,对于这两种方式的采用有一个度的问题。过了度,对学生的身心有损害了,就不能被允许了。

(4) 隔离措施。

让违纪学生离开扰乱的背景,促其反思。这种隔离措施借助于把学生从其扰乱背景中分离出来的方法来控制学生行为的后果,以此促使学生反思其行为的越轨性。隔离措施有各种具体形式,如在教室里隔离、让学生坐在窗外听课、送学生到另一班级的教室去短期借读、将其送往校长办公室或其他中性场所等。但要在一定程度上保证学生受教育权的正常实现。这种隔离措施多使用于课堂情境中,其时间不宜过长。课堂内的隔离一般在5分钟左右,而其他隔离方式一般控制在15~60分钟,不应持续太久。

(5) 剥夺某种特权。

这是指剥夺学生参加某种课外活动的特权。被剥夺的特权必须在正常的教学活动之外,与学生的受教育权无直接联系,如参加课外兴趣小组的权利、外出郊游的的权利等。参加体育课、参与国家统一考试等的学业性权利不属于可被剥夺的特权之列。

(6) 没收。

学生的越轨行为受到某些物品的诱惑,而且不予没收会继续侵害学生的身心健康,这时要对物品进行没收。教师的没收行为必须

有合理的动机,即其没收是基于对学生教育的考虑,而不是出于收归己用的利私心理,否则此行为就不属于惩戒,而构成了法律上的非法侵害他人财物。对那些只具有一定扰乱性、自身并无危害性的物品,如玩具、课外书籍、宠物等,没收只是暂时的,教师应在对学生进行教育后将其归还给学生本人或家长。对于学生手中的管制刀具、淫秽物品、非法读物等,教师应当没收并上缴公安机关。

（7）留校。

留校是指在放学后把学生扣留在学校里一段时间。这种惩戒方式一般由教师根据学生越轨行为的程度和性质决定其时间长短。留校通常不应超过半个小时,不应变成对学生的一种随意性处罚,不应成为体罚的变种。对教师来说,使用留校这种方式必须考虑到其教育目的,并安排额外的一些活动,教师应保证学生在校的安全,并不影响学生正常的生理需要。必要时,教师应与家长取得联系,告知所需留校时间,保证学生能安全返家。

（8）体罚。

作为一种极端的、以对学生的肉体施加痛苦为直接手段、常伴有损伤学生身体、侮辱学生人格的传统惩戒方式,体罚一直是有争议的。在当今世界各国中,越来越多的国家已开始废除体罚,也有一些国家仍保留体罚,如新加坡等。这些允许体罚的国家和地区,往往对其合理的限度进行了规定,常包括对体罚权限、适用条件、体罚部位、次数等的广泛限定,如要求对体罚事件详细记录备案、体罚前征得家长同意、体罚时应有第三者在场等。在我国,法律规定非常清楚,坚决杜绝体罚和变相体罚学生。所以,每位教师应该坚决遵守法律规定。

（9）回家反省。

在我国,这也是受到争议的一种惩戒方式。如果学生上课管不住自己的嘴或无理取闹影响其他同学和教师上课,那么教师让违纪学生到教师外或办公室待着,自己则继续上课。很多家长认为这剥夺了学生受教育的权利,所以不能接受"回家反省"的惩戒方式。他们认为,本来我家孩子的学习就不好,你们还不让他上课,他怎么能够跟上其他同学呢?但是在国外,停课学生有"应急教师"为其单独上课,停课学生还有社会工作人员定期走访、监督。由于我国的教育惩戒措施还有待于完善,我们不能盲目模仿。

(10)警告。

这是一种较严重的惩戒方式,属于全校范围内的惩戒批评方式,常用于惩处对学校教育教学秩序影响较大的学生的越轨行为,是学校对学生的惩戒处分中最轻微的一种,又可分为警告、严重警告两种情况。它可以是在全校师生大会上的点名批评,或是在学校公告栏中张贴布告予以批评,常借助于学校整体舆论的力量促使学生改变其不良行为。

(11)记过处分。

这只适用于学生越轨行为性质严重、对学校影响较大的情况,即把学生所犯的错误记载下来,作为学生档案的一部分。它往往会造成对学生日后进入社会的实质性障碍,影响其未来的受教育和就业机会,因此一般不轻易使用。在采用这种方式时,必须严格按事实本身记录,并给予学生申辩的机会;学生家长或年满18周岁的学生应有权查阅自己的档案,了解有关记录是否客观、公正、合理。我国的记过处分基本上属于这种方式,但不同的是,在我国,警告、记过、留校察看等纪律处分都要记录在案。如何正确合理地使用这种惩戒方式,涉及学生的公正评价权、个人隐私权等,并要求对学生本人及家长有一定程度的公开,这在我国还未完全提上议事日程。

(12)留校察看。

指学生因严重违反校规校纪、学生日常行为规范或违反法律法规所给予的一种处分,一般是半年期限。其严重程度仅次于"开除学籍",并会记录在学生的个人档案中。学生可以在留校察看期满之前写出申请解除留校察看,学校会根据学生的日常表现给予取消或

开除学籍的决定。

（13）自动退学处理。

学生擅自离校一个月以上，作为自动退学处理。退学学生，由学校发给退学证，报上级学籍主管部门备案。这种处分主要针对那些长时间不请假，也不到学校上学的学生。

（14）停学和开除。

这是两种将学生排除于一定的学校教育活动之外的惩戒手段，又可称为排除或拒绝入学。前者常具有一定的期限，只指向短期的排除，不应影响学生其他额外的合法权益，一般10天左右。学校做出的停学决定必须尽快通知学生家长，并应保证其实质公正；学生不应因停学而失去学期末升级考试或国家统一考试的机会。开除则包括明确地开除学籍和无限期地永久性排除，两者均不适用于较轻微的越轨行为，只能对那些行为严重扰乱了学校秩序的学生采取，在实施中要遵循相应的程序性限制，如对被告知、听证、申辩和申诉权利的保障。对于开除，则要求实施比停学更繁杂的正当程序，以切实保护学生的受教育权。校方在做出此类决定后必须立即通知学生家长有关事由及上诉权利。家长除可在有限的排除时间内向学校管理机构和地方教育当局提起申诉外，还可在对申诉结果不服时向独立的上诉委员会提起上诉，以确保学生受到公正的处理。

九、实施惩戒要掌握分寸
——不能体罚和变相体罚学生

作者·心语：教育需要赏识，但也离不开惩戒。从现实情况来看，虽然法律没有明确规定，但教师拥有事实上的惩戒权。既然对教育惩戒不必质疑，那么惩戒问题的关键就在于如何实施，其中惩戒的度就是很值得我们注意的问题。不知曾有多少老师，本来出于教育学生的好心，却因未把握好度，结果把自己弄得身败名裂。因此，既然是本着好的愿望，那么我们一定要把握好分寸，追求最好的结果。

说到教育惩戒的度，让我们想起了《西游记》中三打白骨精一节：师傅唐僧饿了，孙悟空要去化斋，临行前给唐僧、沙和尚、猪八戒三人画了一个圈，告诫他们不要出来，以免受到妖怪的伤害。结果，一会儿，白骨精真来了，唐僧、沙和尚比较遵守规定，没有走出圈，猪八戒忍不住嘴馋，走了出来，幸亏白骨精要捉拿的不是他，加上孙悟空此时及时赶到，所以猪八戒未被白骨精捉拿去。我们常常给学生画"圈"，这些圈就是学校的校纪、班规，学生跑出圈外，我们便对他们实施惩戒，从而树立他们的规则意识。可谁又来给我们的教育惩戒"画圈"呢？如果没有圈，我们岂不是可以随便惩戒学生？有人说，教育惩戒是画了圈的，那就是法律上的规定，特别是《教师法》、《未成年人保护法》等都规定，不准对学生实施体罚和变相体罚。这种说法似乎也没错，我国有关法律确实对这两种不合理的教育惩戒做了明确禁止。但是，教师走出这个"圈子"的现象却时有发生。

2003年，陕西省绥德县某中学老师因学生在宣布考试纪律时发笑，便将初二学生景某叫到讲台上左右开弓扇耳光，结果导致这名年龄尚不足16周岁的男生耳膜穿孔。这名教师被绥德县人民法院一审判处有期徒刑1年6个月，缓刑2年。由该教师及绥德县中学赔偿景某的治疗费及其他各种费用共计39152.19元。

2006年，浙江省宁波市鄞州区五乡镇某中学的一个学生因为做错了一道数学题，被教师罚抄10000遍"1+1=2"。

2006年12月18日上午，贵州省黔西县某中学，一雷姓教师进行早自习辅导，发现迟到学生很多，且家庭作业未完成。为了惩罚未完成作业的学生，该教师用竹条对女生打手心，对男生则打耳光，

未做一题打一下。一孙姓男生被打成"鼓膜穿孔"。

2008年1月15日上午，四川省青神县初级中学一名学生的数学作业未完成，被教师体罚到气温只有3~4℃的教室外听课。下午考试，教师为了防止学生作弊，要近30名学生将桌椅搬到教室外露天参加考试，学生被冻得直哆嗦，有的在打喷嚏和咳嗽。

既然禁止体罚和变相体罚的圈子已经画定，为何还屡屡有人走出圈子？我们认为，这种现象的发生主要由于两方面的原因：一方面，这个圈子画得并不清楚，什么是体罚和变相体罚？标准并不明确，所以很多老师看不清，也就无从在现实中好好把握；另一方面，有部分老师抱着侥幸心理或者无视法律规定我行我素，正像猪八戒走出圈外一样。无论是哪种情况，只要对学生惩戒过了度，就都要受到法律的制裁。我想，这并不是那些实施体罚或变相体罚的教师所期望的。所以，如何把握惩戒的度，就是非常值得我们深思的问题。

因为关于教育惩戒的问题在我国并不像世界上有些国家那样在法律上有着明确而具体的规定，所以我们也不能为大家做出一个标准来，让大家依据它执行。但是，我们仍可以尝试着寻找出教育惩戒合情、合理、合法的区域，不至于让我们在惩戒实践中碰壁。

那么，这个区域在哪里，我们又该如何把握呢？

（1）**教育惩戒的使用要在数量上有个度，应遵循少用原则。**

教育惩戒应具有一定的威慑力，如确有必要采取惩戒，每用一次就要形成一次的效力，产生威慑力量，并逐渐形成校纪、班规的威严。对于有是非正义感、追求上进的多数学生而言，受到惩戒是他们所不愿接受的，因为多数教育惩戒是通过让学生对自己错误的行为产生羞耻与厌恶心理，而不是一种积极的心理刺激。所以，没有十分的必要，则要尽量避免使用惩戒，而非多多益善。如果惩戒用得过多，对学生就成了家常便饭，就会失去作用，如同看到日出日落一样自然而然了。当然，话又说回来，少用不等于不用。如果

学生犯了错误，该借助教育惩戒来教育学生的时候，我们却对学生的错误不管不问，这就是一种严重的失职行为。这种做法是让教育惩戒走向了另一个极端，同样是缺乏了度。

（2）教育惩戒要在程度上把握好度，要做到惩戒合理。

这就要求教师充分考虑到学生的可接受性和可承受性，要做到学生的利益所受的侵害与其受到的教育、个人的进步相比显得微不足道，反之则是不合理的惩戒。比如，一天晚饭后，学生吴某和其他几个同学在操场上贪恋打球，耽搁了上晚自习。班主任一气之下，强令吴某用刀子割破其自己购买的篮球。又如，学生做错一道题就罚学生写100遍等。诸如此类的惩戒都算是过度惩戒了。我们对学生实施的惩戒要跟学生所犯的错误程度相当，这类似于在法律上制裁违法者时，一定要根据违法者所造成的对社会和他人的侵害进行裁量。像学生打篮球忘了上课时间这件事，班主任完全可以采取其他惩戒措施，如暂时将篮球没收，这样既可达到管理目的，又可以避免给学生的财产造成损失。学生做错了题可以罚学生做3道类似的题目，要努力争取做对，否则再做3道，这样既锻炼了学生，还不会对学生的身心造成损害。

（3）教育惩戒要符合师生之间的伦理道德。

违背了师生之间伦理的教育惩戒也是不合适的，教师采取惩戒的目的是为了教育学生、促进学生的健康成长，绝不能是为了宣泄自己的不良情绪，也不能为了个人的一些私利。在某中学，有位老师只要学生一犯错误就给家长打电话，不断向家长告状，说孩子在学校如何如何难管，原来这位老师联系家长的最终目的不是让家长协同教育孩子，而是让家长对他有所表示，要么请客吃饭，要么给他送礼。只要家长表示了，这位老师反馈的结果马上就变了，说最近孩子进步很大。还有位老师经常抓"壮丁"，学生只要犯了错误便罚其帮教师干这样那样的杂事，多数是帮教师干体力活，甚至让学生连正课都不上。我们认为，这样做严重违背了师生之间的伦理道德，

是师德素养低下的表现。我们的教育惩戒不应突破师生之间的伦理道德界限。

（4）教育惩戒度的最底线是法律底线。

作为一名教师，我们在实施惩戒中应遵循职业道德要求，努力追求教育育人的目标。即便是自己经验不够丰富，教育惩戒方法不够高明，也不能去侵犯学生的合法权利，从而触碰法律的最底线。如果身为人民教师，还去做违法乱纪的事情，何谈学高为师、身正为范呢？所以，在这个问题上我们绝不能追求一时的所谓教育效果，抱着侥幸心理，去以身试法，这样最终会身败名裂。

我们不要认为，由于教育惩戒的度受到多方面因素的限制，所以教师实施惩戒的自由就大打折扣了。其实不然，我国对于教育惩戒在法律上并不像有些国家那样规定明确，这样恰恰给了教师们自由揣度的空间，我们只要把握好一些基本的原则，仍然可以对学生实施灵活的教育惩戒，足以让学生受到良好的教育。比如，对学生实施反思性惩戒，就是让犯错学生写"犯错说明书"或"进步成长日记"，通过这种形式让学生反思自己的错误，学会改正自己的不良习惯。对于有些教育惩戒，我们不必畏首畏尾，不敢采取，只要不违背上述的一些基本要求就可以实施。例如，学生李某在上课时捣乱、大声喧哗，影响到教师上课及同学听课，其行为已经属于越轨行为。教师为了保障其他学生的受教育权利，让李某到教室外罚站，将该生与其他学生暂时隔离10分钟左右，待其冷静了，方允许其进教室继续听课。我们认为这样的教育惩戒符合教育目的。虽然该惩戒措施致使李某在短时间内未能听老师上课，但是并没有给李某造成很大的权利损失，况且李某的这些权利损失与全班学生的受教育权利相比，不能相提并论，因此，教师和学校不需为此承担责任。

教育惩戒在实施中常常过了度，这里面有法律对教育惩戒界定不明确的原因，也有历史传统观念的作用，但我们教师自身心理方面的原因不容忽视。面对学生的错误，多数让教师惩戒失当的情况

是由教师不恰当的心理状态造成的。那么，常有哪些不健康心态让教师惩戒过度呢？

①职业倦怠心理：长期承受职业带来的压力，渐渐失去工作热情，对待学生常持有负向看法，动不动冷嘲热讽，情绪波动大，工作效率也明显下降。

②控制学生心理：缺乏以人为本的管理理念，总想让学生完全受自己控制，听自己的话，对学生要求十分苛刻，不允许学生犯错。

③做事急躁心理：急功近利，缺乏教育者应有的耐心，见不得学生存在错误，总想让学生立即改正错误，一旦不如愿时，便对学生大发雷霆。

④权威心理：总是喜欢恪守师道尊严的古训，绝不允许学生挑战教师的权威地位，一旦有学生与自己顶撞，威胁到自己的权威时，便对学生采取极其严厉的惩戒。

⑤拿学生出气心理：与同事有了矛盾、对家长有了意见、不满学校领导管理、与家人发生冲突等，无处发泄，极易将这些不良情绪带到课堂，带到学生管理中来，学生只要犯了错误，便将所有怒气发向学生，因为学生相对是弱者。

⑥报复心理：学生背后说了自己的坏话，家长打电话对班级有些管理问题提出了不同看法，自己难以接受，恰逢学生又违反了纪律，正好进行打击报复。

⑦泛化的不良学生观念：某些情况下，在班级管理中受到挫败或者被某些调皮学生弄得很无奈，于是慢慢觉得所有学生都不听话，都需要严惩才能解决问题，这种错误的极端观念让自己对学生缺乏尊重，惩戒措施也不人道。

⑧侥幸心理：个别教师也知道体罚学生不对，但心存侥幸，认为自己不会因此出问题，认为许多老师体罚过学生，只要打一巴掌再给个甜枣吃，学生就不会告发自己。于是，为了追求所谓的个人教学成绩，动不动就对学生采取不合理的惩戒方式。这是一种法律

意识淡薄的表现，最终会毁在自己的侥幸心理上。

还有些情况可能来自教师的自身性格因素，比如有的教师从小就生活在一个充满暴力的家庭里，目睹了暴力的"有效"，这样的人很可能对学生实施体罚。

因此，我们要对照这些不良心理进行反思，如果自己有时存在，就需要很好地调整自己，以免造成对学生的过度惩戒。

十、惩戒宜及时进行
——不能让学生存有侥幸心理

作者心语：当我们在用自己的心灵去启迪学生的心灵时，会慢慢发现，学生的生命其实正是在赏识和严厉中得以厚实。既然惩戒为教育所需，我们在实施惩戒时就要讲究"言必行，行必果"。学生一旦违反了校纪、班规，就要按照规定进行惩戒，绝不能给学生以侥幸心理。

在对学生的教育中，特别是在后进生的转化问题上，大家都有一个共识，那就是要找到学生的进步方面给予及时的表扬，借以强化学生的这种进步，以便塑造学生的良好行为习惯。既然赏识、表扬需要及时，那么对学生犯错的惩戒是不是也应该及时呢？我们认为，也应该做到及时。这主要基于以下几点考虑：

（1）人的行为是否再次发生与紧跟行为之后的结果密切相关。

心理学的及时强化原则认为，如果行为结果是令人满意的，这个行为的再度发生几率就大大增加；如果行为的结果是令人厌恶和沮丧的，这个行为的再度发生几率就大大降低。可见，惩戒采取得越及时，学生对不良后果的记忆就会越深刻，其改掉坏行为的可能性就越大。如果学生犯了错误之后，教师不能给予及时的惩戒，学

生会认为班级的规则是可以违反的，该惩戒的时候也是可以不惩戒的，久而久之会给学生造成更坏的影响。教师不能及时惩戒的现象常常出现在好学生身上。当一个平常表现好的学生犯了错误时，教师有时会抱着"一俊遮百丑"的护短思想或"好学生犯错没啥大不了"的麻痹思想，不能及时惩戒，坐失教育的良机。其结果是让这些学生形成了自大自傲的性格，认为自己各方面都好，还瞧不起其他学生，这非常不利于这些学生的发展。

（2）对学生的错误行为不及时惩戒有可能会产生"破窗效应"。

美国政治学家威尔逊和犯罪学家凯林根据大量的实验提出了"破窗理论"。这个理论认为：如果有人打破了一幢建筑物的窗玻璃，而这扇窗户又得不到及时的维护，别人就有可能受到某些暗示性的纵容去打烂更多的窗玻璃，久而久之，这些窗户就给人一种无序的感觉。在这种氛围中，犯罪就会滋生、繁衍。将"破窗理论"应用到学校的教育中来，我们可以看到，如果对学生所犯的错误没有及时予以纠正，就会产生一种无序，会使他人仿效，也就是通常所说的学坏容易学好难，其结果是可想而知的。心理学告诉我们，人们对客观事物的感知，不会随时间的推移而完全被遗忘，特别是对一些有着强烈刺激的事物，更不会消逝，它们必然会在人的大脑中留下痕迹，待到相同的刺激出现时，储存在大脑中的记忆就会重新出现。如果对学生的错误及时纠正，就能促使学生避免犯同样的错误。所以，教师对学生所犯错误的及时制止，就是利用了这个原理。打碎的窗玻璃应该及时地换上，以避免风吹雨打；对学生小的错误应该及时指正，以达到"亡羊补牢"的效果。教师对学生的错误不能熟视无睹，应当采取适当的惩罚措施。学生行为的不当或过失，一般总有量的积累过程，将问题解决在萌芽状态，而不是等到问题成堆时再收拾，这才是积极的态度。要让学生树立起"勿以善小而不为，勿以恶小而为之"的思想。

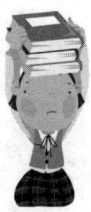

（3）及时性原则顺应了犯错学生的心理需求，避免了侥幸心理的产生。

一般情况下，学生都是了解学校、班级的规定的，当犯了错误的时候，他们的内心都有一种接受教育惩戒的思想准备，这也是人的一种正常心理需求。如果教师此时不给予及时的处罚，反倒会让学生在心理上产生某种惶恐不安，由于总是考虑老师将何时惩戒自己、怎样惩戒自己等问题，而无心思学习。这一时期应该是教师实施教育惩戒的最佳时期，如果时间一长，学生这种内心的自责与愧疚逐渐消失，我们再实施惩戒，学生在内心的接受度会大不如从前。若是教师没有对其实施惩戒，那么无疑就会培养学生犯错的侥幸心理，他们下一次犯错的可能性会大大增加，因为有了一次顺利逃避自己责任的经历。

但是，这里有几个及时教育惩戒的误区需要澄清。

（1）及时惩戒并非不分场合地随地惩戒。

我们常见到，有些家长教育孩子不分场合，客人来家做客，当大家一起吃饭的时候，家长开始数落孩子的种种不是，让孩子觉得脸面尽失，徒增对家长的怨恨；有的则是当孩子在认真做作业的时候，唠叨孩子要考到前几名。这些做法尽管动机不差，但是效果却糟糕至极。教师有时也存在这样的问题。某任课老师讲课时发现某某同学在说话，就脸色一沉，停下讲课，让某某同学站起来，然后当着全班学生的面开始陈述该同学的罪状，课的下一段时间完全成了这个学生的批斗会。结果耽误了其他学生的学习时间不说，还让犯错的学生对老师很反感，甚至跟教师顶嘴。这样的处理既耽误了教学，也没有教育好犯错的学生。此时妥善的做法是，只需要给这些学生偷偷递个眼色，让他们知道老师已经注意到他们了，先不要批评，继续讲自己的课。课后，把学生叫到办公室慢慢处理。也就是说，及时惩戒的原则并不排除考虑各方面的因素，适当采取延时惩戒而求最好的效果。

(2) 及时惩戒并非及时叫家长。

现在通讯方便了，有的老师喜欢在孩子犯错的第一时间打电话给家长，先向家长告状。虽然向家长及时反馈学生在学校的表现无可厚非，但是这种及时反馈的必要性要考虑好，反馈对孩子改正错误的效果也要深思。不必动不动就给家长打电话，及时惩戒不等于及时告状。如果偶尔一次两次，家长还能接受；如果孩子经常小错不断，家长也会被老师的这种及时反馈搞得精疲力竭，无心全力工作。慢慢地，家长也会对老师产生一些意见，要么认为老师对自己的孩子有偏见；要么认为孩子遇到了一个无能的教师，动不动就向自己推卸责任。所以，教师喊家长还需三思而行，要喊就喊得一定有必要，同时想清楚把家长喊来学校要做什么，让家长觉得教师的处理确实是为了自己的孩子，自己努力做好配合也很值得。

(3) 及时惩戒无须重翻旧账。

学生因犯错被喊到办公室里，开始时教师还是针对本次错误对学生进行思想教育，结果随着教育的进行，教师容易越说越多，把学生犯错的陈年旧账一股脑儿全罗列了出来。这样的教育方式显得没有了重点，也让学生觉得自己在老师心目中已经是一无是处了，所以渐渐会产生抵触情绪或破罐子破摔的心理，以后无论再怎么教育都难起作用了。所以，及时惩戒千万不能翻学生的旧账，一定要就事论事；如果惩戒变得对人不对事了，惩戒就会偏离促进学生发展的轨道。

(4) 及时惩戒不等于对处理问题操之过急。

任何事情都需要一个过程，当学生还没有完全意识到自己的错误时，特别是有些学生还对老师的惩戒有疑问时，不要急于实施惩戒，要多些耐心，等学生觉醒之后再做处理，让其心服口服，尽量避免惩戒出现"起个大早，却赶了个晚集"的现象。因为学生犯错实际上包含了多种情况，有时是学生很明确地知道自己错了，已经有了接受处罚的心理准备；有时学生并不认为自己错了，这时就需要教

师帮助他尽快认识到自己的错误,倘若急于惩戒,很可能会引发学生的不满。

我们就曾遇到过这样的情况。

一天午休时,生活老师查到我班女生宿舍,发现某个女生手里拿着扑克牌,等生活老师进去后,学生很快就把扑克压在了自己的枕头底下。生活老师便从她的枕头底下找出了那半副扑克牌,然后就在班级日通报表上记了:某某班同学在宿舍打扑克。看到通报后,我当时也有些生气,之前三令五申地强调午休纪律,竟然还有人敢在宿舍打牌。我及时地把该女生叫到办公室,询问她为何违反班级纪律,给班级抹了黑。令我没想到的是,她不但不承认错误而且振振有词。她说:"我没有在宿舍打扑克,生活老师通报得根本不对。老师你想,只有半副扑克怎么打呀?而且说是我一个人打扑克,请问,一个人怎么打?另外,生活老师侵犯了我的隐私权,没经过我的允许就翻我的东西,她翻我的枕头应该经过我同意才对!"看到她理直气壮的样子,我想,直接"定罪"处罚她显然不会接受。看来,先要让她认识到自己的错误才行。于是,我特意找出学校的《学生宿舍管理制度》和《班级文明宿舍创建公约》,仔细找到相关规定,然后认真给这个女生解读学校和班级的规定,逐渐让她意识到把扑克牌带到宿舍就是不对的。尽管生活老师通报她打扑克值得商榷,但是她在宿舍玩扑克牌就是违反了校纪班规,还是需要接受惩罚的。于是,我给她的惩戒是:写一写在日常的学校生活中,学生的哪些行为不该受到处罚。她通过认真仔细的考虑,列举了一些学生不应该受到处罚的情况,这对于我的班级管理很有启发,我在以后的学生惩戒中也非常注意让学生消除异议,坦然地接受处罚。

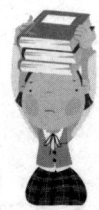

(5)及时惩戒不等于可以随便惩戒。

及时惩戒并非可以不讲究惩戒原则,并非可以随便采取一些不当的惩戒方式。在及时采取惩戒时,还需注意以下几点:

①切忌对学生大吼大叫。其实,有理不在声高,心平气和更能浸入学生的心灵。有的教师喜欢对学生大声呵斥,以为这样就可以对学生有所震慑,会让学生醒悟,其实这样的结果很可能除了让我们显得面目可憎、气急败坏之外,别的似乎对教育惩戒并无太大益处。因为教育学生并不是街头抓坏蛋,大吼一声让贼心惊胆战,也显示我们的英雄气概。

②切忌对学生唠唠叨叨。对学生的唠叨越多不见得教育就越有效,特别是青春期的学生最反感的莫过于老师和家长的唠唠叨叨,在很多情况下,他们更喜欢老师、家长直截了当地处理问题。如果我们对学生采取批评教育的方式,那么这种方式的效果绝不在于我们说了多少话,而在于我们说了多少让学生听进心里去了的话。不停地唠叨尽管是一种耐心的表现,但是这绝不代表着我们在用自己的耐心做有益的事。

③切忌对学生居高临下。学生犯了错误并不代表学生就失掉了人格,所以教师不能摆出一副咄咄逼人的架势对学生进行"审判"。如果面对的是一个生性懦弱的学生,教师盛气凌人的架子无疑会让学生变得更加自卑和胆小,无论学习还是参与班级活动都会更加畏缩;如果教师面对的是一个本来就逆反心理十足的孩子,他根本就不买教师的账,人虽然站在教师的面前,但是教师的话却一句也听不进去。有研究表明,朋友式的谈话是最容易让孩子接受的方式。

④切忌哄骗吓唬学生。有的教师为了达到立竿见影的惩戒效果,及时戒除学生的不良行为,有时采用哄骗吓唬的办法。比如,故意把事情说得严重一些,把后果夸大一些,甚至有时为了唬住学生,采用欺骗的手段。我们认为,尽管教师多数情况下是出于好意,但是一旦被学生识破,教师将难以让学生再相信自己。一位老师曾经为了调查自己班的某个宿舍里丢失的财物,对一个可疑学生采取了哄骗吓唬的办法。这位老师对可疑学生说,宿舍舍长看到他偷拿别人的财物了,劝他赶快承认。后来,这个学生回到教室就追问宿舍

舍长什么时候看到自己偷别人的东西了，为什么在老师面前冤枉自己。舍长一脸茫然，说自己并没有对老师说过什么。看到舍长一脸无辜的样子，这个学生知道老师在诈自己，从内心里对老师非常反感，竟然不愿意听这位老师的课了。所以，教育惩戒学生时切忌随便使用哄骗吓唬的办法。

十一、做好惩戒之后的帮扶转化
——避免惩戒产生副作用

作者·心语：学生犯了错，我们按照校纪、班规对其进行了合理的惩戒，很多教师认为事情可以到此告一段落，便期待着"小惩而大戒"的结果发生。但是，事实告诉我们，学生犯了错，仅仅对其实施了惩戒并不一定会达到预期的目的。因为惩戒对于学生而言毕竟是一种不良的心理刺激，往往会伴随着教育惩戒副作用的产生。这时，我们对被惩戒的学生实施惩戒后的进一步帮扶转化就显得尤为重要了。其实，惩戒的最终目的，也是为了帮助孩子成长。

教育惩戒对于教育，可以说是不可或缺的，它是针对学生错误行为的一剂良药。但是，我们都清楚一个道理：是药就会有三分毒，也就是药物总会或多或少地伴有对身体的副作用。教育惩戒毕竟是一种惩戒，它是借助于对学生身心一定的刺激作用而让学生消除自身的错误行为，因此不可避免地对学生，特别是对学生的心理会产生一些有利或不利的影响。在这种情况下，就需要我们教育者适时进行惩戒后的帮扶转化。另外，教育惩戒并不是万能的，有时可能治标不治本，要想根本解决学生身上存在的问题，还需对学生进行其他方面的帮助。比如，有的学生经常在课堂上说话，我们对其提出批评或警告，这可能不能从根本上解决他的问题，因为他上课说

话的原因是对本学科不感兴趣或基础太差以至于听不明白。那么，要想解决这个学生上课说话的问题，一味地实施惩戒可能达不到期望的效果，而应该帮助他培养学习的兴趣或补习该学科的基础知识。所以，我们要做好教育惩戒之后的帮扶与转化，一方面，需要弄清楚教育惩戒对犯错的孩子究竟产生了哪些心理影响，针对这些心理影响我们要如何帮助他们；另一方面，要深入了解孩子犯错的根本原因是什么，教育惩戒能够帮助孩子解决哪些问题，还有哪些问题需要在惩戒之后给予特别帮助才能解决。

那么，一般而言，教师所采取的惩戒会对学生产生哪些心理影响呢？

惩戒对于学生的心理影响，一般来说是因人而异的。比如，性格内向的与性格外向的学生心理感受会不一样；屡次犯错的和第一次犯错的学生心理感受也不一样；学习成绩差的学生和学习成绩优秀的学生心理感受不同；平时与老师关系好的和那些平时与老师心理距离远的学生心理感受也不同；等等。所以，我们在实施帮扶转化的时候，要根据每个犯错学生的实际情况，提供有针对性的帮助。

教育惩戒实施之后，那些平时好学上进、主动追求进步的学生内心里仍然会存有一种耻辱感，所以面对老师和同学时会感到有些不好意思。心里会有些担心：老师和同学是不是不再喜欢自己了？自己是不是在老师的心目中从此变成了坏孩子？这样的学生一般能够完全改正自己的错误，所以对他们的教育帮扶转化会比较容易。

学习成绩不太理想、平时就自信心不足但有是非感的学生，教育惩戒之后更容易产生自卑感，感觉自己的学习成绩本来就不如其他同学，又犯了错误，有时可能因此受到其他学生的嘲笑或歧视，这种情况下会使得他们变得更加自卑。对这样的学生，我们应给予特别的关心，因为他们极易产生被班级或老师抛弃的感觉，从而慢慢与老师、同学情感上疏离。他们甚至会认为自己犯了错，老师以后会永远给自己记着账，永远会把自己看做坏孩子，所以自己与老

师的距离越来越远。

教育惩戒之后,还有一些学生并未意识到自己的错误,觉得教育惩戒让自己受了委屈,甚至认为老师惩戒自己是因为对自己有偏见,偏向另一些学生。因此,这样的学生一般并不能进一步反思自己的错误,而是对老师、同学的成见很多,慢慢会产生憎恨,他们与老师、同学的关系也渐渐变得疏远,这不是由于担心自己不被老师、同学接纳,而是对老师、同学满肚子怨气造成的。对于这样的学生,老师一定要及时了解其思想状况,耐心做通思想工作,否则他们的行为会越来越差。最让老师头疼的可能是班级里那些双差生——学习成绩不理想、品德水平也亟待提高的学生,他们对老师的惩戒似乎已经习惯了,有时会感觉无所谓,反正老师不会喜欢自己;有时还因为自己受到了惩戒而觉得很"光荣",俨然就是那种"进出监狱多次的惯犯",根本不在乎老师的惩戒。这样的学生需要帮扶转化的力度最大,需要老师付出很大的努力,在方式方法上要十分讲究才行,否则效果不佳。

了解了不同学生的思想状况之后,我们要做好有针对性的帮扶转化。

对于好学上进的犯错学生,教师在惩戒之后要跟他们做好沟通,让他们意识到自己的错误,帮他们分析这次犯错的原因、如何在今后避免这类错误的发生。对于他们而言,更重要的是要告诉他们,在成长的路上,他们不可避免地会犯些错误,这并不可怕,正说明他们在成长。对于成长中的学生来说,没有所谓的错误,他们缺少的只是人生阅历和经验,而成长原本就是一个错了再试的过程。所以,关键是要认识到自己的错误,以后改正就行了,没有必要陷入深深的自责,老师今后仍然会把他们当做优秀的学生看待。

对于学习成绩不理想但有是非感的犯错学生,在实施惩戒之后,特别要防止其自卑心理的产生。在学校,学生的成绩往往是考核教师的重要标准,所以,好强的老师不能容忍自己所带的学生在考试

中的失败，不能容忍自己所带班级的成绩在本校名次差。在这样的老师看来，学生成绩差不只是影响到老师自己的学期考核或年终考核，而且对于以学习为目的的学生来说，成绩差是他们莫大的错误，也是他们莫大的失败。如果这样想，我们就很难公平、公正地对待成绩差的学生的犯错，往往对他们缺少了应有的关爱和鼓励。我们要知道，没有哪个学生愿意失败。学生在考试中的失败肯定是有原因的，可能是主观认识上有偏颇，也可能是客观条件所致。我们绝不能因为学生成绩的暂时落后而抹煞其在思想品德上的积极上进。对于这些学生，我们在实施教育惩戒之后，应积极帮助他们认识错误，把更多的精力放到帮助这些孩子的学习上面去。我们可以采用目标激励法，让这些学生在学习上制订奋斗目标——周目标、月目标等，鼓励他们从小做起，先易后难，并经常检查指导，对于达到或明显改善的方面应给予肯定和表扬。这样做，一方面让学生感受到老师没有抛弃他们，而是在积极地帮助他们进步，让其内心里感受到温暖；另一方面能进一步激起他们改错的决心，充分调动起他们有是非感、道德感的优势来，防止他们转化为"双差生"。

　　针对那些犯了错、接受了惩戒之后感觉自己委屈、对老师产生误解的学生，教师要具有特别的耐心。要对这样的学生晓之以理，动之以情，也就是采用常说的情感教育法，以情感共鸣做基础，沟通学生和老师的思想感情，使学生和老师的情感充分交融，在一片情真意切中创造出真诚理解的气氛，使被教育者能认真思考问题、改正错误。教师是学生的师长，同时也应是他们的知心朋友，要从关心、爱护、理解学生做起，去亲近他们，打动他们的心，使其心理尽快地恢复平衡，尽快改正身上的缺点和错误。

　　前苏联教育家苏霍姆林斯基讲过这样一个故事：

　　学校里曾发生过那么一件事。三年级学生、9岁的科斯佳用弹弓打麻雀。他打伤了一只，把它捉住，折磨它。为了这事，教师惩罚了他，三次没有让他和班内其他学生一起到森林里去玩。在孩子

们朝思暮想的第二次有趣的野游之前，科斯佳在课堂上蹙着眉头，对教师的提问答非所问。全班同学都到森林里去了，而科斯佳却留在学校里。他在一个草棚的房檐下捉了几只还没有长出羽毛的可怜的小麻雀，把它们放进老师的桌子里。过了一天（到森林野游是休息日的前一天），教师打开桌子，发现那些小麻雀几乎都死了。

怎样解释这种残忍的行为呢？为什么在惩罚之后孩子往往变得心狠了呢？苏霍姆林斯基认为，这是因为"强力"的惩戒手段使孩子不去动脑筋思考问题；孩子感到难过的不是自己干了不体面的事，而是他受到的惩罚。实际上，孩子正在忘记自己不好的行为，而教育的逻辑则要求孩子好好反思自己的行为。结果却是，孩子往坏处想了。他觉得自己受了委屈，心里逐渐积累起怨恨。而且，惩罚要是稍有一丁点不公正，这种怨恨就势必会像雪崩一样塌下来，其猛烈程度是老师意料不到的。

如果学生还未认识到自己的错误，我们坚决不能对其采取粗暴的处理办法，认为他们不识抬举，对其实施重复惩戒。如果这些学生受到惩罚后对老师有了不理解的情绪，就认为这是学生对老师的反抗，然后采取重复惩戒，这样容易导致师生情绪对立，会让学生误解老师的善意。

对于部分学生对老师的惩戒有意见的现象，我们应正确地认识。如今的学生多是家里的独生子女，是所谓的"小皇帝"或"小公主"。他们在家里备受亲人的溺爱，饭来张口、衣来伸手，父母对他们的各种要求也是有求必应，唯恐满足不了。上学后，他们也就把这种习惯带进了学校，有着一种强烈的唯我独尊意识，期望周围的同学和身边的老师也都能像家里的亲人一样让着他们、护着他们、宠着他们，吃不了苦、受不了累，不懂得付出和奉献，更容不得同学和老师对他们有丝毫的批评。因此，他们与同学之间、与老师之间难免会有些摩擦和冲突。只是要知道，和谐是相对的，并不是就意味

着没有摩擦和冲突；相反，和谐是在摩擦和冲突发生后的协调，协调之后重新获得平静，每一次摩擦和冲突是为了下一次更好的和谐。一个懂得相处艺术的老师不但承认冲突随时都可能发生，而且能坦然地面对一切冲突，并能妥善地解决一切冲突。

学习成绩不良又屡次犯错的学生是对我们的一大挑战，这使教育惩戒之后的帮扶转化任重而道远，教师需要采取多种方法。学校、家庭和社会都是教育学生时不可缺少的力量，在善后教育中也有重要的作用。各方面都应负起责任，相互配合，持之以恒，不应相互推卸责任。家长要正确对待学校的处理意见，积极配合，把着眼点放在转化教育工作上，这样才能达到事半功倍的预期效果。教师要善于利用两方面的力量：一是要借助家长的力量，定期与学生家长沟通联系，商量教育学生的对策，让家长在家督促学生的进步；二是要借助学生的力量，为避免受到惩戒的学生在班里陷入孤独，和其他同学发生不合群现象，我们要发动班里的其他同学或班干部主动和他们交朋友。因为这些学生的转化不是一蹴而就的，作为班主任，我们需要定期跟他们谈话，让他们汇报自己的思想情况，以便我们了解他们的思想动向，把握其心理特点，及时对其帮扶教育。然后，为他们建立成长档案，对于这部分学生在学习、纪律等方面取得的进步要及时表扬鼓励，达到了一定程度，还可以让其申请撤销处分，以示激励。

除了对被惩戒学生实施帮扶转化要注意根据不同学生的情况之外，教师还需要预防一些问题的发生：

（1）预防"冤假错案"的发生。

教师有时由于工作忙等原因，疏于详细了解学生的具体情况，难免会真的对某些学生产生误会并且实施了惩戒。当教师一旦发现这样的问题，要立即更正，并在全班宣布自己的错误处理，适当向学生表示道歉，否则会让这些学生陷入心里困境，被教师冤枉的心情是非常难受的，会严重影响学生身心的健康发展。

（2）防止对学生的进步期待缺乏耐性。

很多教师在对犯错学生进行教育、批评之后，就期望收到立竿见影的效果。天天盯着学生，看其是否改正了错误，稍有错误便十分不满。要知道，一位理智的教师是能容忍学生再犯小错误的，因为学生的很多错误缘于一些不良习惯，这些不良习惯并非一下子就能改掉的。我们要允许反复，正确对待反复，力争不反复。要给学生改错的机会，那些后进的学生更需要教师给予足够的耐心。教师要时刻关注这些学生犯错后表现出来的每一个闪光的细节，并利用这些细节及时给予表扬。最好，教师平时随身携带一个笔记本，将犯错学生学习上的进步、劳动上的认真、比赛中的拼搏、生活中的助人、团队中的合作等闪光细节记录下来，然后在每周的班会课上公开表扬，这既能树立犯错学生的自尊心和自信心，有助于其健康发展，也能促使班集体形成良好的班风，为全体学生的成长营造良好的氛围。

（3）防止对学生进行惩戒之后就撒手不管了。

学生毕竟是学生，自控能力较差，很容易做出一些错事，需要教师满腔热情地去关心和帮助。教师千万不能因学生受惩罚后闹情绪而对其放任自流。

有个学生曾经因为不理解数学老师的批评，在班里顶撞老师，惹得数学老师当众气愤地说，今后师生二人井水不犯河水，该生爱怎么样就怎么样，只要不影响其他同学学习就好。于是，这个学生上数学课就看杂志，不听课，数学作业不交，数学老师也不管他，整个师生关系完全处于一种冷战状态。这个学生的数学成绩更是一落到底，竟然萌生了数学考试都不想参加的念头。

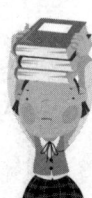

我们认为，这位数学老师不应该跟自己的学生斗气，无论学生多么有错，毕竟他是受教育者，他对老师的批评有时不能理解也是正常现象，这需要我们慢慢做工作，不能一遇到学生顶撞就撒手不

管了,这其实是对工作很不负责任的表现。在惩戒中与教师发生冲突的学生是更需要进行后期帮扶转化的对象。可以说,这些学生一般性情耿直,性格冲动,特别需要我们以柔克刚地去帮扶他们,以硬碰硬的处理只会让师生两败俱伤。

(4)防止采取故意疏远学生的方式促进转化。

有的教师认为,学生犯了错误,你不能给他好脸色,否则学生会踩着鼻子上脸,不深刻反省自己的错误,所以要对其适当疏远、冷落些,借以促进其反省。我们认为,这种方法的使用要因人而异。对于与老师关系密切的学生或一直深受老师宠爱的学生,他们犯错之后教师适当对其冷落可促使其反省;对于其他学生,本来师生关系就不够紧密,犯错之后学生与教师的距离自然会疏远,教师再有意地与犯错学生疏远,就很可能产生不良的后果。教师应该明白,亲其师才信其道,师生关系疏远了,教育工作就不好做了。正确的做法是,在学生犯了错误后,教师不能故意冷落、疏远学生,而应适当地给学生一个台阶,给他们一些将功补过的机会,给他们点时间和空间,让他们通过后来的成功来证明自己。这样一来,不仅不会使事情变得复杂,而且能让学生重获自尊和自信,培养他们独立面对和解决问题的能力,对他们的成长十分有利。

十二、赢得家长的理解与支持
——家校合力让惩戒更有效

作者·心语:学生犯了错误,教师对其实施惩戒的目的就是为了教育他。从这一点上来说,家长应该是能够理解和支持教师对孩子实施教育惩戒的。但是,现实中家长对教师实施教育惩戒的理解和支持并不是完全自觉的事情,要形成家校教育合力还需我们努力去构建,否则有时教育惩戒处理不好反倒会让家长站到教师的对立面上。

某中学,一位对学生管理严格、教学成绩优异的班主任却遇到了被学生家长告上法庭的尴尬事,事情的经过是这样的:

王老师是初二某班班主任,班里有一女生,爸爸是个老板,家庭条件比较好,该女生平时总爱打扮自己,总喜欢穿与众不同的衣服,借以表现自己。为此,班主任王老师也跟她谈过几次,但学生总好像听不进去,今天不穿这个了,明天又去穿那个了,总之,不喜欢跟其他同学那样主要穿校服,还经常向其他同学夸耀衣服是爸爸花多少钱给她买的。那天早上,学校举行升旗仪式,这个女生竟然穿了超短裙去参加。王老师看后觉得该生实在太不像话,于是严肃地警告她说,赶紧回家换上校服,以后在学校不穿校服就别进校门了。女生听了班主任的话,气呼呼地回家了。该女生回家后,连续三天没有来学校。王老师想,自己要求学生在学校穿合适的衣服也没有什么过错,孩子回家,家长也一定会教育她的。可令王老师没想到的是,第四天,王老师接到学校督评室的电话,说该女生的家长已经向法院起诉王老师不让孩子上学,侵犯了学生的受教育权。学校建议王老师赶紧向学生家长赔礼道歉,请求其撤诉。

后来,在学校有关领导的协调下,王老师与家长见面进行了沟通,沟通后才知道,原来孩子回家对家长说,王老师对自己处处看不惯,天天说自己这也不行、那也不行。升旗的时候,又故意找茬把她赶回家,并且不让她上学了。王老师听了之后很是惊讶,仔细向学生家长解释了事情的经过,家长才慢慢对事件有了清楚的了解,一场风波总算平息。

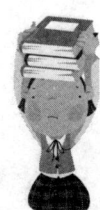

在案例中,王老师之所以遇到了这样的尴尬事,就是因为他在对学生实施惩戒时疏于跟家长进行沟通,再加上学生由于年龄原因对班主任的严格要求不理解,对老师有了成见,回到家里跟家长一味地诉说老师对自己如何不好,这很容易引发家长对老师的不满。尽管教师不必大事小事都与家长沟通,但是在实施一些容易造成家

长误会的惩戒时,教师必须事先跟家长沟通。调动一切教育积极因素,努力形成家校教育合力,对学生实施生态教育惩戒是新时代的要求。教师的惩戒也是对学生实施的一种教育,因为它要对学生实施一定的处罚,所以在多数情况下教师有必要跟家长做好沟通,以便取得家长的理解和支持,确保教育惩戒实施的效果。

有老师对此比较担心,对孩子实施惩戒家长能认可吗?如果不认可,沟通岂不陷入尴尬?那么,家长对教师实施惩戒到底是持怎样的态度呢?

2002年12月28日《中国教育报》上刊登了一组"关于惩戒认同度"的调查数据。其中,参与调查的家长总数为145人,其调查结果表明:65%的家长认为惩戒是一种教育;82%的家长认为惩戒很难把握;也有35%的家长认为惩戒就是体罚。

从上面的调查可看出,家长还是对教育惩戒比较认同的。如果能向家长进一步澄清教育惩戒和体罚的关系,相信会有更多家长认同惩戒是一种教育。家长所担心的是教师实施惩戒的度的问题,而不是应不应该实施惩戒的问题。相信很多家长会支持老师对孩子实施为了孩子发展、让孩子树立正确观念的合理教育惩戒。所以,对学生实施相对比较严格的教育惩戒时,教师要尽量与家长取得联系,就教育惩戒的原由、目的、方式、需要家长配合之处等与家长进行沟通,让家长对学校或老师惩戒的度有个清晰的了解,这样不但不会产生误会,家长还会站在学校一边帮助老师对孩子实施教育。

要想取得良好的教育效果,仅仅靠教师个人的力量是远远不够的,一旦我们善于利用家校合力,班级管理会收到事半功倍的教育效果。具体可以体现在以下几个方面:

(1)及时与家长沟通,可以防止家长片面相信孩子的一面之词。

由于孩子对自己的错误认识不足,害怕家长批评自己,所以孩子往往会推卸责任或大事化小、小事化了地向家长诉说。有些家长

未能与老师及时沟通，总觉得自己的孩子受了委屈，因而对老师的惩罚难以理解和接受，甚至在某些情形下会激起愤怒，酿成家长和老师之间的矛盾。但是，这种沟通的主要目的是让家长了解孩子所犯的错误、学校或老师打算采取的措施，旨在取得家长对学校或老师惩戒的支持，不要把这种惩戒前的沟通完全变成了告状。否则，一些严厉的家长听了老师的话，再对孩子实施严厉惩罚，那么孩子无疑就会遭受两遍处罚，很可能会产生我们不愿看到的结果。

（2）及时与家长沟通，可以了解家长对教育惩戒的看法。

教师把学校或自己针对孩子的错误要实施的教育惩戒措施告诉家长，一般家长会表达自己对教育惩戒措施的看法或意见，这样有助于我们在采取对孩子的教育惩戒时，更好地考虑到方方面面，不会有失偏颇；家长也会心服口服，不再有一些怨言。在美国等一些发达国家，在对学生实施严厉惩戒时，学校会召开听证会，家长也要参加，学校会充分听取家长的意见。虽然在我国还没有实行这种办法，但是我们不妨借鉴一下国外的这些好的做法，让我们对学生施加的惩戒更合理、更有效。

（3）与家长沟通的重要目的就是取得家长的理解，并让家长在惩戒实施中给予积极配合。

教育惩戒不仅要对学生的违纪行为做出惩戒，更重要的是要帮助学生戒除某些不良的习惯，从而形成一定的社会行为准则意识。

曾有一位一年级的老师遇到过这样一件事。自己班里有个叫玉成的小男孩，经常不完成家庭作业。无奈之下，这天在下午放学之后，老师就把玉成留在了学校，告诉孩子先完成作业再回家。一个小时后，玉成奶奶找到老师的办公室，这位老师恰巧去了厕所，玉成奶奶见只有自己的孙子还在那里写作业，生气地连声招呼都没跟老师打，就背起孩子就走了。这位老师回到办公室发现孩子不见了，急忙追出办公室寻找，远远看见有人背着玉成往前走。老师追上去之后想跟玉成奶奶解释一下，没想到玉成奶奶先对老师说："你留孩

子也不跟我们说一声，在家里急死我们了！以后，最好不要这样了，孩子这时应该在家吃饭了，这样留校会影响孩子成长的。"这位老师连忙向她道歉。

像这种情况，就属于老师让孩子留校没有及时与家长沟通。家长对老师实施的教育惩戒不理解，因而也就不会配合。本来孩子在家不做作业是家庭教育存在的问题，为了培养孩子按时完成作业的学习习惯，需要家庭给予配合，没想到老师的这次培养孩子好习惯的惩戒让家长误解了，好习惯没给孩子养成，反倒引起了家长的误会。

教育惩戒在构建家校教育合力时应注意两个问题：

（1）**联系家长的目的是为了共同教育学生，绝不是推卸教师的教育责任。**

有个别老师喜欢动不动就向家长告学生的状。这里有一个严重的错误认识，那就是：我们高估了家长的教育水平，多数孩子的家长在教育理念和方法上是比不上我们做教师的，因为教育是我们的专业。把教育孩子的责任推给家长，自己一身清闲，这不但不道德，而且往往会适得其反，学生知道老师喜欢告自己的状，再加上家长教育不得法，孩子不但不能悔改，反而像一匹脱缰的野马，远离老师和家长的约束，结果越教育越糟糕。

（2）**一个孩子身上的问题往往预示着一个教育问题家庭的存在。**

很多老师在遇到问题学生的时候，容易从内心生出一股对家长的怨气，好像家长养了这样一个孩子给自己制造了麻烦。于是，学生犯了错误就喊家长到学校，不是与家长平心静气地商讨教育学生的良策，而是批评、指责家长。试问，如此怎能构建家校教育合力？家长回家再把怨气发泄到孩子身上，后果会好吗？

让我们看一看几位家长被老师训后的感受：

余女士被老师"训"的经历令她难忘。作为学术界某研究领域

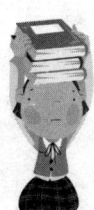

的教授,她工作勤勉、成绩斐然,受到同行的尊重。夫妻两地分居,她一个人带着孩子在深圳,由于工作忙,有时晚上回家时孩子已经睡了,由家长负责监督听写的家庭作业孩子就完成不了。有一次,孩子的班主任老师打电话把她请到学校,在办公室当着其他老师的面斥责她说:"你是怎么当家长的?就家庭作业这点儿事都管不好吗?家长要配合学校,家长不帮助听写、不签字,孩子学习不好将来谁负责?"余女士脸上有点挂不住,但又不能跟老师翻脸,只好委屈地向老师说明家庭情况,希望老师谅解。余女士说:"我感觉自己就像一个犯了错误的学生,当时只想赶快逃跑。"

刘妈妈也有过同样的经历。她儿子正在读初中,孩子的叛逆心理让她感到无奈。她想了很多办法与孩子沟通,但情况并不乐观,孩子旷课逃学时有发生。有一天,老师把刘妈妈请到学校,通报了她儿子的旷课情况后,就批评家长监管不力。刘妈妈被老师"教育"了半个多小时,办公室其他老师也你一言我一语,令刘妈妈如坐针毡。儿子的叛逆和老师不留情面的批评,令刘妈妈忍不住流出了眼泪,最终掩面而去。她告诉记者:"我知道老师是为孩子好,但这样的方式让我不知所措,每句话都像鞭子一样抽在我的脸上!"

还有一位家长因在学校被孩子的老师批评,心中甚感委屈,于是在网上倾诉道:"老师为什么这样?真是不明白。老师如果有能耐,就教好学生,不要批评家长。家长为什么让老师批评,就我个人而言,就是不想得罪他(她),因为他(她)是孩子的老师。无奈!"

一位姓王的家长说,我们并不担忧老师对家庭教育提意见,但令我们难以接受的是,个别老师与家长交换意见时双方并不平等,家长不仅被"训",而且要"呼之即来",有时候老师为一点小事就把家长叫到学校。

对此,有些老师也觉得委屈。其中一位老师谈道:

绝大部分老师与家长关系融洽,但少数家长把自己当成消费者,将学生的学习、品德问题一股脑儿地交给学校,认为既然家长交了学费,学校就应该对孩子负全部责任。个别家长的修养也有问题,不分青红皂白地在办公室里一味为子女护短,甚至恶语伤人、无理取闹。爱子之心可以理解,但如此爱子令人心寒。有句话特别有道理:"每个问题学生的背后,都有一个问题家长。"对家长挨"训",老师们也觉得方法欠妥,但情有可原:老师不单有学校教学任务的压力,还有管理学生的压力、来自家长的压力等;不少顽皮学生重复同样的错误,如果家长配合不力,在沟通过程中老师难免有情绪。

老师批评家长,有时候可能语气重了点,但肯定是为孩子着想。如果老师不想把孩子教好,没必要去管他,又何必找家长给自己找罪受?谁不想每天都有好心情,老师是人而不是神。

尽管教师、家长有着各自的理由,但我们认为,一个孩子的健康成长,离不开家长、学校的密切配合。一方面,教师面对的是数十个学生,分配在每个学生身上的时间是有限的,教师"传道授业"之后,往往需要家长的强化和跟踪,两者难以分离,如果一定要有所分工,教师可能更多的是在学业和人格上对学生有所影响,其他的则依赖于家长的作用。另一方面,家长虽然在孩子成长的过程中所起的作用无法替代,但家长与教师应如何分工协作、共同帮助孩子成长,让不少家长感到茫然。所以,教师应指导家长如何成为合格的家长。既然双方都希望孩子健康成长,那么,教师就要对家长和孩子充满爱心,把尊重家长、尊重学生作为教师必备的修养,这样才能形成家校合力。教师的沟通方式需要改善一下,否则,教师和家长互相埋怨,吃亏的只能是学生。

十三、惩戒学生莫忘反思自己——生之错，师有过

作者心语：学生犯了错误，理所当然地要对其进行教育惩戒。其中一个很重要的环节就是，要促进学生对自己的错误进行深刻反思，常借助的形式是让学生写检讨书。现在，为了体现对犯错学生的尊重，教师多让学生写体现犯错事实经过的说明书。但对于教育者而言，自己的学生犯了错，难道自己就没有责任吗？虽然教师不必写教育过错的说明书，但是学生犯错之后，我们在实施教育惩戒的同时，莫忘记反思一下自己：找一找自己失职的地方、自己惩戒不当的地方、今后该如何改进教育方法等。

作为教师，我们可曾想过：学生的有些错误是不是错全在学生身上呢？我们是否体谅过学生的难处呢？我们对学生实施的教育惩戒达到相应的教育效果了吗？自己采用的方式方法是否有不妥之处呢？这些问题谁来向我们提出呢？如果没人提出，我们便无法有意识地解决教师在教育惩戒中存在的问题。那么，这些问题可否由我们的教育对象来提出呢？本来，上述问题解决不好侵犯最大的就是学生的利益，但是在现实中，学生却不能提出异议，因为在学校里，学生相对于教师是处于弱势的群体。尽管随着社会的发展，人们的民主意识越来越强，学生开始对教师的行为有一定的话语权，但是基本的情况仍是师生处于一种很不平等的状态。加上我国的师道尊严已经延续了几千年，很难让一位教师平心静气地接受一个学生的意见和批评，这让教师在面子上实在有些过不去。那么，有没有一条处理这一问题的好途径呢？答案是肯定的，我们教师要在学生犯错和实施惩戒之后进行自我反思，它的意义和作用就等同于我们教学之后的反思。

应该说，面对遇到的问题，能否主动进行自我反思是一个人是否具有高修养和高水平的标志。我国有个成语叫"下车泣罪"，说的是当年大禹巡视时，发现皂隶捆绑一人，忙下车问原因，"盖因盗窃"。大禹闻言伤心落泪，自愧德行不如尧舜："百姓有罪，在予一人。"随后大禹以此诏告天下。该罪犯在大禹的宽宏大量之下，幡然悔悟，改过自新。大禹面对臣民的错误首先想到的是自己管理上的不足，先进行自我反思、改进治理国家的办法，不但让犯错者悔悟，也赢得了广大臣民的尊重。作为人民教师，我们在遇到学生错误时，除了及时进行教育惩戒之外，能否及时对自己管理行为的不当之处进行反思呢？

有媒体相继报道：广东省东莞市某高级中学30名学生卷入赌球风波，已被学校勒令暂时"退学"。旋即，东莞市教育局召开新闻发布会，通报相关情况，确认该校有学生涉嫌参与赌球。但到目前为止，学校没有正式开除任何学生，只是让家长带回家进行教育。学生涉嫌赌球，学校按规定严处，似乎无可厚非。然而，细读有关新闻，总觉得事情并不如此简单，让有关学生"退学"，用校长的话来解释，"是让他们反省两周后再回来"，但这似乎并不能就此消弭这一风波。因为，这风波背后存在着许多值得深思的问题；因为，需要"反省"的不仅仅是参与赌球的学生。如此众多的学生参与赌球事件，难道教师一点也不知道？学生参与赌球，学校平时的教育管理又在起什么作用呢？

我们认为，面对这次参与人数众多的赌球事件，学校负有很大的教育责任，教师在有关思想教育方面失职。让学生回家反省是应该的，但是仍然留在学校的教师和学校的有关领导更应该好好反省了。学生年纪轻轻就参与赌博，等长大成人后会罢手吗？学校的德育工作究竟在做什么呢？只有如此反思，查找出自身的不足，努力改进学校管理，提高教育水平，才是解决这一问题的关键。一味地

惩戒学生，要求学生反思，而教师不对自己的教育进行反思是推卸教育责任的表现。

学生的错误对于教育的发展和进步未必就是坏事，它在某种程度上暴露了教育和教师自身存在的某些问题。反思学生错误发生的学校因素、教师因素，有助于我们改进学校管理，提高自身业务水平，从而从多角度预防学生错误的发生。

某学校六年级2班有个叫阿强的学生，经常欺负同班同学，在课堂上也经常违反纪律。许多学生经常到班主任那里反映阿强的错误，但是学生们从未看到班主任对阿强进行严肃批评。反而，阿强对那些向班主任告状的学生说，要是再去告状，就会狠揍他们。后来学生们才知道，阿强之所以不怕告状，是因为班主任和他的爸爸是好朋友，班主任到他家吃饭，他还经常向班主任敬酒。从此，班里的学生对阿强是敢怒不敢言。

这位班主任接受了学生家长的宴请，对于学生的错误睁一只眼闭一只眼，不能实施实质性的教育惩戒，不但害了学生，也让班里的其他学生怨声载道，整个班级变得乌烟瘴气，班风日下。或许某一天，更多的学生把事情反映给家长，家长们会联合告到学校，恐怕这位老师脸上就挂不住了。所以，我们认为这位班主任该好好反省自己。

除了分析学生犯错是否有教师管理方面的原因之外，我们还需要在对学生实施教育惩戒之后进行反思。

1. 反思教育惩戒的方式方法是否得当

仔细回顾日常教育教学中对学生的惩戒过程，自己是怎样认识学生所犯的错误的？对于学生的这种错误，自己采取了怎样的惩戒方式？……据自己了解的情况，其他同事以及教育名家对学生的这种错误通常会怎么处理？对自己有什么启发意义？自己的惩戒方式与之比较,在哪些方面自己做得比较好,在哪些方面自认为处理得欠妥当?面对学生的错误,自己做到尊重学生了吗?自己采取的措施是否对学生具有教育性,是否符合当代先进教育理念的要求,是否与国家法律相冲突,是否符合师生之间的伦理道德?等等。如果可能,教师要尽量养成每天写惩戒反思日记的习惯,这样会大大促使我们提升自己的教育智慧。

那是一节自习课,董老师把批改好的作业本都发下去了,让作业有错误的同学抓紧时间订正,改好之后再送到讲台上给董老师批阅。教室里鸦雀无声,许多同学在订正作业,订正好了的学生陆陆续续拿给董老师看。看了一会儿,董老师下意识地向学生们扫了一眼。突然,他发现一个学生非常投入地看着什么东西,不像是在订正作业的样子。好家伙,他今天的作业可是出了几处错误,怎能像没事一样?想到这里,董老师一个箭步冲过去夺下小李的书,拿过来一看,原来是课外书。于是,他生气地把书撕成两半。小李惊恐的眼睛里很快渗出泪水。"你订正的作业呢?"董老师大声质问道。小李从桌角拿出作业本。天哪,订正得工工整整。"为什么不给我看?""老师,刚才大家都挤在那儿,我想等人少了再送过去,所以……"董老师无言以对,心里觉得自己处理得太莽撞了。

从这次惩戒之后,董老师进行了认真总结,认为自己的错误在于没有了解情况就武断地下结论。因此,董老师认为,不要在非理智状态下做出任何处罚决定,应当先向当事学生问明原因,然后决定是否需要惩罚、惩罚的程度如何。他在自己的反思日记中写道:"惩戒应当合情合理、公平、准确才行,要避免那种主观、武断和随意实施惩戒的做法。总之,惩戒之前要三思而行!"

2. 反思教育惩戒的效果如何

每次针对学生的教育惩戒都好比是一次针对学生思想品德问

题的治疗。通过惩戒，我们要实现具体的德育目标，不但要戒除学生身上的错误，而且要对学生的心灵进行涤荡，让学生加强自身修养，使其品德更加高尚。针对这个目标，我们根据学生的实际表现进行衡量，看看学生是否达到了目标。具体而言，我们可考虑这样一些问题：惩戒实施之后，师生之间的情感距离是否远了？在自己后期的观察中，学生的错误是否又再次发生？学生是否在这次惩戒中受到了一些情感上的伤害？通过教育，学生对自己的错误认识深刻吗？惩戒之后，学生的行为是否逐渐接近我们的预期？……

有一年，我任教五年级的科学课。一次，上课铃响了，我走进教室准备开始给学生讲新课。这时，我发现一个学生在低头拼命地写东西。我有意识地向他看了几眼，这个学生忙于手头的事情根本没有理睬我，我想：这个学生在忙什么呢，竟顾不上听老师的课？我继续讲了一会儿，然后让学生自学下一段。利用这机会，我悄悄地走过去，发现他还在忙！原来他在写一道很简单的数学应用题，已写了十几遍了，他说数学老师罚他把原题和计算过程写50遍，中午之前交上，否则午饭先别吃。显然，这位数学老师罚得太重了，这样的惩戒对学生的学习有什么促进作用？学生只是机械地写，根本没有用脑，反而连正常的课都不能上了。如果这位老师让学生找10道类似的题再去做，教育效果都会比这样好。

我们仔细反思这种惩戒效果，不难发现，这样的惩戒除了可以惩罚学生，让学生不敢或担心犯错之外，别无其他好处。相反，这种惩戒带来的负面影响却很多：一是学生忙于抄写并未动脑思考，因此其数学水平并没有因为惩戒而获得提高；二是学生为了按规定时间完成老师布置的任务，不得不牺牲其他课的学习时间来做作业，这样不但没提高数学成绩，反而影响了其他学科的学习；三是这位数学老师的做法只能让学生对数学更没有兴趣，越来越

害怕上数学课,很可能为了避免惩罚而去抄数学学习好的同学的作业。

3. 反思还要从哪些方面对学生进行帮扶转化

惩戒实施之后,多数情况下教育效果并不百分之百令人满意,教育目的也不一定完全达到。因此,对于学生表现出来的情况,做好下一步的帮扶转化就显得很有必要。比如,上面学生做错数学应用题的案例,我们可以惩戒学生改正当前做错的题目,然后再让学生做几道类似的题目,看看其是否掌握了知识点。如果我们发现在实施上述惩戒之后,学生做题仍然出现错误,那么我们需要好好考虑学生究竟有哪些知识点没有掌握,该补的就补一补。经过这样进一步的帮扶,相信学生再犯类似错误的几率就少了。再比如,有的学生经常与同学发生矛盾,经过几次批评教育之后,发现效果并不明显。经过仔细研究,发现学生缺乏人际交往能力,为了帮助学生提高社交能力,教师建议他参加人际交往训练营,从根本上解决交往能力差的问题。魏书生老师经常对学生实施的一种惩戒方式就是"缺什么就补什么",不过魏老师使用的方法很巧妙。比如,某个学生爱吃零食,他便让该学生负责抓班级吃零食的问题,这样让该学生在管理别人的同时也管理了自己。像这样的帮扶转化方式,一定是进行过深入的反思之后才有的妙招。所以,我们应该学会在帮扶转化方面进行深刻的反思。

教育是塑造人的事业,这远非制造一个机器零件那么简单,作为人民教师,我们应该学会担当起自己的职业责任,要考虑自己的教育方式对学生未来的影响。在《学习的革命》一书中,有这样一段话,让我们深省:

如果一个孩子生活在批评之中,他就学会了谴责。

如果一个孩子生活在敌意之中,他就学会了争斗。

如果一个孩子生活在恐惧之中,他就学会了忧虑。

如果一个孩子生活在讽刺之中,他就学会了害羞。

如果一个孩子生活在耻辱之中,他就学会了负罪感。

因此,我们要经常反思自己的教育方式,反思这些方式带来的后果,不断改进教育方式,提升教育水平,为了学生,也为了社会的未来,更是为了我们自己。

十四、教师犯错也要接受惩戒——身教胜于言教

作者·心语: 我们一般认为,教师无论什么时候都应该为学生做出正面的示范,绝不可以成为反面的教材。但是,对于教育惩戒而言,教师反面示范对学生的震撼作用有时会远超过正面示范,会对学生产生很深远的影响。在学生心里,教师是拥有特权的人物,犯了错不会受到惩戒。正因如此,教师在违反师生共同制定的班级规约时接受自我惩戒,会让学生受到很大的教育。

教师的职业角色要求我们尽量处处为学生做好示范,因为身教的作用远远胜过言教。每个班上都有几十双锐利的眼睛,教师的一举一动都逃不过它们,即便是很小的细节。鲁迅就曾在《藤野先生》一文中描述了一件事:藤野先生一次忘记了戴领结,便被学生认为穿衣服太马虎。可见,教师的角色和地位让我们成为学生关注的中心。那么,当教师与学生制定出班级规约之后,自己是不是也该受到规约的约束呢?很多教师认为,班规、校纪是约束学生的,如果也用来约束自己,那岂不是自己给自己戴了紧箍,一旦违反了就是自念紧箍咒了。但是,如果教师自己是一个特权人物,比如不准学生上课迟到,自己却可以讲课迟到,那么这会对学生产生怎样的教育影响呢?教师违反了共同约定,也要受罚,对学生究竟有何影响呢?

孙维刚老师是全国特级教师，曾工作于北京市二十二中，现已故去。孙老师的一个学生向报社投稿，借以怀念孙老师。文中写道，孙老师在班级管理上身先士卒，与学生一起讨论并制定班规，然后师生共同遵守，在接受处罚方面更是为学生树立了一个现实的榜样。文中介绍，有一次孙老师在上班路上，因帮助别人而耽误了几分钟的上课时间，便在黑板上写下"对不起大家，我迟到了"，下课后还到教室门口自己"罚站"1小时。孙维刚老师的爱人王海亭介绍说，也许有人会把孙老师将全班55%的学生送进北大、清华看成是他教育成功的最大体现，而她和孙老师的学生却认为，德育的成功才是孙老师最大的成功。

孙老师自己上课迟到了，对自己罚站1小时。试想，假如我们是孙老师班里的一个学生，对此会做何感想？老师迟到了也要在教室门口罚站1小时，作为学生我们有何理由不执行班级的规约呢？！孙老师惩戒的是自己，但捍卫的是班级的规约，他自我惩戒的举动在向每个孩子表明，班级规约一旦制定就是不能违反的，无论是谁，只要违反了就要受到惩戒，在班级纪律面前人人平等。

教育惩戒的目的就是要做到小惩而大戒，主要是让学生在将来不犯错误。通过上面的案例，我们看到：如果教师犯了错就惩戒自己，那么对学生就可以产生不惩而大戒的效果。我国古代的一些著名的军事家，也曾用这样的方法来严明军纪。三国时的曹操就是其中一位，他"割发代首"的故事就广为流传。

曹操看到中原一带由于多年战乱，人民四处流散，田地荒芜，就采纳部将的建议，下令让军队的士兵和老百姓实行屯田。很快，荒芜的土地种上了庄稼，收获了大量的粮食。有了粮食，老百姓安居乐业了，军队也有了充足的军粮，为进一步统一全国打下了物质基础。看到这一切，大家都很高兴。可是，有些士兵不懂得爱护庄稼，常有人在庄稼地里乱跑，踩坏庄稼。曹操知道后很生气，他下

了一道极其严厉的命令：全军将士，一律不得践踏庄稼，违令者斩！将士们都知道曹操一向军令如山，令出必行，令禁必止，绝不姑息宽容。所以此令一下，将士们小心谨慎，唯恐犯了军纪。将士们操练、行军经过庄稼地旁边的时候，总是小心翼翼地通过。有时，将士们看到路旁有倒伏的庄稼，还会过去把它扶起来。

有一次，曹操率领士兵们去打仗。那时候正好是小麦快成熟的季节。曹操骑在马上，望着一望无际的金黄色的麦浪，心里十分高兴。正当曹操骑在马上边走边想问题的时候，突然"扑剌剌"的一声，从路旁的草丛里蹿出几只野鸡，从曹操的马头上飞过。曹操的马没有防备，被这突如其来的情况惊着了。它嘶叫着狂奔起来，跑进了附近的麦田里。等到曹操使劲勒住了惊马，田里的麦子已经被踩倒了一大片。看到眼前的情景，曹操把执法官叫过来，十分认真地对他说："今天，我的马踩坏了麦田，违反了军纪，请你按照军法给我治罪吧！"听了曹操的话，执法官犯了难。按照曹操制定的军纪，踩坏了庄稼，是要治死罪的。可是，曹操是主帅，军纪也是他制定的，怎么能治他的罪呢？想到这里，执法官对曹操说："丞相，按照古制'刑不上大夫'，您是不必领罪的。""这怎么能行？"曹操说，"如果大夫以上的高官都可以不受法令的约束，那法令还有什么用处？何况这践踏了庄稼要治死罪的军令是我下的，如果我自己不执行，怎么能让将士们去执行呢？""这……"执法官迟疑了一下，又说："丞相，您的马是受到惊吓才冲入麦田的，并不是您有意违反军纪踩坏庄稼的，我看还是免于处罚吧！"

"不！你的理不通。军令就是军令，不能分什么有意无意，如果大家违反了军纪，都去找一些理由来免于处罚，那军令不就成了一纸空文了吗？军纪人人都得遵守，我怎么能例外呢？"

执法官头上冒出了汗，他想了想又说："丞相，您是全军的主帅，如果按军令从事，那谁来指挥打仗呢？再说，朝廷不能没有丞相，老百姓也不能没有您呐！"

众将官见执法官这样说,也纷纷上前哀求,请曹操不要处罚自己。

曹操见大家求情,沉思了一会儿说:"我是主帅,治死罪是不适宜。不过,不治死罪,也要治罪,那就用我的头发来代替我的首级(即脑袋)吧!"说完,他拔出了宝剑,割下了自己的一把头发。

从"割发代首"的故事,我们可以理解,曹操之所以能成为我国三国时期的著名政治家、军事家,不仅与其具有很高的管理才能有关,更重要的是他能够做到自己定军纪,自己严遵守,如有违反,与军士一样接受惩罚。这一点保证了曹操的军队纪律严明,为日后打胜仗奠定了基础。

教师违反了与学生一起制定的班级规约而自愿接受惩戒,不但维护了班级规约的权威性,同时也对学生起到了警戒作用。前苏联著名教育家苏霍姆林斯基堪称是这方面的楷模。一次,学生犯了错误,他就对自己和学生一起进行了惩戒。

前苏联教育家苏霍姆林斯基曾教过一个任性胡闹、一点也管不住自己的男孩罗曼。这个孩子无缘无故地一会儿打这个同学,一会儿又把另一个女孩的连衣裙故意弄脏。有一天,当他把小女孩廖霞小辫子上的丝带扯去时,苏霍姆林斯基对其进行了批评,告诉他这是一种野蛮人的行为,如果成人干出这种事,就会被剥夺自由、关进监牢,并对他实施了严厉的惩戒措施。苏霍姆林斯基把他的手掌和手腕用绷带缠起来,然后把他的右手牢牢地捆在衣袋里,使他不能使用这只手。同时,苏霍姆林斯基让学生用同样的方法把自己的左手也扎起来。一整天和罗曼在一起,无论行走、吃饭、上课……最终,苏霍姆林斯基让这个过于调皮的孩子罗曼体会到了失去自由的滋味,进而学会了约束自己。

我们姑且不论这样惩戒学生在现如今是否妥当,毕竟那是前苏联时期的事了。但我们从这个案例中看到了苏霍姆林斯基这位伟大

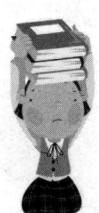

的教育家为了教育学生，用心是何等良苦。他跟学生一起受罚并不是因为自己也犯了错误，而是让学生感到老师惩戒他是真的出于爱他、教育他的目的，为的是让学生反思自己的错误，与学生一起感受失去自由的滋味。情真则心动，苏霍姆林斯基的这一方法果然奏效，那个顽劣的学生从此逐渐约束了自己的行为。

  教师进行自我惩戒的示范，为何对教育学生如此有效呢？美国著名心理学家班杜拉认为，儿童通过观察他们生活中重要他人的行为而习得社会行为，这些观察以心理表象或其他符号表征的形式储存在大脑中，来帮助他们模仿行为。教师无疑是学生学校生活中的重要他人，教师违反了与学生一起制定的规约后对自己实施惩戒的行为，具有很强的榜样示范作用，学生会因此受到替代性强化。所谓替代性强化不是指学生本身的某种行为受到了强化，而是指学生观察到自己学习榜样的某种行为后受到了强化，从而让自己也经历了学习。这就是教师自我惩戒对学生产生重要教育作用的心理原理。

  不过，有一点需要澄清，这里所说的教师做惩戒示范，是指教师违反了与学生共同约定的规约时的一种自我示范性惩戒，它不是指学生违反了规约，教师就进行自我惩罚，借此来感化学生。

  《南方都市报》曾报道，深圳市一名学前班老师教育调皮学生有一种特别的方式，学生淘气时，他就用教鞭狠抽自己，借此感化学生。据这位老师讲，面对娇生惯养的幼儿，不能硬、不能狠，一些问题难以纠正，教师自罚是被逼无奈的选择。这位老师还告诉记者，此法适用于10岁以下的学生。

  或许这位老师达到了自己暂时控制学生的效果，但是这种方式实在欠妥。这种方式会给学生造成一种错误的认识：自己违反了纪律会让老师受到惩罚，为了不让老师受惩罚，自己不能犯错误。从这一点上看，这种处理方式不是让学生意识到自己是因为违反学校或班级的规定而受到惩戒，这违背了责任自负的原则，难以让学生

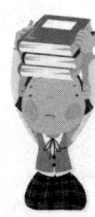

树立责任、规则意识。教师的这种自罚行为还可能让违反纪律的学生受到其他学生的责怨,进而让违纪学生深深陷入他人指责和自责之中。如果这样,此种形式在某种程度上就是一种心罚,教师向学生展示的不是自己的高尚,自罚行为也是对教师人格的鞭笞,它是靠出卖学生对教师的尊重与爱戴去换取学生遵守纪律,这样会给学生在心理上造成阴影,影响其心理的健康成长。这种异化的自罚行为还是不要为好。

主要参考文献

[1] 陈翠翠. 中小学教师惩戒权流失问题研究 [D]. 上海：上海师范大学，2008.

[2] 陈健. 师爱：解开"教育惩戒"难题的钥匙 [J]. 江苏教育研究，2007 (2)：25 – 26.

[3] 陈胜祥. "教师惩戒权"的概念辨析 [J]. 教师教育研究，2005(1)：74 – 77.

[4] 陈亦冰. 赌球事件凸现的不仅是教育惩戒问题 [J]. 上海教育，2009 (6)：7.

[5] 陈志超. 关于中小学惩戒教育问题的研究 [D]. 大连：辽宁师范大学，2005.

[6] 房兆霞. 惩戒教育应体现尊重与爱 [J]. 教学与管理，2007(33)：40 – 41.

[7] 管娣. "教师惩戒权"缺失研究——基于教师惩戒使用状况的思考 [D]. 济南：山东师范大学，2007.

[8] 郭建耀. 当前学校惩戒教育及其完善策略 [J]. 教学与管理，2008 (30)：29 – 31.

[9] 侯智卿. 浅析中小学教师惩戒权 [D]. 大连：辽宁师范大学，2002.

[10] 霍敏捷. 规范教师惩戒权——解决体罚问题的一个有效措施 [D]. 武汉：华中师范大学，2008.

[11] 李军，曹莹雯．中小学生惩戒实施状况的中外比较与借鉴 [J]．当代教育科学，2006 (15)：37 - 38．

[12] 李良忠．惩戒教育如何实施 [J]．新课程研究，2008(11)：145．

[13] 李妮娜．论学校教育中的惩戒 [D]．济南：山东师范大学，2007．

[14] 李小伟，沈祖芸．教育惩戒，在雷池边缘行走 [J]．科技文萃，2003 (4)：172 - 176．

[15] 李云娟，徐建．谈惩戒教育的应用艺术 [J]．青少年研究（山东省团校学报），2007 (4)：42 - 43．

[16] 刘润涛．《温馨班规》让学生实现自主管理 [N]．教育时报，2009 - 10 - 20(1)．

[17] 陆云良．中小学教育惩戒制度的构建研究 [D]．金华：浙江师范大学，2007．

[18] 彭志敏．法律视角下教育惩戒的正当性 [J]．安徽理工大学报(社会科学版)，2004 (4)：17 - 21．

[19] 秦郁．教育惩戒管理条例亟待制定 [J]．教学与管理，2006 (4)：25．

[20] 孙学军．惩戒：一个沉重的话题 [J]．中小学教育与管理，2003 (7)：14．

[21] 谭晓玉．教育惩戒权的行使与未成年学生违纪行为管理 [J]．青少年犯罪问题，2008 (4)：32 - 35．

[22] 王国兴，黄艳红．惩罚的艺术 [J]．中小学心理健康教育，2005 (12)：44．

[23] 王辉．对国外中小学学生惩戒的方式探析 [J]．教学与管理，2001 (23)：77 - 80．

[24] 王建新．教育惩戒及其实施办法 [D]．苏州：苏州大学，2008．

[25] 王可，陈黎明．对教师惩戒权的再认识——从学生成长阶段看教师惩戒权的行使 [J]．教学与管理，2006 (24)：45 - 46．

[26] 王习明．班主任应辩证地对待学生犯错 [J]．株洲师范高等专科

学校学报,2003(2):90-91.

[27] 魏书生.班主任工作漫谈[M].桂林:漓江出版社,2008.

[28] 吴静.郑州一小学试行"教育惩戒"班规面前老师学生平等[N].河南商报,2009-04-02(1).

[29] 武新宇,李莉娟.老师,请让学生为您的惩戒来"埋单"[J].吉林教育,2009(3):79.

[30] 熊仲篪.中国与新加坡教育惩戒制度比较研究[J].武汉市教育科学研究院学报,2007(2):119-121.

[31] 徐锡斌.惩戒孩子应慎之又慎[J].中国德育,2005(5):22-23.

[32] 杨朝,孙金枝.当前形势下的教师惩戒权[J].河北教育,2007(1):16-18.

[33] 姚相全.中小学教师惩戒权探析[J].高等函授学报,2009(3):53-56.

[34] 曾庆芳.我国中小学教师惩戒权探析[D].成都:四川师范大学,2008.

[35] 张必中.惩罚也是大有学问的[J].内蒙古教育,2004(1):27.

[36] 张东风.对教育惩戒的沉思[J].现代教育管理与教学,2008(6):9-11.

[37] 张俊卿.科学"惩戒"的魅力[J].中小学教育与管理,2005(12):3.

[38] 张敏.论教师惩戒权的行使[J].合肥学院学报(社会科学版),2008(3):110-112.

[39] 张晓震.惩戒教育:体验中承担责任[J].教育,2008(2):38-39.

[40] 郑文.从教师"自罚"反思惩戒教育[J].江西教育,2007(11):46.

[41] 郑州市二七区实验小学.关于"教育惩戒"的德育课题[J].河

南教育学院学报（哲学社会科学版），2009（3）：6-9.

[42] 周冬梅．论教育惩罚[D]．长春：东北师范大学，2006．

[43] 周晓峰．惩戒：德育难以企及的教育境界[J]．教育科学研究，2007（9）：50-52．

后　记

　　伸伸懒腰，长舒一口气，哇！我们终于写完了这本筹划了好几年的书。

　　在新的教育形势下，教育惩戒到底还要不要？几年来，大家争来争去，好像永远也达不成共识。可是，如果我们换个思维角度，就会惊异地发现：两者并不是截然对立呀，干吗非要走极端呢？！其实，课改之初对一些问题的貌似激进的观点，现在看来真的都有些极端化了。惩戒不可少，只是方式应科学。这本来是一个并不需要争论的话题，可在狂热中大家的头脑有些不冷静。正是为了建设，为了创新，为了完善，我们毅然走进了这片许多人不敢触碰的领域。

　　写作本书，我们不敢奢望让各位读者在阅读之后就能成为教育惩戒方面的专家，变得会游刃有余地处理班级管理中的各种相关问题。但我们确有理由相信，阅读本书一定会让您对教育惩戒的内涵、历史和现状等情况有所了解，能够认识和把握教育惩戒的基本原则，从而让您在学生惩戒问题上变得更有智慧、更有艺术；书中的一些具体案例所揭示的操作方法，也会让您对自己遇到的惩戒问题不再那么束手无策，而是更有尺度、更有信心。当然，由于水平和所掌握的资料有限，我们不可能穷尽教育惩戒的真谛，甚至有些关于教育惩戒的说法还值得再商榷或等待时间的进一步验证。

如果说，教育惩戒是给学生的另一种形式的爱，那么没有这种深沉的爱，教育将变得软弱无力。如果您想了解教育惩戒的操作艺术和技巧，就请捧起这本饱含两个基层教育工作者对教育的痴爱的书吧！

万千教育 班主任专业发展丛书

书号	书名	著、译者	定价(元)
班主任工作理念与方法			
2204	做一个会"偷懒"的班主任（第二版）	郑学志 著	48.00
1708	怎样教授道德才有效 ——德育心理学家给教师的建议	杨韶刚 等 译	48.00
1709	学生特殊问题发现与应对 ——给普通教师的建议	昝飞 等 著	48.00
7318	与学生家长"过招" ——班主任的家长工作艺术和技巧	郑学志 著	26.00
7316	把班级还给学生 ——班集体建设与管理的创新艺术	郑立平 著	26.00
7319	班主任工作的55个"鬼点子"	刘坚新 等 编著	26.00
7344	遭遇问题学生 ——问题学生的教育与转化技巧	万玮 编著	25.00
7317	魅力班会是怎样炼成的	杨兵 著	25.00
8631	家校沟通，没有痛过你不会懂 ——知名班主任梅洪建的心路历程	梅洪建 著	32.00
0539	如何上好班级心理辅导活动课 ——钟志农答疑50问	钟志农 著	42.00
9902	德育主任新方略	丁如许 著	32.00
8611	班主任工作中的心理效应	刘儒德 主编	35.00
1135	班主任有效沟通的艺术与技巧	李进成 著	36.00

编号	书名	作者	定价
0541	班主任如何破解德育低效难题	赵坡 著	35.00
9135	班主任，青春万岁——王君带班之道	王君 著	34.00
8770	班主任如何带好差班	赵坡 著	30.00
8309	扶年轻班主任上马	王莉 著	38.00
7926	教师必须掌握的教育惩戒艺术	郑立平 等著	28.00
7928	做一个聪明的班主任 ——对常见七类学生的教育艺术	郑立平 等著	28.00
班主任工作理念与方法合计			**642.00**
中学/中职班主任专业技能			
0938	好班是怎样炼成的 ——中学班主任班级建设之道	谢云 主编	38.00
0061	中学班级心理辅导活动60例	杨敏毅 等著	35.00
9882	初中主题班会设计技巧与优秀案例	郑学志 主编	34.00
9056	高中主题班会设计技巧与优秀案例	郑学志 主编	32.00
9557	打造高中卓越班级的42个策略	覃丽兰 著	38.00
9990	打造中职卓越班级的41个策略	李迪 著	32.00
9905	中职主题班会设计技巧与优秀案例	李迪 著	35.00
9604	中学德育问题与对策	李季 贾高见 著	35.00
8463	中学班主任的70个临场应变技巧	刘令军 等著	34.00

……
欲了解更多图书信息，请登录：www.wqedu.com
联系地址：北京市西城区三里河路6号院2号楼213室　万千教育
咨询电话：010-65181109，65262933

*本目录定价如有错误或变动，以实际出书为准。